农业适度规模经营与金融服务共生演化机理及模式研究

——基于农业价值链视角

RESEARCH ON THE MECHANISM AND MODE OF SYMBIOTIC EVOLUTION OF AGRICULTURAL MODERATE SCALE OPERATION AND FINANCIAL SERVICES —BASED ON THE PERSPECTIVE OF AGRICULTURAL VALUE CHAIN

姜　松◎著

经济管理出版社
ECONOMY & MANAGEMENT PUBLISHING HOUSE

图书在版编目（CIP）数据

农业适度规模经营与金融服务共生演化机理及模式研究：基于农业价值链视角/姜松著. —北京：经济管理出版社，2018. 9
ISBN 978 - 7 - 5096 - 5954 - 0

Ⅰ. ①农…　Ⅱ. ①姜…　Ⅲ. ①农业经营—金融—商业服务—研究—中国　Ⅳ. ①F324

中国版本图书馆 CIP 数据核字(2018)第 192776 号

组稿编辑：胡　茜
责任编辑：任爱清
责任印制：黄章平
责任校对：陈　颖

出版发行：经济管理出版社
（北京市海淀区北蜂窝 8 号中雅大厦 A 座 11 层　100038）
网　　址：www. E - mp. com. cn
电　　话：（010）51915602
印　　刷：北京玺诚印务有限公司
经　　销：新华书店
开　　本：720mm × 1000mm/16
印　　张：14. 5
字　　数：256 千字
版　　次：2018 年 9 月第 1 版　　2018 年 9 月第 1 次印刷
书　　号：ISBN 978 - 7 - 5096 - 5954 - 0
定　　价：49. 00 元

联系地址：北京阜外月坛北小街 2 号
电话：（010）68022974　　邮编：100836

本书由
教育部人文社会科学研究西部和边疆地区青年基金
重庆理工大学优秀著作出版基金
资　　助

序

2018年“中央一号”文件以“乡村振兴”为主题，明确了“产业兴旺、生态宜居、乡风文明、治理有效、生活富裕”的总要求，描绘了未来我国乡村发展的美好图景。按照总体要求，要推动乡村振兴，产业兴旺是重点。必须坚持质量兴农、绿色兴农，以农业供给侧结构性改革为主线，加快构建现代农业产业体系、生产体系、经营体系，实现农村“一二三”产业融合、农业价值链拓展以及激发乡村新动能。因此，作为构建现代经营体系的重要组成部分，发展多种形式适度规模经营在实践层面一直被寄予厚望。由于各地资源禀赋条件、区位特征以及要素结构不同，多种适度规模经营的呈现表征也不相同。但如果对多种形式的适度规模经营进行进一步概括，则可以划分为土地流转型模式、社会化服务模式和合作经营模式。其中，土地流转型模式依托的是土地要素的重新配置、土地适度规模经营所实现的是农业提质增效，社会化服务模式和合作经营模式则在很大程度上可以看成是通过价值链整合所实现的农业产前、产中乃至产后等环节的内部均衡以及不同产业环节间的动态平衡。从微观层面来看，社会化服务型和合作经营型适度规模经营模式事实上是建立起了新型农业经营主体与农户之间的互动连接、利益分享和合作共赢机制，探寻到了一条在家庭制度框架下的农业适度规模经营路径，作为农业适度规模经营主要推动力量，涉农企业、专业大户、家庭农场以及农民专业合作社等新型农业经营主体，既是衔接小农户和大市场、小农户与现代农业的桥梁和纽带，也是实践操作、政策支持与模式创新的重点、引领新方向。新型农业经营主体和农户以“价值链”为纽带，分工协作、密切配合、共生发展成为新时期我国农业经营体系演化与变迁的新特征。

推动农业适度规模经营发展必须解决“钱从哪里来”的问题。放眼世界，回顾发达国家农业现代化发展历程，要实现农业适度规模经营，金融服务是关键。金融服务是推动农业适度规模经营发展和实现农业现代化的核心力量。一般而言，凡是适度规模经营水平较高的国家或者地区，其金融服务体系也就越发达、服务方式更为灵活、金融产品创新速度也更快，金融支持政策覆盖面也越广、效率更高。事实上，农业适度规模经营对于金融服务的需求也是其发展中的题中之意。尤其是在价值链型农业适度规模经营发展中，金融服务本身就是社会化服务的重要构成。金融服务的缺位将致使整个农业价值链运行受阻，影响农业适度规模经营发展。因此，在推动农业适度规模经营发展的过程中，应提升金融服务支持水平和健全金融支持政策。继续不断深化农村金融改革，建立适应农业适度规模经营发展新趋势、农业农村发展新特点、乡村振兴新要求的“产业金融”新体系，推动金融回归本源、服务适度规模经营发展，将更多资金投入到农业适度规模经营发展的薄弱领域、农业产业发展和价值链运行的薄弱环节，更好地满足农业适度规模经营发展中对于多样化、多元化资金的需求。

提升金融服务农业适度规模经营水平，需要不断进行金融创新以适应新时期农业适度规模经营发展新特点、新要求。从金融创新实践以及演进过程来看，我国现行金融创新范式可以划分为新型金融机构创新范式、农地金融创新范式以及农业价值链金融创新范式。通过比较分析、演绎分析发现，农业价值链金融代表未来金融服务创新的发展方向，拓展了新视野、新思路和新方法。与传统金融服务供给思路不同，农业价值链主要是通过对农业价值链整体进行授信，既是金融与农业产业融合发展，资金流、商品流、物流、人流乃至技术流的协同提高、交互作用的必然结果，也是金融回归本源、服务实体经济和产业发展定位的直接体现。农业价值链金融通过农业价值链自身的内在增信机制以及主体间形成的稳定交易关系有效解决了逆向选择、道德风险等信息不对称问题，而且通过“金融要素”的内生激励机制，有效地解决了新型农业经营主体和农户之间的委托—代理问题，增强了产业化契约稳定性、利润共创动力以及农业价值链运行稳定性。可以说，农业价值链金融本身兼具普惠性特征，符合当前我国构建普惠金融体系的战略初衷，逐步成为金融创新和实践发展的重要选择。

综合农业适度规模经营发展和金融服务创新趋势，可以清晰地发现两者通过农业价值链实现了有效的互动、互作，金融机构、新型农业经营主体以及农户等微观单元实现了共生。换言之，农业适度规模经营和金融服务在农业价值链上是共生演化的。这一转变在解决和化解传统“金融排斥”问题的同时，也为农业适度规模经营融资模式创新带来了新契机、新思路。当然，从研究层面这一特征事实背后所蕴含的诸多问题也需要引发关注、进行系统研究，这也是学术界“鲜有”涉足的领域。那么，在农业价值链上，新型农业经营主体和农户等农业适度规模经营主体如何化解“金融排斥”问题的呢？两者共生演化的机理是什么？或者说，两者是如何在价值链上实现互动、相互适应及相互依赖格局的？需要具备怎样的共生环境条件？在共生单元层级上，农业适度规模经营主体（包括小农和新型农业经营主体等农业价值链参与者）与金融服务供给主体是如何互动调整、谋划利益协调、创造并共享价值链平均利润的呢？各主体行为选择逻辑和利益均衡动机是什么？此外，按照共生理论架构，共生包含多种模式和类型，不同的共生模式意味着利益分配和均衡程度的不同。现有的农业适度规模经营和金融服务所呈现的共生模式如何识别？改进的方向在哪里？等等。

本书依据上述科学问题为出发点和立足点，针对农业适度规模经营和金融服务共生演化特征事实，揭示农业适度规模经营和金融服务共生演化机理、识别共生演化模式，提出新时期推进适度规模经营和金融共生发展的条件保障、政策建议。从这个角度来说，本书可以为学界同仁开展农业适度规模经营、价值链金融创新等领域研究提供理论逻辑框架、方法借鉴、思维启迪。同时，对书中所涉及的关于农业适度规模经营的客观性、基本条件以及政府在农业适度规模经营和金融服务共生演化情境下作用定位、政策侧重等方面的结论，也可以推进政府理性决策，为促进农业经营体系改革、引导金融机构“支农”“支小”、普惠金融服务提供经验佐证和决策参考。本书以理论研究为主，虽然力争对于科学问题进行详尽分析并予以解答，但囿于多重因素，在某些问题上本书也并未进行展开：理论假设中所提及的预期场景，在一定程度上并不能全部用于实践操作。理论框架的一般性、规律性需要进一步凝练，适用范畴、应用范围、前提条件以及现实成效等都需要进一步拓展。另外，在揭示农业适度规模经营和金融服务共生模式方面，也主要是从金融端的农业价值链金融的角度进行间接论证，研究方法运用仍是个案研究法、定性分析方法以及在此基础上的归纳分析。囿于农业价值链参与主体类型的多元性、不同农业价值链类型的差异性、不同共生模式运作的复杂性等原因，相关实证方法并未直接引入，在后续研究中也有待进一步改进与优化，这也是本书需要改进的地方。未来希望与学术同仁一道上下求索、寻求解决之道，为促进我国农业适度规模经营发展、推动农业金融服务创新贡献绵薄之力。

目　录

第一章　总论

第一节　研究背景及问题

一、研究背景

党的十八大高瞻远瞩地提出了“坚持走中国特色新型工业化、信息化、城镇化、农业现代化道路，促进‘四化同步’的战略”。“四化同步”既是新时期社会主义现代化内涵最新“注脚”与核心内涵，也是“三农”工作“里程碑”式的决策战略、意义重大且深远。但实践中农业现代化却是整个社会主义现代化“短腿”与慢变量（韩长赋，2013），成为钳制“四化”同步的结构性矛盾与诸多亟待解决问题的关键。可以说，新时期以“四个全面”为引领，推进农业现代化是新时期“三农”工作主题与重中之重。为此，在党的十九大上进一步做出了全面实施乡村振兴战略的重大部署，并将其看成是新时代做好“三农”工作的“总抓手”、是解决人民日益增长的美好生活需要和不平衡、不充分的发展之间矛盾的必然选择。2018 年“中央一号”文件也进一步以“实施乡村战略”为主题，连续 15 年关注“三农”问题，力争实现农业强、农村美、农民富的战略目标。要实现乡村振兴，农业产业振兴、兴旺是关键。新时期探究钳制农业产业发展的主要障碍就成为关乎全局、影响乡村振兴战略实现的重要突破口和立足点。

若从制度层面进行深度解构，国外前车经验与实际映照均将农业产业发展矛盾源头指向了超小的家庭经营规模。当然，这也得到政界和学界的普遍认同（何秀荣，2009；黄祖辉、俞宁，2010；罗必良、李玉勤，2014）。从某种意义上来说，超小的家庭经营规模是致使我国农业现代化成效不显著的主要约束。为应对上述问题加快推进农业现代化进程、推动“四化”同步协调以及实现乡村振兴，按照经济学理论的基本认知，现行的基本政策操作是培育新型农业经营主体，发展多种形式适度规模经营。农业的适度规模经营源于规模经济，是指在既定条件下，适度扩大生产经营规模使土地、资本、劳动力等生产要素趋于合理，以达到农业最佳效益（夏益国、宫春生，2015），进而实现单位平均生产成本的下降。因此，在宏观政策顶层设计与群众智慧下多种形式适度规模经营不断衍生，成为我国农业经营体制改革进程中一抹鲜明的“亮色”，为新时期实现乡村振兴注入了新动能、新活力。

虽然实践中农业适度规模经营新业态纷繁多样、特质各异，但窥其实质，仍基本上可以将其概括为以土地流转集中为内涵特征的土地规模经营和以社会化服务为主导内核的服务规模经营两种模式（何秀荣，2009；黄祖辉和俞宁，2010；罗必良和李玉勤，2014）。在实践操作中，两种模式都受到各地农业适度规模经营操作以及政府政策支持的不同程度的追捧和热议，尤其是其中的服务规模经营模式。随着农业分工深化和农业专业化的发展，农业社会化服务主体和农业产前、产中、产后的服务商与农民经营有机结合，创新出了很多有效的农业社会化服务模式（王钊、刘晗，2015）。至此，我国以家庭承包经营为基础、以公共服务机构为主导、以多元化和社会化市场主体广泛参与的新型农业社会化服务体系初显雏形，有效地助力了农业现代化发展。可以看出，在现行制度框架下，社会化服务主导的服务规模经营模式，找到了农户与规模经济的“交集”。通过供料供肥、农机作业、生产管理和产品销售的“四统一”，打通、增进并“串联”了产前、产中和产后等不同农业价值链环节，不仅在现行制度范畴与先天要素禀赋约束下找到了“小农”与适度规模经营的“交集”，而且很好地兼顾了土地规模经济性，逐步演化成为市场化改革深化、社会分工分业深化并精细化的时代大主题下，为农业适度规模经营新模式和引领指引了新方向。新时期，建立健全农业社会化服务体系是推进农业适度规模经营的必然选择和基本保障。

农业适度规模经营新模式所需社会化服务内容多元、层次错落、复合立体，但占据核心地位、发挥主导作用的始终是金融服务（孔祥智等，2012；高圣平，

2014）。随着农业适度规模经营的发展，金融服务创新也成为热点问题、引发广泛关注。发达国家农业发展历程充分表明：金融是农业适度规模经营的核心力量，发达国家正是借助金融力量实现了农业现代化。但相比家庭分散经营的模式，农业适度规模经营模式对于金融服务需求的强度、需求层次都存在显著的不同，金融创新所赖以生存的制度框架也就不同。因此，作为农业社会化服务体系的重要构成，随着农业生产经营主体由小农向异质化的专业大户、家庭农场、农民专业合作社及产业化龙头企业等新型农业经营主体转变以及农业价值链整体延伸与高度融合，以小农和单一生产环节为对象的既有金融服务供给模式也逐步向以市场为导向基于农业价值链及其参与主体打包供应金融服务的新模式——农业价值链金融模式转变（Agricultural Value Chain Finance）（任常青，2009；陆磊，2013；何广文、潘婷，2014）。

农业价值链金融服务模式拓展了金融服务供给视野与思路，有效地化解了小农信息不对称、交易成本高和抵押物缺失而形成“金融排斥”的先天痼疾，实现了农业价值链增值与合作剩余创造并形成了“普惠”共生，渐进成为金融机构在中央政府政策引导下创新金融服务的新途径与新模式。一言以蔽之，通过纵览两者演化轨迹可以发现：农业适度规模经营与金融服务在演化逻辑与方向上存在一致性，两者通过农业价值链纽带实现了共生演化，这也是农业适度规模经营与金融服务在新时期的演化一般规律的体现。一般来说，政策设计应与事物运动和演变的基本规律维持一致，这样政策绩效、执行力度以及辐射效应才会更好、更强。反之，将陷入政策背离的怪圈，其影响后果可想而知。从这个角度来讲，农业适度规模经营的发展以及金融改革创新的大逻辑都应该以“农业价值链”为主题，实现价值链环节间的高度衔接和匹配，这样才能为我国农业经营体系的可持续发展提供有效的金融支撑。当然，这其中所蕴含的深层次问题也亟待揭示和刻画，以为学术界的科学研究和政界的战略决策与实践操作提供理论基础和决策支撑。

二、研究问题

农业适度规模经营和金融服务在农业价值链上的共生演化的特征事实镌刻成新时期两者关系的最新体现和现实表征。既然农业适度规模经营和金融服务通过价值链纽带实现了共生演化，那么现实制度约束下的“金融排斥”问题是如何化解的呢？两者共生演化的机理是什么？或者说，两者是如何在价值链上实现互动、相互适应及相互依赖格局的？需要具备怎样的共生环境条件？在共生单元层级上，农业适度规模经营主体，包括小农和新型农业经营主体等农业价值链参与者与金融服务供给主体是如何互动调整、谋划利益协调、创造并共享价值链平均利润的呢？各主体行为选择逻辑和利益均衡动机是什么？此外，按照共生理论架构，共生包含多种模式和类型，不同的共生模式意味着利益分配和均衡程度的不同。现有的农业适度规模经营和金融服务所呈现的共生模式如何识别？改进的方向在哪里？等等。本课题以科学问题为逻辑起点，立足特征事实与相关假设，基于共生理论搭建理论，搭建“共生环境—共生单元—共生模式”的三维分析框架，解析在价值链视角下农业适度规模经营与金融服务共生演化过程及机理，刻画农业适度规模经营与金融服务共生的环境条件。分析共生单元层级的农业适度规模经营主体与金融服务供给主体等的微观行为过程与利益分享原理，探索和识别农业适度规模经营和金融服务共生模式并提出相应的制度安排和政策建议等规律性问题。

第二节　研究目的及意义

一、研究目的

本书立足价值链视角下我国农业适度规模经营与金融服务共生演化的特征事实与相关假设，揭示在价值链视角下农业适度规模经营与金融服务共生演化机理，识别农业适度规模经营与金融服务共生模式类型，提出新时期契合农业适度规模经营与金融服务共生逻辑的制度安排与政策途径。具体目标有：一是解析价值链上农业适度规模经营和金融服务相互依赖、相互联系的双向因果关系，探知农业适度规模经营与金融服务交互作用机理，剖析价值链视角下农业适度规模经营与金融服务共生环境条件以明晰共生演化的逻辑前提；二是立足微观主体层级，揭示价值链视角下农户、新型农业经营主体等农业适度规模经营主体与金融服务供给主体的行为选择、利益联结方式及效益分享机制，揭示价值链视角下农业适度规模经营与金融服务微观共生单元的行为及机理；三是基于农业适度规模经营与金融服务共生演化机理，进一步识别价值链视角下农业适度规模经营与金融服务的共生模式，并提出兼容农业适度规模经营与金融服务共生模式的制度安排及政策途径，为决策部门理性决策及其效能提供决策参考与建议。

二、研究意义

（一）理论价值

农业适度规模经营与金融服务都不约而同地以价值链为纽带，实现了演化逻辑与方向一致性。虽然市场分工与利益诉求不同、议价能力与要素价值千差万别，但是金融服务供给主体却与价值链上的小农户、新型农业经营主体通过稳定利益联结、完成合作剩余创造与分享，实现了共生演化与“普惠”，“金融排斥”痼疾迎刃而解。为什么？这个问题理论价值较强。对这类科学问题的解答，可以深化理论内涵、拓展研究范式并深化理论认知。另外，尽管现有金融服务农业适度规模经营的大逻辑“滞停”于“农村金融机构论”的理论范式架构，但制度预期与现实成效之间仍存在较大偏差乃至背离。通过揭示农业适度规模经营与金融服务共生演化逻辑及机理，可以对制度预期背离与理论支撑体系进行反思，进而拓展新时期金融服务有效供给的理论支撑体系。

（二）实际运用价值

新常态下“三农”根植的宏观大环境和微观生态已发生显著变化，进而会引致一系列既定条件的变迁与重构。金融服务供给主体、农业价值链上的小农户和新型农业经营主体间既定生态被打破，利益联结与效益分享机制被重构并形成共生演化的“新稳态”，农业适度规模经营与金融服务间的作用方式、传递路径和环境条件等都显著不同。若无视既定演化方向与逻辑，按照现有改革逻辑与政策操作思路供给金融服务势必会影响目标预期与实践效果。这就亟须在农业适度规模经营与金融服务共生演化特征事实下，重新厘清并揭示农业价值链视角下农业适度规模经营与金融服务共生演化的交互作用机理和微观行为机理，并在识别农业适度规模经营与金融服务共生模式基础上提出新的制度安排思路、原则及政策实现途径，为构建新型农业经营体系和深化农村金融改革提供决策参考与政策建议。

第三节 研究内容及重点

一、研究内容

（一）概念体系与理论分析框架

对研究所涉及的农业适度规模经营、价值链、金融服务、共生演化等核心概念与经典理论进行辨析与梳理，通过概念模型及其体系来揭示金融服务与农业适度规模经营的关系，并以此为基础切入价值链视角，搭建农业适度规模经营与金融服务共生理论分析框架，揭示农业适度规模经营与金融服务在价值链上演化方向一致性及其共生演化逻辑，规划清晰的技术路线并选择科学研究方法。

（二）农业适度规模经营发展概况及演进趋势

在揭示农业适度规模经营的客观性及其具备基本条件的前提下，在总体上评估农业适度规模经营发展的现实绩效。然后，从结构层面，揭示农业适度规模经营的主要途径、运行效果，凝练农业适度规模经营发展一般规律，研判农业适度规模经营发展趋势，明确新时期农业适度规模经营的新特征、新方向。

（三）农业金融服务调研与金融服务创新演进趋势

立足需求层面，对农业金融服务需求进行调研，首先，通过比较揭示农业金融服务的需求强度以及在农业适度规模经营中的重要性及其不足；其次，立足供给层面，梳理当前农业金融服务创新的基本范式，通过评价典型金融服务创新范式，明确农业金融服务创新的价值链金融创新方向、新趋势；最后，又转至需求层级，揭示农户对于农业价值链金融需求及其影响因素，为后续研究提供经验支撑。

（四）农业适度规模经营与金融服务共生演化机理

首先，结合对农业适度规模经营和农业金融服务发展趋势的判断，进而嵌入价值链视角，探寻农业适度规模经营和金融服务演化逻辑的交集及其方向一致性以及共生演化特征现象；其次，立足宏观层面，从互动机制、学习机制以及变异和选择机制等层面，明确农业适度规模经营和金融服务共生演化的交互作用机理；最后，立足微观层面和相关假设，分别从没有政府介入和有政府介入两个层面，揭示价值链视角下，农户、新型农业经营主体等农业适度规模经营主体和金融服务供给主体在共生单元层级形成的两者共生演化的微观机理。

（五）农业适度规模经营与金融服务共生模式及其选择

共生理论强调共生环境、共生单元与共生模式三维统一。农业适度规模经营与金融服务共生演化机理分析已经揭示两者共生的环境条件与共生单元的微观行为。农业适度规模经营与金融服务在共生环境中相互作用、相互影响方式即为共生模式，其也为两者共生演化机理的现实内容与规律特质的外化表现形式，不同的共生模式也就意味着利益分配均衡程度不同，这也就直接决定着价值链视角下农业适度规模经营与金融服务共生演化状态的稳定性。为此，从农业适度规模经营和金融服务共生演化的结果——农业价值链金融的角度进行案例分析，通过对案例评判，从侧面明确农业适度规模经营和金融服务共生模式存在主要问题以及新时期模式选择。

（六）农业适度规模经营与金融服务共生发展的条件保障与政策建议

农业适度规模经营与金融服务共生演化是客观规律反映，其状态稳定性需要具备相应的条件保障。唯有此，才能保证农业适度规模经营与金融服务共生发展往既定轨道、既定方向发展，在此基础上的制度安排和政策建议才是最有效率、最具时效性的。为此，进一步针对价值链视角下农业适度规模经营与金融服务共生模式评判与选择结果，从政府、金融机构、新型农业经营主体以及农户层面提出农业适度规模经营和金融服务共生发展的政策建议。

二、研究重点

一是分析价值链视角下农业适度规模经营与金融服务交互作用机理，拟突破的重点问题是农业适度规模经营与金融服务如何通过农业价值链纽带形成相互依赖、相互适应并相互作用的双向因果关系和共生演化格局，具备了怎样的共生环境条件及动力问题。

二是分析价值链视角下农业适度规模经营与金融服务共生演化的微观行为及机理，拟解决的重点问题是刻画农业适度规模经营主体（农户及其他新型农业经营主体）与金融服务供给主体等共生单元的微观行为选择过程及其条件，从微观共生单元层级考察并揭示各主体如何在价值链上进行行为选择并结成利益共同体从而有效化解交易成本高、“金融排斥”及信息不对称问题并实现利益创造和分享的问题。

三是分析与识别价值链视角下农业适度规模经营和金融服务共生演化模式，拟解决的重点问题在于如何基于农业适度规模与金融服务共生演化机理，进一步探索农业适度规模经营与金融服务共生类型并对现阶段两者共生模式进行识别，并据此提出与现阶段共生模式相契合的条件保障与政策途径。

第四节 研究思路及方法

一、研究思路

本课题遵循多层次、多维度的立体型研究思路。一是借鉴共生演化理论范式，搭建研究理论分析框架，立足价值链视角，分析农业适度规模经营与金融服务两者相互关系、内涵特质、价值目标等，然后通过历史分析与经验数据，解析价值链视角下农业适度规模经营和金融服务共生演化的特征事实、基本表现和趋势等，支撑农业适度规模经营与金融服务通过价值链纽带实现共生演化的现实基础；二是从宏观与微观的双重维度，实证并揭示价值链视角下农业适度规模经营与金融服务交互作用机理、微观行为及机理，揭示农业适度规模经营与金融服务交互效应及其环境条件，共生单元微观行为选择过程与均衡条件，系统揭示价值链视角下农业适度规模经营与金融服务共生演化机理；三是以价值链上农业适度规模经营与金融服务共生演化机理认知为基础，通过理论与实证分析进一步探寻和识别价值链视角下两者共生模式，并提出兼容农业适度规模经营与金融服务共生模式的条件保障及针对农业价值链不同参与主体的政策途径。研究技术路线如图 1－1 所示。

二、研究方法

本书采用规范分析与实证分析、定量分析与定性分析相结合的方法揭示价值链视角下农业适度规模经营与金融服务共生演化机理及模式，实现了经济学、管理学和协同学等学科理论和方法集成交叉与融合运用，体现了理论分析和经验实证的统一。具体来说，在理论分析框架部分，主要运用了数理模型法搭建解释框架。在农业适度规模经营概况及演进趋势部分，主要运用了 DEA－Malmquist 指

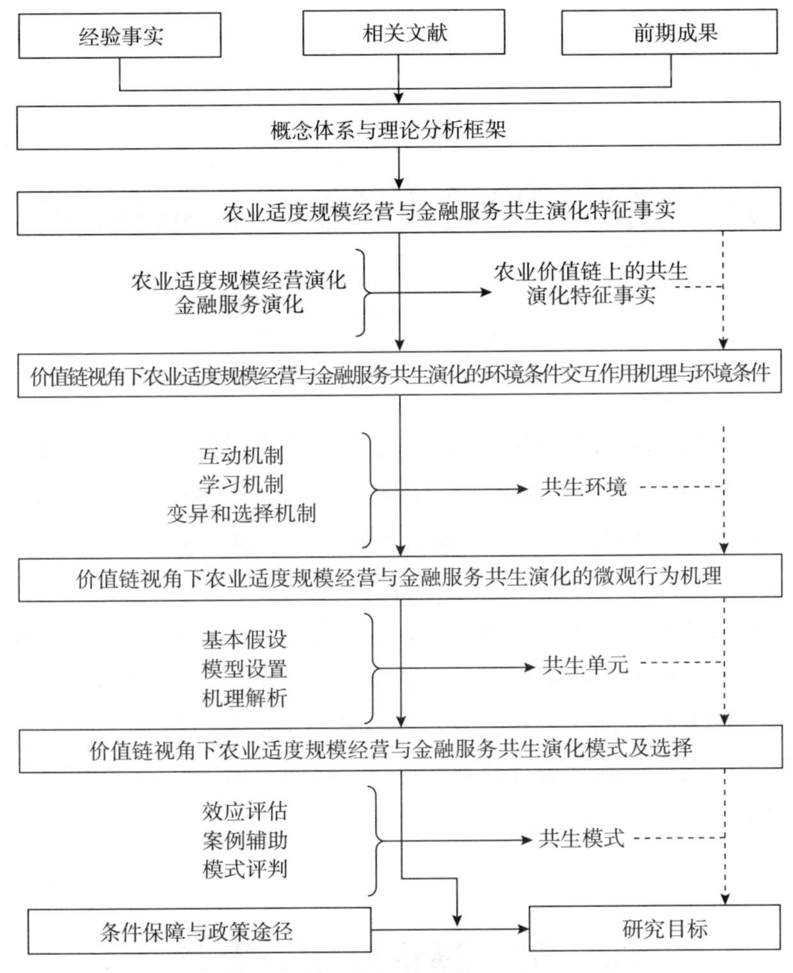

图 1-1　研究技术路线

数法、多元回归方法、分位数回归方法等分析农业适度规模经营的现实绩效以及评价农业适度规模经营的主要途径及其效果。在农业金融服务需求调研与金融创新演进趋势部分主要运用了典型抽样与随机抽样相结合、问卷调研与深度访谈相统一的方法，以确定合意样本容量及微观计量的一手数据资料。在农业金融服务演进趋势部分主要运用归纳和对比方式明确农业金融服务创新的演化趋势，运用二元 Logit 模型、截面门槛模型分析农业价值链金融需求及其影响因素。在农业适度规模经营和金融服务共生演化的行为机理部分运用了数理分析方法。在农业适度规模经营与金融服务共生模式及其选择部分主要运用了倾向匹配得分法（PSM）以及案例分析方法。

第二章　理论基础与文献综述

农业适度规模经营与金融服务通过农业价值链实现了共生演化体现的两者在新时期的新现象和新特征。这种现象的产生并不是“偶然”的，存在一定的“必然性”。关于农业适度规模经营和金融服务共生演化机理的研究也应以经济学、管理学相关理论为支撑，在相关理论中寻求解答、借鉴。同时，为体现本研究同学术界既有研究的特色性、差异性，还需要对国内外关于该主题的研究成果进行梳理、凝练，进而形成本研究的创新点、研究侧重点。为此，本部分首先从理论层面探究两者共生演化的理论支撑与作用机制，将其作为分析的理论基础。然后，对国内外的研究现状进行梳理和述评，进而寻求本书的逻辑立足点和突破口，形成研究特色。

第一节　理论基础与借鉴

一、分工理论

农业适度规模经营与金融服务共生演化现象的出现与农业分工存在密切的关系，是分工理论在农业适度规模经营模式探索与金融创新实践中运用、发展的重要体现。分工理论是农业适度规模经营和金融服务在价值链上共生演化的重要理论支撑。关于分工理论最早可以追溯到古希腊历史学家、经济思想家色诺芬，其最早提出和论证劳动分工的重要性。一般而言，经济学追求的是体系的系统性、方法的科学性以及论证的合理性。色诺芬关于劳动分工的论述并未在体

系、方法和论证等方面形成完备系统。因此，在经济学范畴内，对分工进行系统性、科学性论证以形成分工理论的经济学家是亚当·斯密（Adam Smith）。亚当·斯密在其代表作《国富论》的开篇就论述了劳动分工，并充分肯定了其重要地位。他认为“劳动生产力最大的进步以及劳动在任何地方的运用中所体现的大部分技能、熟练度和判断力似乎都是分工的结果”，并将分工所引起的劳动生产率的提高归因于三种情况：“一是每个工人熟练程度的提高；二是节约了由一种工作转到另一种工作的时间；三是发明了许多的机器，便利和简化了劳动，使一个人能干许多人的活。”而在其后的章节中，亚当·斯密也进一步阐述了造成分工的缘由，斯密进一步指出：“我们需要的帮助大部分是通过契约、交换和买卖互相取得的，而最初造成劳动分工的也正是这一互相交换的倾向。”在随后的发展历程中，阿林·杨格（Allyn Yanger）重新挖掘亚当·斯密的观点并对其扬弃。并指出之所以能产生分工的原因主要是因为“迂回生产方法”实现了规模效益，进而降低单位生产成本和扩大市场规模，而市场规模扩大又会促进分工深化，而这是一个互动的过程。总体来看，无论是亚当·斯密的分工理论还是阿林·杨格的分工理论其立足点都认为分工是“外生”的。为此，杨小凯和博兰则从“内生”的视角出发，认为分工是一个自动演化的过程。他们对分工的认知也更为全面。在他们看来，分工不但可以提升经济效率，也会产生交易费用。尤其是当分工的潜力被挖掘完毕后，经济增长率反倒会下降。

此外，马克思也对分工有其独到的看法，而且较为系统和全面。事实上，马克思对分工的概念进行界定是在《1844 年经济学哲学手稿》中最先提出。但在当时，论述并不系统和完整。在随后的《德意志意识形态》中，马克思则系统地论述了其分工理论。在马克思看来，人类的生产活动是伴随着分工的发展而发展的。更为可贵的是，马克思还对分工的类别进行了细致的划分，他认为分工可以划分为自然分工、社会分工和自愿分工三种典型的形态。其中，自然分工是分工的最初形态，是指性别分工以及由体力和天赋差别而产生的分工。决定自然分工的关键因素就是性别、天赋差别和体力，这是“由于天赋（如体力）、需要、偶然性等才自发地或自然形成分工的”①。从中可以看出，第一种形态是自然分工，主要发生于家庭内部，特征是“自给自足”、强调的是人与自然的关系；第二种分工形态则是社会分工，是伴随着生产的发展和商品交换的产生而形成的。

① 马克思，恩格斯．马克思恩格斯选集（第1卷）[M]．北京：人民出版社，1995.

在交换利益的驱动下，专业化的驱动力日趋强化，最终会形成商品交换的一般化和普遍化，进而会带动社会分工的进一步深化。这实际上和阿林·杨格的观点是一致的。从这个角度来看，社会分工主要发生于不同生产部门之间、强调的是人与人之间的关系；第三种分工形态是自愿分工，其存在于未来的“真正的人的社会”。“任何人没有特定的活动范围，每个人都可以在任何生产部门内发展，社会调节着整个生产，因而使我有可能随我自己的心愿今天干这事，明天干那事，上午打猎，下午捕鱼，傍晚从事畜牧，晚饭后从事批判，但并不因此就使我成为一个猎人、渔夫、牧人和批判者”①。

农业适度规模经营主体与金融服务供给主体在价值链上实现共生这一特征现象，也可以从分工理论框架中探寻到踪迹。对其进行解释可以从农业经营主体的内部分工以及农业产业部门的外部分工两个维度揭示。从农业经营主体的内部分工角度来看，农业经营主体内部分化与“裂变”，使我国农业经营体系不断丰富和完善，单一农户和新型农业经营主体呈现并存。相比较而言，新型农业经营主体符合金融供给的前提条件与内在动力。具体来说，在构建农业社会化服务新机制的政策导向下，中国农村基本经营制度已发生深刻变革，农业经营主体开始分化，除一般的经营主体之外，还有以农业专业大户、家庭农场、土地合作社和工商企业为代表的多元化新型农业经营主体发展势头强劲，已经成为中国建设现代农业、保障国家粮食安全和主要农产品供给的重要载体，标志着农村劳动力重新布局、配置，是我国经济社会发展进步的重要体现，为传统农业向现代农业注入了新的动力和活力（杜志雄、王新志，2013；万宝瑞，2014）。从我国“三农”发展实践来看，新型农业经营主体历史性地承接了农业适度规模经营重任（杨华，2015；孔祥智和周振，2014）。相较传统分散农户，新型农业经营主体符合金融机构供给金融服务的前提条件和利益诉求。可以说，农业适度规模经营主体与金融服务供给主体的共生是农业经营体系发展、演变以及内部分工精细化、复杂化发展的必然结果。

另外，从农业产业部门的外部分工角度来说，农业适度规模经营主体与金融服务供给主体在价值链上共生现象的产生是农业产业分工引致的产业环节拓展和主体合作结果的必然选择。在农业产业化中所形成的农业价值链自身就是一种“利益共同体”的象征，体现的是农业迂回生产、增值增效以及农业经营主体

---

① 马克思，恩格斯. 马克思恩格斯选集（第1卷）［M］. 北京：人民出版社，1995.

（包括农户和新型农业经营主体）分工协作和利益共赢的“利益集团”：分布于产前和产后环节的新型农业经营主体在农业生产资料供应、市场风险化解和农产品营销等方面存在显著的比较优势，有助于化解“小农户”与“大市场”的矛盾、实现小农户和农业现代化的衔接。而在产中环节，农户对于农业生产以及技术的运用存在显著的比较优势，利于保障农产品的有效供应。同时，在农业产业化纽带和价值链机制的牵引下，这种良性格局的稳定性较好。可以说，传统农户和新型农业经营主体首先在价值链上实现了共生。当然，这一转变所导致的直接后果就是改变了金融机构在对农业经营主体授信时所面临的信息不对称和交易成本高的问题。具体来讲，在化解信息不对称问题上，除可以依托农业价值链自身以及新型农业经营主体所提供的“信用增级”机制之外，还有金融机构通过观察农户和新型农业经营主体所签订的各类生产契约、在市场契约的履约情况中也可以有效地甄别各类农业经营主体的资信情况，进而有效地化解了在传统金融服务供给的过程中，金融机构和农业经营主体间因信息不对称所形成的“金融排斥”问题和实现了金融普惠和共生。综合而言，分工理论为揭示价值链视角下农业适度规模经营与金融服务共生演化机理和模式提供了一个有效的理论支撑。

二、规模经济理论

农业规模经济的基础是农业报酬递减和要素的不可分性。因此，农业规模经济学的起源可以追溯到古典经济学家关于土地报酬递减的研究。17 世纪著名的经济学家威廉·配第（William Petty，1623～1687）在《政治算术》中就提出了“报酬递减”的粗略模型（彭群，1999）。他认为，国民财富的递减是税负经济效果的主要标志。在他看来，从事生产性劳动的人数是一国财富增长最重要的因素。他认为一国财富的规模取决于人口数量、勤勉程度和技艺水平。如果对从事生产和贸易活动给社会增加财富的人征税，社会的财富就会减少。并指出赋税对一国财富既可以产生积极的影响也可以产生消极的影响。因而，他主张利用赋税限制不必要的消费和促进生产。但事实上，对规模经济进行关注并认为规模经济是可供选择的技术决策中非常重要的考虑因素的仍是亚当·斯密。而在上述分析中所揭示的亚当·斯密的分工理论，其立足理论基础就是规模经济。劳动分工的基础就是一定规模的“批量生产”。因为较各种类型的生产来说，较大的设备比较小的设备更能降低单位成本。例如，一个设计能力为年产量 200 万吨的钢铁生产厂，其生产成本比年产量为 100 万吨生产厂的生产成本低 15%。随着产出规模的扩大，潜在平均成本会下降①，用简图表示如图 2 - 1 所示。其中，长期平均成本表示任何产出能力下的平均成本，当产出能力从 Q_1 上升到 Q_0 时，平均成本从 C_1 下降到 C_0。此时，Q_0 被称为最小有效规模（MES）。C_1 超过 C_0 的百分比被用来估算建造更大规模的工厂所获得的经济效益。

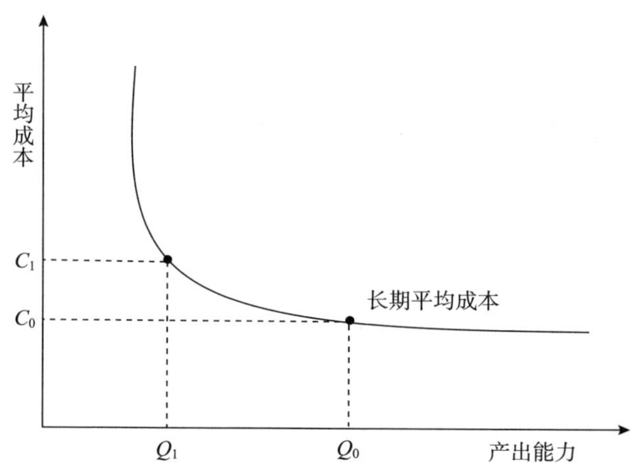

图 2 - 1　产出能力与产出成本示意

在随后的发展中，英国著名经济学家阿尔弗雷德·马歇尔（Alfred Marshall, 1842 ~ 1924）在《经济学原理》一书中进一步对规模经济的形成原因及其变化规律进行揭示，马歇尔认为规模经济的形成主要依赖于两种途径：内部规模经济和外部规模经济。其中，内部规模经济的形成依靠的是资源的充分利用、组织和经营效率的提高。而外部规模经济则是通过企业间合理的分工与联合、合理的地区布局等形成的。在揭示规模经济的变化规律层面，马歇尔则进一步提出规模经济会经历规模报酬递增、规模报酬不变和规模报酬递减三个阶段。而在此后，规模经济理论经过张伯伦、保罗·萨缪尔森等众多学者的研究，规模经济理论体系逐步完善和拓展，开辟了新的发展篇章。尤其是萨缪尔森从生产函数的角度给出了判断规模报酬递增、不变和递减的标准。如果生产函数 $Q = f(\lambda L, \lambda K)$ 满足 $f(\lambda L, \lambda K) = n\lambda f(L, K)$。其中，$\lambda > 0$，生产函数 $Q = f(L, K)$ 为 n 的齐次生产函

① 德怀特. H. 波金丝，斯蒂芬. L. 林道尔. 发展经济学（第六版）[M]. 北京：中国人民大学出版社，2013.

数。如果劳动力要素投入 L 和资本要素投入 K 随 λ 增加，当 $n>1$，生产函数 $Q=f(L,K)$ 具有规模报酬递增的属性；当 $n=1$，生产函数 $Q=f(L,K)$ 具有规模报酬不变的属性；当 $n<1$，生产函数 $Q=f(L,K)$ 具有规模报酬递减属性①。

此外，马克思在《资本论》一书中也对规模经济进行了论证并揭示了其重要性和地位。在《资本论》第一卷中，马克思指出了大规模生产是提高劳动生产率的有效途径，是近现代工业发展的必由之路。唯有如此，“才能组织劳动的分工和结合，才能产生那些按其物质属性来说适于共同使用的劳动资料，如机器体系等，才能使巨大的自然力为生产服务，才能使生产过程变为科学在工艺上的应用”。这样所达到的最终目的涵盖两个层面：一是产、供、销的联合与资本的扩张；二是降低生产成本。

农业适度规模经营来源于规模经济（许庆、尹荣梁和章辉，2011）。描述的就是在既定条件下，适度扩大生产经营规模，使土地、资本、劳动力等生产要素配置趋向合理，以达成农业最佳经营效益（夏益国、宫春生，2015）。但农业同工业等其他产业不同，农业的规模经济在某种程度上存在一定的“非显著性”。这也是为什么在我国政策实践中一般都讲“适度”的重要原因。另外，从发展模式和实现途径上，实现农业适度规模经营的途径也是不同的。虽然农业适度规模经营在实践中的形态是多样的，但若对其进行概况，基本上可以提炼成要素优化配置型和价值链型。要素优化配置型又可以进一步细分为土地流转型和农民合作型两种类型。通过土地流转和农民合作实现的是农业生产规模经济和农业经营主体个人的规模经济。价值链型主要是以社会化服务为纽带实现产前、产中和产后等农业价值链环节的规模经济的拓展和平衡，实现的是农业产业规模经济。如图 2-2 所示。

可以说，农业适度规模经营代表着农业生产经营方式演变和发展的基本方向。随着农业产业的变革，传统以家庭经营为基础的分散经营模式正面临深刻的变革和演变，多元化的经营格局和经营主体的并存已经构成当前我国农业经营体系中的重要内涵。尤其是在国家构建新型农业经营体系的政策导向下，专业大户、农民专业合作社、家庭农场和农业龙头企业等新型农业经营主体都代表着农业适度规模经营和实现规模经济的战略初衷和发展愿景。这一转变对金融服务创

① 高鸿业．西方经济学（上）［M］．北京：中国经济出版社，1996：443-456.

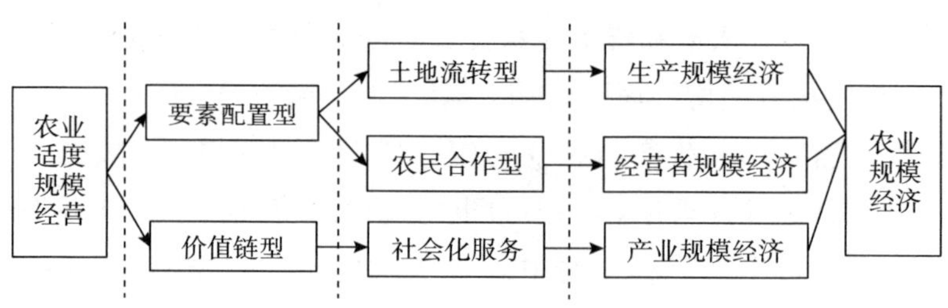

图 2-2　农业规模经济划分

新是至关重要的。长久以来，在我国农村金融发展的实践中，金融服务供给一个突出的问题就是农业经营主体所面临的“金融排斥”问题。这其中与我国的分散经营模式和金融中介组织的“企业属性”间不可调和矛盾是必不可分的。具体而言，在传统的生产经营模式下，农业生产集自然风险、生产风险、市场风险等多重风险交叉互作于一体，风险性过于集中，无法在经济性和社会性之间找到“平衡点”。加之在农业生产上周期长、生产成本大，导致市场利润低于国民经济平均利润水平。也正因此，农业不符合金融机构作为“特殊企业”实现利润最大化的目标取向和发展定位。这也就导致在很大程度上，金融机构供给金融服务的积极性、主导性较差。也正因如此，现有金融服务的供给往往是政府财政政策引导下的金融机构被动支农的单向行为。并非金融机构通过市场需求发现而进行的主动金融创新行为。更为甚者，涉农金融机构业务在很大程度上还依旧存在“非农化”取向。虽然近几年新型金融机构、互联网金融机构不断增加，但在很大程度上金融机构增加并未起到缓解农业融资难、融资贵、融资少的问题。相反，在适度规模经营条件下，这种问题将得到彻底改变。随着农业的收益性、效益性以及市场性等方面都将得到显著提高，金融机构通过市场需求发现，主动供给金融服务的前提条件已经成立并逐步成熟。这也意味着农村金融从维持小农户的“存贷汇”走向现代的“产业金融”模式，我们未来应该思考的问题将不再是农户融资难、融资贵的问题，而更应该考虑的是怎样使金融产品、金融服务和金融市场利于推动农业规模经济和产业化发展的问题（陆磊，2013）。总体而言，通过农业适度规模经营实现农业规模经济，这一农业经营模式的转变也势必会带动金融服务创新以及服务方式的转变。从这个层面来说，深刻地揭示这一转变背后所蕴含的规律性问题就显得十分迫切和必需，这也是本书深入开展的理论前提。

三、金融创新理论

农业适度规模经营和金融服务在价值链纽带上的共生演化新格局的出现，实质上反映的就是新时期通过金融创新以适应农业适度规模经营需要的发展现实。随着农业产业化的推进，农业产业链条不断拓展，各个产业环节的协同性、配合性乃至互牵性不断增强。在各类生产性、市场性契约的指引下，农户和新型农业经营主体实现了共生和利益联结的共同体。在这样的情形下，金融机构若依然对农户实施“金融排斥”或采用“点对点”的金融供给的战略措施，势必从整体层面影响到新型农业经营主体的融资需求。因为在农业价值链上，农户和新型农业经营主体已经实现利益捆绑、金融服务需求相互交织并相互牵制。若农户的金融服务需求无法得到满足将“牵一发而动全身”，这样势必影响全局乃至整个农业价值链运行，不良后果可想而知。在这样的现实倒逼下，金融机构势必会进行金融创新以适应新形势下的新要求。为此，依托整个价值链向农户和新型农业经营主体供给价值链金融服务是农业经营体系演化和发展的必然结果。农业价值链金融产品的出现就是金融机构对农业经营体系新特点、新趋势所做出的精准响应。价值链金融产品的出现体现的就是金融机构、农户和新型农业经营主体在农业价值链上的共生。因此，揭示农业适度规模经营和金融服务共生演化机理和模式中金融创新理论是一个非常重要的方面和支撑。综观国际金融发展一般规律，经济发展的历程也是金融创新的历史。一般来说，金融创新的内涵十分宽广，涵盖狭义和广义两个维度。狭义金融创新是指金融机构开发金融产品的过程；广义金融创新的内涵则十分丰富，涵盖整个金融领域的新创造、新发展，既包括狭义金融产品的创新，还包括机构创新、技术创新、制度创新乃至发展理念的创新等。因此，金融创新理论比较丰富。但如果对其进一步按照类型进行归纳，金融创新其主要包括价格风险转移型、信用风险转移型、流动性增强型、引致债权债务型以及引致股权型创新五大类型。从现实发展情况来看，农业价值链金融创新显然属于信用风险转移型和引致债权债务型金融创新类型。

在概念界定和类型明晰的基础上，学者还对金融创新动因进行系统性解剖。关于这方面的理论比较多，但概括起来主要有技术推进论、财富增长论、约束诱导论、制度改革论、规避管制论和交易成本论，等等。若再对其进一步细分又可以分为顺应需求型动因、顺应供给型动因和规避监管型动因（王仁祥、喻平，2004）。其中，顺应需求型动因主要有财富增长论。顺应供给型动因主要有技术推进论、交易成本论。规避监管型动因主要有约束诱导论、制度改革论和规避管制论。财富增长论认为经济的高速发展所带来的财富迅速增长是金融创新的重要动因，是决定对金融资产和金融创新需求的主要因素。持这种观点的主要有格林和海伍德（Greenbaum 和 Haywood，1971）。技术推进论和交易成本论则认为金融创新的支配因素是降低交易成本，金融创新实质上是对科技进步导致交易成本降低的反映（Niehans，1983）。规避监管型的金融创新则主要从规避政府管制、摆脱内外部约束以及与制度相互作用等方面进行探讨（王仁祥、喻平，2004）。另外，Fuente 和 Marin（1996）、Silber（1983）也支持这种观点。农业价值链金融的出现从某种意义上来说，是交易成本论、约束诱导论和制度改革论的重要表现。

从交易成本论和制度改革论的视角来看，适应农业适度规模经营和金融服务价值链演化规律的价值链金融产生的实质是金融机构为了冲减“点对点”金融服务模式的运行成本所形成的诱致性制度变迁过程。在传统的金融服务供给和创新的过程中，所面临的最大问题就是金融中介机构的“企业属性”和农业多重风险交织所导致的利润低、风险大的两难事实。具体来讲，从金融机构的本质属性来看，其是追求利润最大化的企业，其决策导向和行动积极性完全取决于经济利润。但农业生产的风险却是多重的，不仅涵盖农业生产的自然风险，还包括市场风险、价格风险等。由于传统农业规模较小、经营分散，市场化、商品化水平较为低下，农业利润水平较低，金融机构对农业提供金融服务缺少足够的积极性和主动性。可以说，在传统的制度框架下，金融服务供给的前提条件并不成立。因而，金融机构和农户间存在较大的信息不对称问题。然而随着农业适度规模经营的发展，农业的经营模式由小农户的分散经营向规模化、合作化、集约化、市场化转变，农业由产量最大化向收入最大化转变，尤其是随着农业产业化的推进，农业经营主体内部不但面临分化而且实现了合作共赢，金融供给的前提条件已经成立和趋于成熟。更为重要的是在价值链上金融机构同农业经营主体间的信息共享机制也克服了传统框架下的信息不对称问题。因此，在这样的条件下，依托农业价值链供给价值链金融服务是一种诱致性制度变迁过程。

从约束诱导型论的视角来看，价值链金融的产生与金融机构在新时期所面临的内外经济社会环境的变化有重要关系。在国家政策扶持和金融改革深化的背景下，涉农金融机构突破了以前农村信用社占据主导地位的局面，基本形成了农业发展银行、农村合作金融机构、农业银行、各类新型金融机构以及互联网金融机构并存和分工明确的多元化格局，尤其是村镇银行、资金互助合作社、小额信贷公司等新型金融机构在服务效率、服务方式乃至支农模式上都显现出比较优势。其中的互联网金融机构更以农户、中小型企业这些“长尾人群”为主要服务对象，发展定位清晰、效率高效、服务方式多样，比较优势十分显著。新型金融机构和互联网金融机构逐渐成为我国农业发展现实约束下的支农主力。新型金融机构和互联网金融机构的崛起在某种程度上打破了长久以来涉农金融机构由商业银行“一家独大”的局面和“非农化”的趋势。在竞争机制的驱动下，这有利于以商业银行为主导的正规金融机构改善金融服务质量和冲减服务成本。尤其是随着农业产业化的推进，小规模的农业经营模式逐步被适度规模化、组织化、标准化和效益化的经营方式所替代，传统农业金融服务供给框架亟须调整和面临重构。可以说，农业适度规模经营蕴含着金融服务需求的改变和调整。在这样的现实背景下，各金融机构为抢占农业市场纷纷调整战略和创新金融产品。农业价值链金融就是在这样的条件下孕育而生的，是金融机构调整行为和重构战略的具体体现。此外，外部监管措施，尤其是存贷比管制的放松，也有助于各类金融机构盘活存款类资金，投入到“实体经济”中，在利润最大化和收益性考量下，以商业银行为主导的正规金融机构的资产投向会向收益相对高一些的贷款方向转变，而依托农业价值链进行金融创新，通过系统性金融方案可以满足多方面的融资需求，有助于其收益的实现。

四、共生演化理论

共生演化理论是演化理论（又称为进化理论）的重要组成部门，其实质就是用生物学的观点来刻画和解释经济问题。在揭示共生理论之前，不可回避的是首先介绍演化理论。事实上，演化的思想最早起源于经济学。无论是在亚当·斯密的著作中还是在马尔萨斯的著作中，仍能探寻到演化思想的踪迹。两者也都普遍地认为人类社会是演化的。在这样的思维启迪下，达尔文将其运用到生命世界，提出了生命世界是进化的观点。其在 1859 年①出版的《物种起源》一书中运用大量的案例对其观点进行论证。这一观点提出的意义是跨时代的，成为继“日心说”取代“地心说”之后人类历史上又一次科学突破。可见其重要地位和作用。更为重要和不可思议的是，演化思想的发展又通过进化论影响到了后续的

① 姚开建. 经济学说史（第二版）[M]. 北京：中国人民大学出版社，2015.

经济学家。由此在1989年，索尔斯坦·凡勃仑发表了题为《经济学为什么不是一门演化（进化）科学》并明确提出了演化经济学的概念框架。他认为："就经济学的目的而言，它所要解释的累计变化过程是一系列做事情方法——处理物质生活资料的方法——的变化"。此后经过马歇尔、熊彼特等学者的发展，演化经济学逐步在经济学体系中占据一席之地。

从内容的层面来看，在达尔文的演化理论中，他主要强调两点内容：一个是物种的可变性，认为现有物种是从别的物种演变而来；另一个是物种可以变成新的物种。自然选择机制，认为自然选择是生物进化的动力源泉，生物必须为"生存而斗争"，那些具有适应环境的有利变异个体将存活下来。从现实发展情况来看，生物界的演化除了竞争之外，还存在着新物种通过两种或多种在进化上相互依赖、共同进化的现象，这种相互合作和相互依赖对于推动生物界进化的作用也许会更为显著。持这种观点的主要有伊凡·瓦林（Ivan Wallin）和琳·马古利斯（Lynn Margulis）。但事实上，共生理论的概念在1879年时就经德国生物学家德贝里（Anton Debarry）提出了。主要用于描述和研究生物之间按某种物质联系而相互依赖、依附生活在一起，而形成的一种共同生存、协同进化或相互抑制的关系（Ahmadjian，1986）①。但共生个体之间并不是简单的或者机械的共同生存，大部分生物在很多的情况下，并不知道自己在帮助另一方。他们只是选择了对自己最有利的生存方式，是物种自然选择的本能行为。另外，从其应用范围来看，发端于生物学领域的共生理论也逐步拓展到经济社会领域，在模糊学科边界的同时，也拓展了研究空间、挖掘了新的研究视角。

事实上，农业适度规模经营与金融服务共生演化现象发生的理论前提就是农业系统内部，尤其是农业价值链上所表现的农户和新型农业经营主体间形成的合作与共生。当然，之所以会出现这种现象，背后一个深层次的原因就是农业产业化的推进。农业产业化作为我国农村改革的"伟大发明"，是以市场为导向，农业优势产业、特色产品为主导，通过布局的区域化、生产的专业化、经营的一体化、服务的社会化以及管理的企业化，使农业产前、产中和产后各环节有机连为一体，进而实现产加销、贸工农一体化的一种诱致性的制度创新。在长期的实践和发展中，其效应逐步显著，效果不断显现，效力不断增强，在促进农业经济发展尤其是在促进农民增收方面发挥了巨大的作用。那么，农业产业化是如何实现

① 柯宇晨等．共生理论发展研究与方法论述评［J］．市场论坛，2014（5）：14－16.

农业各经营主体间合作共生的呢？这需要到农业产业化操作流程中去探究答案。在实践中，新型农业经营主体同农户间的合作方式很多，以最简单的合作方式“公司+农户”模式为例来对其进行介绍。具体见图2-3。在我国现行制度约束下，农户家庭为主的分散经营模式所面临最大挑战就是生产效率低、质量参差不齐以及后续销售问题，等等，小农户与大市场的矛盾问题表现十分突出。“公司+农户”这种模式则很好地化解了这种问题：公司通过与分散的农户签订农业契约，龙头企业向农户提供相应的生产资料、技术支持和销售服务，农民则按照龙头企业要求的规格标准进行生产和管理，找到了两者利益均衡和合作共赢的“临界点”，形成了稳定的供销合作关系。如果从主体的角度来讲，龙头企业作为新型农业经营主体已经同农户形成了相互依赖、相互合作的共生关系。虽然这种模式在实践中涌现出诸多问题，但这不影响两者共生的特征事实，产生问题的实质是监管部门的缺位以及制度安排的缺失。当然，与此相关的农业产业化模式还有很多，但其本质都是在这种模式的基础上衍生出来的，在此不再进行赘述。

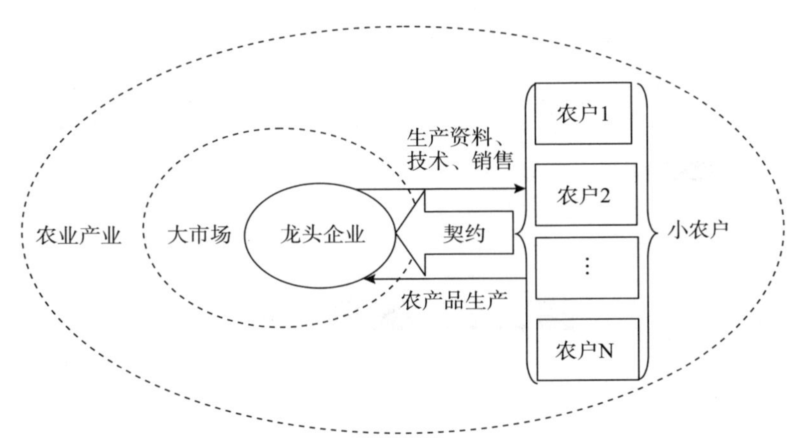

图2-3 “公司+农户”模式下的共生关系

新型农业经营主体与农户间所形成的“共生”也为金融机构创新金融服务奠定了重要的基础。按照共生理论的基本内涵，新型农业经营主体和农户是共生体系中的“共生单元”。而共生单元的距离和共生单元的规模直接决定着信息的透明度和获取程度。一般而言，共生单元的距离越短获取信息越便捷，共生距离越长获取信息的成本较大、难度也就越大。从共生规模的角度来看，共生规模也与信息获取间存在显著的正向关系。当共生单元规模较大时，其同外界的联系能力、渠道获取能力和信息甄别能力都较强。反之，当共生单元规模较小时，其信息获取的便捷程度往往会大打折扣。从这个层面来讲，在传统的制度框架下，农业经营主体主要是传统的小农户，共生规模较小。因而，其信息获取的途径、渠道乃至便捷程度都较差。但农户的金融服务需求如何解决呢？其主要的途径是求助其亲戚朋友或者非正规金融机构以获得所需要的金融服务，因为此时这两者之间的共生距离较短。而正规金融机构则由于共生距离较长的缘由，则往往会对这一群体进行“金融排斥”。这一理论也从侧面证实了长久以来农业融资难、融资少的主要症结。但值得注意的是，新型农业经营主体在其自身发展和政策配套的指引下，其同正规金融机构的共生距离较近。正规金融机构对新型农业经营主体的信息掌握程度显然比分散的农户要高。在这样的情形下，随着农业产业化的推进，在新时期正规金融机构若要再采用“金融排斥”农户的战略所影响的就不仅是农户个人的金融需求了，直接会通过农业价值链影响到整个农业产业。新时期不光要维护其与新型农业经营主体间的共生关系，更要建立起同农户的共生关系。此外，通过甄别农业新型经营主体与农户间的合作关系、履约能力也有助于金融机构进行客观的判断和克服信息不对称的问题，利于共生关系的巩固。在这样的理论背景下，揭示新型农业经营主体、农户和金融机构共生机理就显得十分重要和迫切。

第二节　文献综述

近半个世纪我国政府一直在追求“现代农业”，寻找促进农业转型的方式和途径（罗必良和李玉勤，2014），然而，“本世纪末基本实现四个现代化”战略目标并没有实现，农业现代化仍是整个现代化的“短腿”（温铁军等，2007；韩长赋，2013）。探究其原因发现：在很大程度上，超小的家庭经营规模是农业现代化建设成效不显著的主要约束（何秀荣，2009）。推动农业适度规模经营是新时期农业现代化建设的必由之路（韩长赋，2014）。为此，自 20 世纪 80 年代中期以来，学界和政界试图通过体制创新探寻农业发展契机、探索农业适度规模经营路子（侯风云，1996）。总体来说，关于农业适度规模经营及其相关金融服务

的研究成果比较丰硕。归纳起来主要体现在关于农业适度规模经营的客观性及必要性的研究、关于农业适度规模经营途径及评价研究、关于农业适度规模经营与金融服务创新的研究三个方面。综合来看，现有研究成果为本书的深入推进奠定了坚实基础。

一、文献回顾

（一）关于农业适度规模经营的客观性及必要性研究

国外学者一直试图寻找最优的农业经营模式（Popescu，2013）。因为农业生产会由纵向一体化逐步向横向一体化过渡（Chayanov，1931），经营规模的扩大必然要求有相应的组织模式对农业资源进行有效配置（Bain，1959）。农业适度规模经营作为农业经营模式的重要组成部分，对其研究离不开其与家庭经营的比较和争辩。纵览世界农业发展历史，农业普遍以家庭经营为基础并非偶然，即便是在工业化和农业现代化高度发达国家或地区，家庭仍是农业生产经营活动基本单位（黄祖辉，1999；Chaplin 等，2004；Pritchard 等，2007）。从我国实际情况来看，尽管我国农业经营体制经历了若干次重大的历史变迁、变革，但集体所有、均田承包和家庭经营的大格局几乎没有发生根本性变动（罗必良和李玉勤，2014）。改革开放之初，这种以家庭为基础，统分结合的双层经营模式确实在一定时期内促进了农业生产力发展（林毅夫，1992）。然而，随着“制度红利”逐步消散、分工协作日益精细、资源约束越发凸显，以社区维系的农业生产边界逐渐被市场力量和社会分工所突破，小农式家庭经营与大市场之间的矛盾不断激化，已然成为阻碍我国农业现代化发展的桎梏（何秀荣，2009；中国社会科学院农村发展研究所课题组，2011）。

为什么小农式家庭经营难以与市场有效兼容？国内外学者为此进行了诸多探索。国外研究认为，家庭经营与市场之间本质上并无矛盾，因为即使是在美国、澳大利亚、欧洲等发达国家和地区，农业仍然主要是以家庭为单位进行生产经营活动（Offutt，2002；Chaplin 等，2004；Pritchard 等，2007）。与国外相比，国内小农式家庭经营困境则更加明显。何秀荣（2009）、国务院发展研究中心农村部课题组（2013）的研究结果显示，农户户均经营耕地面积逐年下降，从 1986 年的 9.2 亩降低到 2008 年的 7.4 亩，到 2011 年户均承包耕地面积仅为 5.58 亩。而正是这种过小规模的家庭经营使农业生产几乎没有任何规模经济性。已有研究结果表明，导致矛盾产生的关键在于家庭经营规模过小。小农面临的难以与市场接轨（戴思锐，1995；许庆等，2011）、经营规模碎小（Akram，2009；Mulwa 等，2009；钱克明和彭廷军，2014）、农业科技运用与推广受限（Tchale，2009；Khan and Saeed，2012），高昂交易费用（Barrett，1997；Toufique，2005；Demir，2007）等市场问题又恰恰根源于细小经营规模（何秀荣，2009；罗必良和李玉勤，2014），推动适度规模经营是农业现代化发展必然趋势（梅建明，2002；许宏和周应恒，2009；廖西元等，2011）。农业适度规模经营可避免农业萎缩、降低生产成本和提高国际竞争力（韩俊，1998；黄季焜等，2012；毛飞、孔祥智，2012）。

（二）关于农业适度规模经营实现途径及评价研究

在阐释农业适度规模经营的实现途径层面，国内外学者的观点可以基本归纳为依靠土地流转、农民专业合作和社会化服务引领三种典型性、代表性途径。在依靠土地流转层面，学者认为在一定条件下土地适度规模经营可以近似地体现农业适度规模经营（杨继瑞，1987）。黄祖辉、陈欣欣（1998），许庆等（2011），Manjunatha 等（2013）的研究证实了土地经营规模增加确实能够提高农业经营收益。但也要注意的是，农业规模经营并不是单纯一味地扩大土地规模。研究表明，土地规模的扩大并不一定有利于改善经营效益，如 Van 等（2000）、蔡基宏（2005）、刘凤芹等（2006）的研究结果显示，土地规模与产出收益之间存在反向关系，经营规模的扩大不仅没有提高生产效益，反而会导致收益降低。因此，多种形式的农业规模经营应该确保规模适度，即土地规模的下限要保证劳动生产率有所提高，上限是不能降低土地产出率（卫新等，2003）。总体来讲，虽然农民就业、收入多元化、城镇化和市民化为土地流转与适度集中及土地适度规模经营创造了条件（钱文荣和张忠明，2007；陈美球和刘桃菊，2013），但能否实现土地规模经营仍受制于自然禀赋、市场条件、财政补贴和制度约束等现实因素（吴敬琏，2002；卢善荣，2007；谢冬水，2011），这种途径既不具有实质性影响，也不具有全局性、长期性作用（罗必良和李玉勤，2014）。

在农民专业合作层面，学者主张通过合作方式联合众多独立经营的农户，如 Cottertill（1984）、Staatz（1987）、Holloway 等（1999）认为，农业合作经营除了能够在农业生产中提高土地产出率和劳动生产率之外，更重要的是还可以使分散农户形成一定的市场势力，增强谈判议价能力，克服小农户与大市场之间的矛盾。农业合作经营解决了信息不对称问题，减少了农户的交易成本，提高议价能力（Holloway 等，1999；Ortman 和 King，2006）。并且这种农业合作经营逐渐由

生产环节延伸到产业链、供应链和价值链的各个环节。Chaddad 和 Cook（2004）、Carlberg（2006）、Popescu（2013）等的研究表明，农业合作经营已迈入新阶段，通过产业链纵向合作增加产品附加值，成员共享农业价值链环节增值的利润，使农业经营收益得到显著提高。从我国的现实情况来看，这一模式也受到了众多学者的拥护。如黄祖辉等（2002）、张云华和郭铖（2013）等认为，应该引导农民成立专业合作社，通过互助合作弥补分散的农户经营上的不足，进而提升农业规模化程度。但合作经营也存在成员“搭便车”、投资激励缺乏、组织成本过高等问题（Fama 和 Jensen，1983；Demsetz，1999），有待进一步优化。相比之下，新型合作经营更为有效，其成员的收益和权利按出资比例进行分配（Harris 等，1996），有利于激发成员投资，进而发展加工产业，通过增加产品附加值来提高收入（Chaddad 和 Cook，2004；Gardner 和 Lerman，2011）。

在社会化服务引领层面，基于家庭经营加上农业社会化服务体系才真正构成农村经济制度的完整表达（张红宇，2002；张晓山，2009；张晓山，2013）的制度逻辑和市场化分工分业所形成的客观现实要求（赵毓和段贤斌等，1994），主张通过健全农业社会化服务体系来推动农业适度规模经营发展（杨学成和史建民等，1997；许经勇，2002；Chand 等，2011；高强和孔祥智，2013），以解决规模化经营面临的技术手段不足、劳动力数量缺乏、资金短缺、抗风险能力弱以及交易费用过高等问题（Viaggi 等，2011；Akudugu 等，2012；孔祥智等，2012；王春来，2014）。该模式通过组织模式与利益机制创新（黄祖辉和俞宁，2010）实现了社区小规模生产基础上的服务规模化经营，弥补了大市场条件下家庭经营功能性缺陷（廖西元等，2011；罗必良和李玉勤，2014），解决了技术手段不足、风险抵抗能力差和交易费用过高等问题（Viaggi 等，2011；Akudugu，2012；孔祥智等，2012），使成员共享各农业价值链环节的增值利润（Chaddad 和 Cook，2004；Popescu，2013）成为中国小农经营现实框架基础上推动农业适度规模经营和现代化的重要方向（谢学东，2008；黄祖辉和俞宁，2010）。

（三）关于农业适度规模经营与金融服务创新的研究

金融服务是农业社会化服务体系重要的组成部分（甘能平，1991），农业适度规模经营是农村金融服务无法回避的问题（高圣平，2014）。然而，农村金融服务落后却是现行农业社会化服务体系中一个突出“瓶颈”（高强和孔祥智，2013），农户和农业融资难困境已是无可争议的事实（洪正，2011；何广文，2012）。为应对困局，我国从存量和增量两层面启动了以村镇银行、小额信贷公司等新型机构试验和推广为特征的大刀阔斧的金融机构改革（洪正，2011），虽然在一定程度上缓解了农业生产经营主体金融服务供需矛盾（马晓青等，2012），但囿于新型金融机构相对于农户需求发育缓慢，改革并未收到预期目标效果（张红宇，2010；王修华和谭开通，2012）。洞悉与纵览现有金融改革立足逻辑，其依据是农户参与正规信贷市场程度偏低和正规金融“小农排斥”的客观约束（黄祖辉等，2009）。虽然在现实中小农与农业金融服务需求相互交织，但问题关键点并不同（刘西川和陈恩江，2013）：小农户有效金融服务需求不足根源于抵押物缺失、信息不对称所生成的“金融排斥”（Carter，1988；Bradshaw，2002；许圣道和田霖，2008；Kersting 和 Wollni，2012）。而农业融资难则是传统农业风险大和收益低的特质性风险致使以盈利驱动的正规金融机构并不愿意向农业提供金融服务（Berger 和 Udell，1999；周立，2007；Enjolras 和 Kast，2012）或通过信贷配给实施人为管控和压抑（隋艳颖和马晓河，2011；朱喜、史清华等，2011），无法触碰到农业融资有关风险和交易成本问题（马延安和苗淼，2013；刘西川和陈恩江，2013）。

事实上，随着适度规模经营发展，农业价值链的各环节参与者都需要金融服务。现有金融服务供给逻辑显然无法改变金融中介组织没有积极性进入农村金融市场这一基本逻辑（洪正，2011）。新时期随着农业价值链扩展，金融服务也应该实现动态跟进与调整（罗从清，2010；何广文和潘婷，2014），从维持小农户的“存贷汇”等基本金融服务走向更为现代的“产业金融”模式，或者说向基于农业价值链环节和价值链上不同参与主体提供价值链金融服务的模式方向转变（陆磊，2013；中国人民银行，2014；何广文等，2014），进而专门围绕农业价值链金融开展产品和服务创新（Trienekens 和 Wognum，2013；张惠茹，2013），这也是发达国家和地区金融服务演化的基本规律（Carter 和 Waters，2004；Miller 和 Silva，2007；Miller 和 Jones，2010）。价值链金融服务模式通过价值链利益纽带将农户、新型农业经营主体等价值链参与者以及农业产前、产中和产后等不同价值链环节串联，有效化解了信息不对称、交易成本高和合理分配与共享价值链平均利润的问题（张庆亮，2014；洪银兴等，2009），是解决小农户、企业、加工者之间由于资金缺乏而使经营活动陷入困境的一种有效方法。同时，其强化了新型农业生产经营主体与金融服务供给主体的有机联系并形成了长期稳定交易关系（KIT 和 IIRR，2010；张庆亮，2014），已成为一些地区金融机构在中央政府政策方针指导下探索金融支持农业发展新途径（刘西川和陈恩江，2013），引领金融服务创新的新思路。

二、文献述评

国内外学者关于农业适度规模经营及金融服务诸方面研究为本书深入推进提供了丰富素材、启迪研究思路与逻辑铺展。但现有研究亦存在以下四个问题：

（一）罕见价值链视角下探究农业规模经营问题的研究

现有研究罕见价值链视角下探究农业规模经营问题的研究。但事实上，农业适度规模经营与价值链存在理论的互通性和实际操作的交织性。尤其是在国家构建新型农业经营体系、社会化服务新机制和强化农业产业链和价值链建设的政策背景下，农业适度规模经营的途径也实现了由产中环节的土地规模经济和经营者的规模经济（内部规模经济）向产业规模经济（外部规模经济）的演化，这一转变的意义是巨大的，不仅拓展了农业规模经济的内涵，而且也为新时期开展多种类型的适度规模经营提供了经验支撑和理论基础。可以说，新时期从价值链的角度揭示农业适度规模经营演化的相关问题及其规律则显得十分迫切。同时，随着农业适度规模经营发展特征的转化，金融服务创新也应进行动态调整、及时跟进与战略实施，金融政策和金融产品应不断涌现以适应农业适度规模经营发展的新特点和新内涵。尤其是农业价值链金融产品的出现改变了传统金融服务的供给范式和思维，将“点对点”的金融服务供给范式引致依托价值链实施整体性、系统性金融供给的发展新方向。可以说，新时期农业适度规模经营和金融服务均沿着农业价值链方向在进行演化，这一特征事实背后所蕴含的规律性问题值得深究和探索，而这恰恰是当前学术界所忽视和鲜有注意到的。本书据此选取价值链视角切入就显得特色鲜明、意义重大。

（二）尚未挖掘到价值链上农业适度规模经营和金融服务的双向因果关系

现有研究大多从单向理论层面阐释金融服务对于农业适度规模经营重要性，忽略价值链上农业适度规模经营和金融服务共生演化事实背景下对两者隐含的双向因果关系以及其环境条件的揭示。在封闭小农经济或非完全市场条件下，农业生产经营格局小规模化、松散化，农业生产经营目标是单一的安全最大化，金融服务供给是通过政府部门在宏观产业政策引导下形成的金融中介组织同小农户间达成的金融中介组织独占双重剩余利润、满足小农户暂时性、同质性服务需求但农业整体服务需求刚性无法逆转的单向性、非自愿性的支农行为。这一点可以由涉农金融机构业务“非农化”倾向中探寻到踪迹。而在市场化条件下农业生产经营格局演变为多元化经营主体并存且紧密相连的适度规模化，农业生产目标是收入最大化与产量最大化的协同与兼顾，农业生产函数类型由传统土地要素单一表达形态向多元化、异质性的现代要素联合表达的复合形态演变，农业适度规模经营发展和金融服务的供给则由传统的单向关系向双向互动转变，系统的刻画这一转变所根植的环境条件和影响效应是现有研究所不曾涉足的前沿领域，因此，该研究需要亟待补充。

（三）未揭示农业适度规模经营主体同金融机构形成“共生体”的利益调整过程及条件

现有研究成果在揭示农业价值链金融创新的效应时已经揭示了农业价值链金融实现了农业经营主体与金融机构实现了利益共赢和化解传统“金融排斥”的诸多问题。但研究注重的仍是其结果性内涵和影响，并未揭示微观层面的农业适度规模经营主体和金融如何供给主体、如何调整、适应、选择乃至最后形成“共生体”的动态过程以及其中的利益风向机制及其条件。这样所导致的直接后果就是金融机构在创新金融产品时存在盲从、“蜂拥而上”的问题比较突出。更为重要的是，微观层面的农业适度规模经营主体和金融服务供给主体达成利益均衡是存在一定条件的，若无视这种条件而进行金融产品的创新，可能会诱发金融风险，反而会适得其反，制约农业适度规模经营发展。

（四）在研究方法层面，定性研究居多，定量研究较为稀缺

现有在揭示农业适度规模经营和金融服务时定性研究居多，而且大多是从政策层面出发，在反思现行政策框架的基础上提出新的政策措施和制度安排。研究结论往往存在较大的主观性和随意性，缺少相应的理论层级的定性认知和实证经验的现实辅助。对于农业适度规模经营和金融服务某些重要问题的揭示，运用现代计量经济学方法或者数理方法是必不可少的。以此为基础所制定的相关政策和制度安排才具有现实存在根基和基础，也才有现实指导意义和借鉴价值。鉴于此，本书在揭示农业适度规模经营和金融服务共生演化机理及模式的过程中，力争将现代前沿计量经济学方法引入分析框架以便发现新矛盾和新问题。总体来讲，现有研究不足将成为本书深化和探寻新规律性问题和政策调整思路与途径的逻辑起点，指引研究深化方向。

第三章　概念体系与理论框架

概念认知是揭示事物运行发展规律及其运行机制的重要环节，直接影响着思维导向与逻辑开展。因此，从价值链视角下揭示农业适度规模经营与金融服务共生演化机理及模式的重要步骤就是要界定相关概念并同混淆的相关概念进行比较，以理顺思路、层层推进，为研究推进奠定坚实的认知基础。然后，以此为基础并结合理论基础中的相关理论，搭建相应的理论分析框架，奠定研究的理论基石。值得一提的是，为了更好地体现理论逻辑，本书将理论分析框架分解为视角框架、分析框架和解释框架，力争从总体和结构的双重维度揭示农业适度规模经营和金融服务共生演化机制的理论内涵、相互关系和作用机制，为响应科学问题的同时也为后续开展实证研究奠定坚实基础。

第一节　概念体系

一、概念界定

（一）农业适度规模经营

从历史发展轨迹来看，农业适度规模经营也是伴随着我国经济体制改革的发展历程而不断发展的。事实上，早在 1990 年邓小平就通过对我国农业经营体系演化一般规律的把握和预见，前瞻性地提出了农业适度规模经营的观点，并形成了“两个飞跃”的思想。邓小平认为“中国社会主义农业的改革与发展，从长远来看，要有两个飞跃：第一个飞跃是废除人民公社，实行家庭联产承包责任制。这是一个很大的前进，要长期坚持不变；第二个飞跃是适应科学种田和生产社会化的需要，发展适度规模经营，发展集体经济。这又是一个很大的前进，当然这是一个很长的过程”。这种观点对我国农村改革和发展起到了重要的指引作用。当然，也对学术界产生了重要的影响。各位学者纷纷从不同的视角对农业适度规模经营进行概念解读，形成了观点纷呈、百家争鸣的发展格局。归纳起来，形成了几种典型性、代表性论断：要素配置论、制度创新论、比较利益论等。

1. 要素配置论

该论断主要认为，农业适度规模经营体现的是产前、产中和产后等产业链环节各种投入要素的合理配置以及由此所形成的外溢效应。如王军旗（1990）将农业适度规模经营界定为：在一定的技术条件下，农业生产者的经营规模与经济效益之间的比例或关系，其本质是通过生产要素的优化组合（主要是适时、适度的相对集中原来分散搭配的土地资源），降低生产成本和提高土地产出率、劳动生产率，使农民的收入达到其他行业同等劳动者的平均收入水平，从而取得最佳的经济效益和生态效益。谢学东（2008）则认为，农业适度规模经营的实质是生产要素的优化组合，通过农业生产要素合理配置，形成农业生产物化劳动和生活劳动的节约，以获得农业最佳经济效益。既包括土地规模经营方面，又包括技术规模经营、群体规模经营、管理规模经营、流通规模经营等方面。许庆等（2011）认为，适度规模经营指在既定条件下，适度扩大生产经营单位的规模，使土地、资本、劳动力等生产要素配置趋向合理，以达到最佳经营效益活动。除此之外，蒋和平（2014）的观点也比较全面和具有代表性，其认为农业适度规模经营是以提升农业生产效率和经济效益为目标，在既定的社会、经济和技术条件下，强调对土地、劳动力、资金、设备、技术等生产要素的优化配置和产前、产中、产后等诸产业环节合理组织的同时，通过适当扩大生产规模，从而取得最佳综合效益的生产经营和组织形式，其核心是实现各种生产要素的协同效应，使其发挥各自最大的生产潜力。

2. 制度创新论

该论断认为农业适度规模经营发展的过程是制度创新、不断建立健全的过程，体现的是土地制度、组织结构制度的变革、重构，是制度经济学的相关观点在农业经济学中的具体运用。如戴思锐（1995）认为，农业适度规模经营是农业制度建设的继续，实现适度规模经营就是要加快土地流转、生产组织结构制度的建设。张红宇（1996）认为，农业适度规模经营的前提是农户土地使用权的流转，其实质是通过土地制度的变革和创新，促进生产要素的合理流动与组合，扩大土地规模达到提高规模经济效益。此外，曾福生（1995）、陈俊梁（2005）、许经勇（1996）也提出了类似的概念内涵。

3. 比较利益论

主要是从市场化、商品化、产业化的角度来论述农业适度规模经营的实质内涵，体现的是农业增产、增效以及增收的辐射效应。如黄祖辉（2016）认为，农业适度规模经营的本质是农业产业提升市场竞争力、促进农民持续增收，是农业经营者的比较利益，这种比较利益是从事一定经营的重要源泉。

总体来看，目前学术界关于农业适度规模经营的概念认知的维度还是比较多元的，但并没有形成一致的结论。在此基础上，本书认为农业适度规模经营包含过程和结果两个层面的内涵。具体来说，农业适度规模经营是指在界定的技术和制度约束下，通过对农业生产要素的优化重组、合理配比，在农业产业链的产前、产中和产后各环节所达到的一种合理化、均衡化状态，进而达到生产要素的节约、劳动生产率的提高、综合效益以及产业竞争力的提升。在这样的概念框架下，实现农业适度规模经营的途径就不仅是产中环节的通过土地流转所实现的土地规模经济，还包括产前、产中乃至产后的社会化服务所引领的服务规模经济，也包括农业生产经营主体间的横向联合或者纵向联合所形成的经营者规模经济，可以说，在这一概念框架下，农业适度规模经营的含义更为宽广、更为深刻，利于深化对农业适度规模经营的认识和纠正实践层面的政策认知和指导偏差。

（二）金融服务创新

金融服务创新是金融服务现代化的核心内容和重要体现。因而，其含义也是十分广泛的。在理论基础部分，本书已经揭示了国外金融创新的典型论断以及基本动因。在此部分就不再对国外金融创新的相关情况进行赘述，主要揭示我国学者关于金融服务创新的基本情况。从我国的发展现实来看，最早提出金融服务创新概念的是杨继国（1997），但他没有明确地提出金融服务创新的定义，仅对金融服务创新的方法和路径进行了研究（余永波，2014）。在其看来，金融创新的内容主要包括服务意识创新、服务环境创新、服务设施创新和服务方法创新等内容。这种观点也得到了后续研究者的肯定。如黄志伟（2002）认为，金融服务创新的内容非常丰富，涉及服务的形式、服务的环境、服务的手段、服务的载体，等等。中央金融工委党校（2002）认为，金融创新一般包括服务形式、服务手段和服务载体的创新等内容。何德旭和张军洲（2008）认为，金融服务创新包括服务主体、服务载体和服务形式三个内容。除此之外，罗美娟（2011）认为，狭义的金融服务创新涵盖金融产品、金融业务、服务观念和服务结构等。结合学者关于金融服务创新概念的认定以及本书问题提出的视角，在揭示农业适度规模经营与金融服务共生演化机理及模式时所指的金融服务主要包括金融服务主体、服务载体和服务形式三个层面的内容。

1. 服务主体

一般而言，金融服务主体主要涵盖金融机构和金融从业人员两个层面的内容。在传统的金融服务供给框架下，“三农”领域一直处于被“边缘化”，陷入被排挤、被排斥的境地。也正因此，金融服务主体在“嫌贫爱富”的思维导向以及信用配给机制引导下，一般对“三农”领域的金融服务供给进行一定程度上的抵制或者轻视。从某种意义上来说，现行的金融服务供给并不是金融机构组织行为，而是政策引导下被动性、外生性的支农行为，缺乏内生驱动力。但随着农业适度规模经营的发展，传统农业的先天弱质性属性被农业先进生产要素所“改造”并“填补”，金融机构作为“特殊企业”，追求利润最大化的本质诉求与适度规模经营框架下的现代农业的高附加值、高利润以及高产量特质相一致。金融服务供给具备前提条件和基础。可以预见，随着农业适度规模经营的发展，金融服务主体创新将是重要一环与关键步骤。

2. 服务载体

金融服务载体是联结农业适度规模经营主体和金融服务主体的“桥梁”。从其内容来看，一般包括金融工具、金融产品、网络以及各种电子设备。随着农业适度规模经营的发展，经营主体的金融服务需求层次、需求强度乃至需求期限都被彻底改变，金融服务载体也应面临调整和创新，需要针对农业适度规模经营的新特点、新形式以及新理念，推出有针对性的、特色性的以及差异性的金融服务。从这个角度来说，农业适度规模经营的发展会从外在环境层面引致金融服务载体的创新。当然，现实发展也佐证了这种观点。从服务载体的角度来看，农业适度规模经营和金融服务在价值链上共生演化的一个外在的表征就是农业价值链金融产品出现以及由此带来的金融服务供给理念的创新和方式转变。

3. 服务形式

在分散性和小规模家庭经营的情形下，金融服务形式一般都是金融工作人员的“坐堂服务”和“存、贷、汇”的传统金融服务，因而对农业经营主体的金

融服务需求也停留于传统的思维惯性上，不存在深入市场、研究市场、服务市场、满足客户需求的工作方式。这种方式显然无法适应新形势、新变化。因此，在国家政策扶持和群众智慧发生交互作用下，我国农业经营体系已经发生显著的变化：农户的内部分化、新型农业经营体系的日渐成熟，都使金融机构要深入市场调研，在明确我国农业经营体系演化逻辑和发展方向的基础上，解构这其中的深层次机理，继而以创新服务形式来适应农业适度规模经营发展的需要。此外，随着新型金融机构、互联网金融机构的发展，也在外部对传统的涉农金融机构形成了有效的竞争，涉农金融机构转变金融服务方式以适应农业适度规模经营需要和向其经营主体提供多层次的金融服务也是大势所趋、形势所向。

（三）农业价值链

价值链最早由哈佛商学院教授迈克尔·波特（Michael E. Porter）于1985年在其《竞争优势》一书中提出的，在其看来，每个企业都是设计、生产、营销、交货以及对产品起辅助作用的各种价值活动的集合。企业的价值活动一般分为基本活动和辅助活动。具体见图3-1。基本活动由五部分构成：一是内部后勤，包括与接收、存储和分配相关的各种活动；二是生产作业，包括将投入转化为最终产品形式的相关各类活动；三是外部后勤，包括与集中、存储和将产品发送给买方的有关的各种活动；四是市场营销和销售，包括与传递信息、引导和巩固购

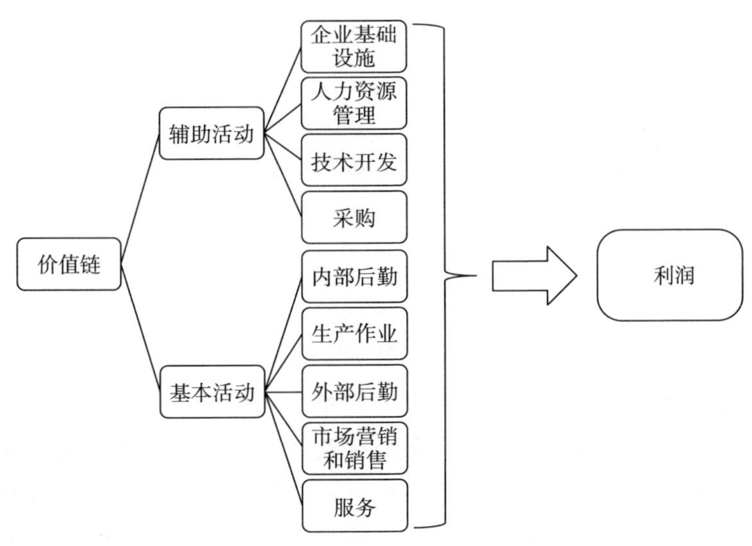

图3-1 企业价值链活动

买有关的各种活动；五是服务，包括提供服务以增加或保持产品价值有关的活动。辅助活动主要包括：一是企业基础设施，包括总体管理、计划、财务、会计、法律、信息系统等价值活动；二是人力资源管理，包括各级员工的招聘、培训、开发和激励等价值活动；三是技术开发，包括基础研究、产品设计、媒介研究、工艺与装备等价值活动；四是采购，指购买用于企业价值链的各种投入的活动，包括原材料采购，以及诸如机器、设备、建筑设施等直接用于生产过程的投入品采购的价值活动。综合而言，迈克尔·波特所提出的价值链从某种意义上来说，不仅是指企业的价值增值活动，更是一种揭示企业利润来源及其结构的系统性、综合性分析方法。

农业作为国民经济社会的重要部门，农业价值链也就是存在于国民经济社会中诸多价值链条中的重要构成，符合价值链所具有的一般性特征和规律。从某种意义上来说，农业价值链指的就是农业领域的价值创造及其增值过程。但从我国目前的实际发展来看，由于农业产业化发展仍处于纵深推进阶段，农业的价值链相比其他产业的价值链无论是在增值环节，还是在协同性、复杂性等方面都要稍显薄弱些。而且由于农产品生产所集结的自然再生产和社会再生产相互交织的特征，也使我们不能套用价值链的含义来界定农业价值链。本书界定的农业价值链主要是指在农业产业化的推进中，产中的农户和分布于农业产前和产后环节的新型农业经营主体间通过纵向协作形式所形成的利益联结关系和利润创造活动的总称，包括产前的农业生产资料的提供、农业技术培训以及相应的政策扶持；产中环节的农业生产、技术指导以及田间管理等；产后环节的加工、流通和消费。其中，加工环节包括农产品的清洗、包装，农产品的品级分类、保鲜处理和食品加工；流通环节包括仓储、物流、批发与零售；消费环节包括营销推广、餐饮服务等。如图 3－2 所示。

二、概念比较

（一）农业适度规模经营、规模经济与规模效益

农业适度规模经营与规模经济之间存在紧密的联系，农业适度规模经营的主要目的就是为了实现农业规模经济和分享规模经济效益。但两者之间也存在显著的不同。若对其进行概括的话，农业适度规模经营是手段和过程，而规模经济和规模效益体现的是状态和目的。为了进一步对这组概念进行比较，首先对规模经济和规模效益的概念进行理清。一般而言，经济学中所讲的规模经济是指产量的

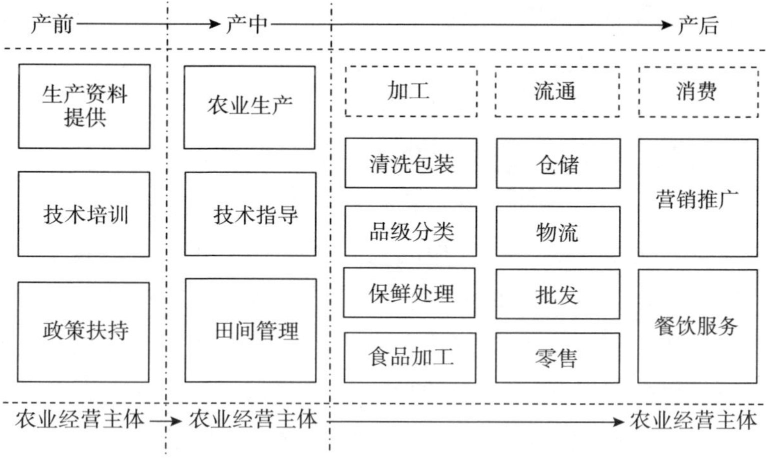

图3－2　农业价值链

增加对长期生产成本的影响，或者说，生产成本随着产量的增加而出现递减的趋势。产生这种现象的原因是多方面的，但主要原因是由于劳动分工和专业化所形成的，进而通过生产规模的扩大提高总体生产效率和形成长期生产成本下降的趋势。可以看出，规模经济所立足的角度主要是生产成本视角并不涉及价格因素。而规模效益则是指生产要素等比例增加时，产出增加的幅度大于要素变化幅度，体现的则是投入和产出之间关系的变动。同时，相比较规模经济，规模效益除反映生产成本因素影响之外，还受到价格因素的影响。因而，规模效益的存在对提高生产者的热情和积极性具有重要的导向作用。

农业适度规模经营主要以土地和劳动要素的集中、现代科技应用为依托，体现的是农业投入要素的变化。如实践中的土地适度规模经营就是通过土地流转实现土地集中进而实现农业生产规模扩大、成本节约以及要素配置效率的提升。从这一点可以看出，一方面，农业适度规模经营与规模经济的关系是十分密切的，农业规模经营的目的就是实现农业规模经济、获取规模经济；另一方面，农业适度规模经营的发展也不一定能实现规模经济。因为，就不同行业、不同产业和不同经济活动来说，对于规模的界定也是不同的，或者说，“最佳规模”是不同的。所以，对于农业产业的适度规模经营我们坚持理论尺度和把握现实维度相结合，不能一概而论。当然，农业适度规模经营也是从成本和要素配置角度切入的，并不涉及价格因素。所以，这一点其与农业规模效益也是不同的。厘清这三者实践的关系，有利于指导后续分析中的思维导向，形成科学判断和理性认知，进而提升研究科学性、理论性。

（二）创新、金融创新与农业金融创新

“创新”一词最早是由美籍奥地利经济学家约瑟夫·熊彼特（Joseph Alois Schumpeter，1883～1950）在其1912年发表著作《经济发展理论》一书中提出的。熊彼特对于经济增长和经济发展的主要贡献就是其讨论了技术变迁对于经济发展的影响。熊彼特认为，技术创新主要包括技术研究和通过资本积累将研究转化为生产应用的过程。在熊彼特看来，成熟资本主义社会中资本积累非稳定性、不可持续性本质上源自创新的冲击。同时，熊彼特还给出了创新的定义：就是建立一种新的生产函数，把一种从来没有过的关于生产元素和生产条件的新组合引入生产体系。熊彼特充分肯定了“企业家”的重要作用，认为创新活动是通过企业家实现的。但是，这也并不是说新技术、新思想的连续不断出现也不能保证创新持续不断的、平稳的产生；相反，创新趋向于“成群而出、成群而落”。此外，熊彼特还认为创新与工业化社会金融过程密不可分，随着所有权和管理权、投资决策和储蓄决策的分离，投资金融也有了新的和更为复杂的形式。综上而言，金融创新可以看成是金融业的新生产函数，其与技术创新是同步的。

农业金融创新是金融创新与农业产业的“交集”，反映的是在现实约束和环境约束下，涉农金融机构为应对环境变化所进行的一系列改革运动和创造过程。一般来说，可以从微观、中观和宏观三个层面来理解。其中，微观金融层面的金融创新主要指涉农金融工具的创新，涵盖信用创新型、风险分散型、增加创新型、股权创造型，等等。如在本研究中所涉及的农业价值链金融，从某种意义上来说，也是一种金融工具的创新，是信用创新型和风险分散型的有机统一。中观层面的金融创新主要包括技术创新、产品创新以及制度创新等内容，作为农业适度规模经营和金融服务价值链共生演化结果的价值链金融，是典型的产业金融新业态。而宏观层面的金融创新则主要指的范围十分广，包括金融市场的创新、金融服务结构的变化、业务的变革、国际货币制度，等等。本书在揭示农业适度规模经营和金融服务共生演化机理及模式时所涉及的农业金融创新范畴主要是中观或者微观层面的（见图3－3）。

（三）价值链、供应链与产业链

在上述分析中我们已经对价值链的概念进行了界定，但除此之外，还要厘清

其与供应链和产业链之间的关系。总体来说，这三者之间既是相互联系又是相互区别的。

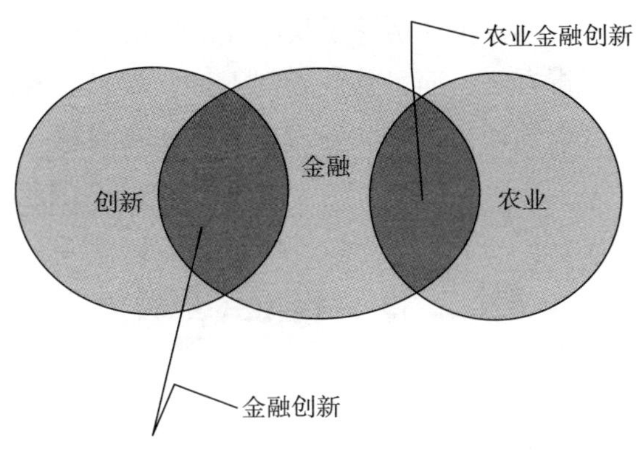

图 3－3　创新、金融创新与农业金融创新

首先，从价值链与供应链的相互关系来看。一般而言，供应链是指在产品在生产、分配、交换和消费的过程中，产品生产商同上游的原材料供应商、下游的批发商、零售商以及消费者组成的网络结构。实质上反映的是“田间到餐桌”的全流程。因此，从这一点来看，其与价值链之间存在紧密的联系。所以，在实践中，虽然价值链和供应链的概念往往存在混用（何广文，2014）。但其区别也是十分显著的。具体体现在以下两个方面：一是侧重点不同。价值链侧重的是增值环节，是从业务内容和货币价值的角度来论述企业的利润创造及其结构；而供应链侧重的则是链上的市场主体，强调的是链上的市场主体间的相互联系、相互依赖以及彼此间的竞合关系的网络。二是范畴不同。通过概念的比较发现，价值链的概念范畴主要局限于企业内部，描述的是企业的增值活动或者增值环节；而供应链的概念范畴主要是企业与企业之间的协同和合作关系。但是，这也并不是必然的。例如，子公司和母公司、总公司和分公司之间的价值链和供应链关系则就存在很大范围的重叠，甚至交叉问题。若要进行严格的区分，难度也比较大。

其次，从价值链和产业链的比较来看，两者还存在较为明显的差异。若从产业的角度来看，无论是企业的数量还是类型都是十分丰富的，因此，产业的增值和利润创造活动是千差万别的，价值链的类型也是千差万别的。同时，企业间合作和联合现象也就十分普遍，供应链的类型也就不同。综合而言，农业产业链的范畴包含价值链和供应链的内容，强调的是产业、技术和实业，是物质过程和物质过程的延续、延伸。从某种意义上来说，价值链和供应链共同构成了农业产业链。其中，价值链反映的是农业产业链的价值形态，供应链反映的是农业产业链的实业或者产品形态。当然，价值链除了反映经济价值、环境价值和社会价值的创造之外，还是一种分析方法，而另外两者则不是。对于三者概念的区别可以从视角层面进一步厘清研究的切入视界和发现新矛盾、新问题。

第二节 理论框架

基于上述的相关理论借鉴、概念体系及其比较厘清，在部分本书尝试建立理论分析框架以寻求农业适度规模经营和金融服务在价值链上实现共生的理论逻辑、内在关联和作用机制。同时，为了更好地反映两者之间理论逻辑的层次性、递进性和系统性，本书在具体操作中，主要运用结构化的操作思路，将理论框架进一步分解为视角框架、分析框架和解释框架三个子维度。其中，视角框架揭示研究的逻辑前提、分析框架奠定研究的逻辑层次、解释框架奠定研究的逻辑脉络。通过总体和结构的双重论证，力争系统、全面地反映和揭示研究问题的理论必然性，也为后续的实证研究提供了理论支撑。

一、视角框架

本书的视角框架主要是立足于价值链视角。为什么要选择价值链视角呢？这主要是因为在价值链视角下，我国的农业经营制度演化方向和金融服务制度改革的方向存在一致性。如果从演化轨迹的角度来说，作为农业经营制度演化方向的农业适度规模经营和作为金融服务创新方向的价值链金融两者通过农业价值链实现了协同演化。当然，如果从主体的角度来说，这就是本书所提出的“共生演化”问题。为此，本书分别从价值链视角下探究我国农业经营制度以及金融服务制度改革逻辑，以寻求农业适度规模经营和金融服务创新在价值链上演化方向的一致性以及逻辑重合性，由此所带来的影响及变化。

（一）价值链下的农业适度规模经营

从制度层面来看，发端于农村的我国改革历程，破除了长久以来困扰我国经

济社会发展的制度屏障，极大地激活和解放了生产力，同时也调动了农业经营者的积极性和农业的总体产量。由此所引发的制度改革红利也得到了极大的释放。在当时的现实背景下，家庭联产承包责任制与生产力发展水平是兼容的且极其富有效率。但随着生产力的不断发展，农业生产经营的产量导向开始向收入导向转变及科技进步带来的农业劳动生产率的提高，这种分散的经营模式的固有弊端也开始显现，小规模、分散性加重了农业生产成本以及产业环节衔接中的交易成本。尤其是随着市场化改革的深入推进，农业嵌入至社会化大分工，传统的封闭条件下的农业自给自足的生产方式所引致的“小农户”与“大市场”“小供给”与“大需求”的矛盾也开始不断激化。在这样的现实倒逼和政策诱导下，农业经营主体开始通过价值链从事适度规模经营以寻求农业规模经济和克服交易成本过高的问题。农业经营主体通过价值链合作的途径主要包括以下两个方面：第一，在农业产中环节，传统的分散农户可以通过专业合作的方式“抱团取暖”，或者通过土地流转实现土地规模经营两种途径进而实现农业适度规模经营。第二，在产前和产后环节，农业经营主体通过分布于农业产前、产中和产后等产业环节提供规划指导、生产资料购置、排水灌溉、病虫害防治、除草、收割、仓储、加工乃至销售等服务的新型农业经营主体，以“公司＋农户”“公司＋合作社＋农户”等价值链纽带形成利益“连接体”和“创利同盟”，通过农业服务规模经营实现了农业规模经济。因此，可以看出，在价值链的维度下，农业适度规模经营体现着我国农业经营体系的演化方向、整体逻辑，是我国农业经营体系和组织制度演化的新特点。

（二）价值链视角下的金融服务创新

有效的金融服务供给是农业适度规模经营发展的题中之意，与我国金融体系变革和农业产业发展“亦步亦趋”、同步发展。若对其演化逻辑进行归纳，基本可以概括以新型金融机构创新为主题、自上而下的“机构导向型”模式和以金融机构业务创新为主题、自下而上的“功能导向型”模式。其中，在“机构导向型”模式主要是试图通过村镇银行、小额信贷公司和资金互助合作社等新型机构建设来满足农业经营主体和农业融资需求，以走出农村金融体系不健全、角色偏离、使命漂移、服务效率低下的发展困境，是典型的政府主导的金融服务创新模式。在这样的模式下，新型金融机构往往被看成是政府的“代理人”而并不是独立行为人。若要实现利益的均衡，就必须兼顾新型金融机构的效应最大化和农业经营主体效用最大化，实现协同发展。但现实发展实际上是，两者实现利益均衡的状况并不是始终存在的。虽然新型金融机构较传统金融机构来说，在服务方式和服务效率上存在比较优势，而且可以利用规模经济和国家制度强制力来降低金融服务供给成本。但从本质上来说，新型金融机构仍是“企业属性”的本质并没有改变，一旦失去了政府扶持、相关优惠政策、补贴政策配套，其势必会产生制度背离和产生“使命漂移”，陷入“上有政策、下有对策”的制度困境。以小额信贷公司为例，在历经野蛮生长后，其产生的“使命漂移”问题就是新型金融机构主导“机构导向型”金融服务供给与创新范式的“缩影”。进一步的，从其嵌入框架来看，“机构导向型”模式嵌入的是“结构—功能—行为绩效”的制度框架，本质上是通过金融现有结构赋予其相应的功能，并通过金融机构的行为绩效判断其功能的实现程度。相较环境、技术和制度变化，这种创新思路和服务供给范式对于外部环境的感知存在一定的滞后性。同时，在很大程度上，新型金融机构业务开展并未走出“小额贷款”机制约束，金融服务供给中呈现的单一化、小额化、短期化也与农业适度规模经营主体融资需求的多元化、大额化和长期化趋势相背离，供需偏差、失衡问题表现十分突出，无法适应新时期农业适度规模经营主体的金融需求。尤其是无法适应新时期农户和新型农业经营主体通过“农业价值链”实现利益联结和合作共赢的发展现实。因而，在实践中，“机构导向型”的改革路径与金融服务创新范式，陷入新型金融机构不断衍生，但农业经营主体金融需求刚性仍旧无法逆转并存的尴尬境地。

在“自下而上”型方面，随着乡村振兴战略实施、适度规模经营发展、农业经营体系的构建以及农业经营主体内部的“裂变”，农业产业链条不断拓展，运行的协同性、衔接性和配合性不断增强，“公司＋农户”“公司＋合作社＋农户”“农超对接”等利益联结和价值链形态不断涌现，在成为推进农业现代化具体实践途径的同时，也使农户与新型经营主体的融资额度增大、期限延长且通过“价值链”相互交织和牵制，单一经营主体或单一产业环节的融资问题将直接牵制整个农业产业。面临新形势，农业融资难问题越发凸显，并跃升整体高度。政府主导的以“新型金融机构创新”为主题，满足农户“小额化”的金融服务需求的“自上而下”型创新逻辑显然无法适应新形势下的新要求、新方向、新特点，无法改变金融机构支农疲软无力、无为被动的特征事实。在这样的现实背景下，以商业银行为首的金融机构“自下而上”、转变创新逻辑，以“农业价值链”为平台载体，围绕农业价值链开展产品和服务创新，向分布于不同价值链环节的经营主体打包供应“价值链金融服务”。该模式嵌入的制度框架是“外部环

境—功能—机构”。这种批量化、平台化、集团化的金融服务创新思路，不仅有效地解决了“自上而下”型的机构创新范式发展中的制度困境以及由此产生的信息不对称、交易成本高和利益分配不合理的问题，而且也强化了新型农业经营主体、农户和金融机构的有机联系，形成了共担风险、合作共赢和互促监督的良性局面，已成为新时期化解小农户、涉农中小企业等由于资金缺乏而使农业经营活动陷入困境的一种有效方法措施，同时还顺应了农业适度规模经营“价值链”演化方向。可以说，基于农业价值链供给金融服务逐步代表着金融服务演化的方向。

综上所述，农业适度规模经营和金融服务都通过“价值链”形成了互动和同步发展的趋势，两者之间存在理论上的必然性和演化轨迹的重叠性。这种特征事实也是本书从价值链视角进行切入的主要立足点。本书的主要目的就是解释这种特征实施生成的演化机理，以及农业价值链参与主体的微观行为逻辑以及新时期实现两者共生发展的保障条件和政策建议，为推动我国农业经营体系改革、加快农业价值链金融创新提供一种新视角、新尝试。

二、分析框架

如果说视角框架奠定的是本书的逻辑起点、思路铺垫的话，那么分析框架体现的就是研究的层次、维度，是研究实施的基本流程与立足范式。本书在揭示农业适度规模经营和金融服务共生演化机理与模式中所根植的分析框架就是共生理论框架。按照生态学的基本观点，任何共生关系都是共生环境、共生单元和共生模式相互作用的结果，这也是共生关系的基本要素。为此，本书建立“共生环境—共生单元—共生模式”分析框架，试图通过揭示农业适度规模经营与金融服务共生环境，解析农业价值链上农业适度规模经营主体、金融机构以及政府等共生单元行为，判别两者当前共生关系的基本模式。

（一）共生环境

按照共生理论的基本内涵，共生环境刻画的是除共生单元之外的其他因素的集合，反映的是共生关系形成的外部条件。生态学中所刻画的共生环境一般是指自然环境和社会环境。但在经济学领域，共生环境一般是指宏观经济环境、市场环境、政策环境及其他环境。从共生环境对共生单元的影响来看，共生环境一般可以划分为正向环境、中性环境和负向环境。其中，正向环境对共生单元起到了正向激励作用，有助于共生单元之间的物质、能量和信息的交换和沟通，进而增加共生体系的净收益。负向环境会对共生单元起到抑制和约束的作用，会减少共生体系的净收益。中性环境则说明对共生单元的影响并不显著，既不会增加共生体系的净收益，也不会减少共生体系的净收益。在本书中，农业适度规模经营和金融服务共生演化格局的形成在某种程度上来说与共生环境，尤其是受到正向共生环境的影响是密不可分的。因为，农业适度规模经营和金融服务现有“共生”局面的产生是农业适度规模经营主体、金融机构等共生单元在正向共生环境的促进下，对“金融排斥”现象的克服，改变了既有金融范式下，金融服务供给的基本逻辑和内涵实质，有很强的普惠性。当然，这其中的共生环境是多元的、多样的，本书主要遵从经济学中关于共生环境的界定框架，从宏观经济环境、市场环境、政策环境三个方面进行切入和分析农业适度规模经营和金融服务共生演化的环境条件，通过共生单元与共生环境的互动机制、学习机制、变异和选择机制三方面，揭示共生环境对共生单元的影响以及共生单元对共生环境的反馈。

（二）共生单元

如果说共生环境反映的是总体、宏观或外部因素的话，那么共生单元反映的就是微观和内部因素，聚焦的是共生环境下的微观行为变化。因此，可以把共生单元看成是共生系统中的基本能量生产和交换单位，共生单元可以用质参量和象参量来描述。质参量是指决定共生单元内在性质及其表现因素，而象参量是指反映共生单元外部特征的因素，质参量与象参量的相互作用是共生单元存在和发展的基本动力，也是共生关系形成和发展的内在依据和基本条件（孙晓华、秦川，2012；彭本红、冯良清，2010）。进一步地，从共生单元的构成来看，共生单元一般可以细分为同质共生单元和异质共生单元两类。其中，同质共生单元之间功能相近、性质相似、属性类同，往往存在相互替代、相互排斥的竞争关系特征。异质性共生单元则主要指功能、性质相异，存在合作、互补的特征。如果将农业看成是一个系统的话，按照系统科学的观点，在农业价值链上，农户、新型农业生产经营主体、金融机构则处于农业价值链的不同环节，性质各异、功能互补。其中，新型农业经营主体主要为农业生产提供农业生产资料、专业服务、市场开拓、产业引领、绿色发展等方面的功能。农户则主要承担农业生产、日常经营管理的诸多事宜和环节。金融机构则主要为新型农业经营主体和农户提供金融服务等。因此，如果对本书中的农业适度规模经营主体和金融服务供给主体等共生单元的性质进行界定的话，其都属于异质性的共生单元，存在合作共赢、取长补短的关系联结。本书也将以此为依据，从新型农业经营主体（涵盖龙头企业、专业

合作社、家庭农场等)、农户以及金融机构三个综合维度来阐释农业适度规模经营和金融服务在共生单元层级的微观行为及其联结机理。

(三)共生模式

共生模式反映的是共生单元在共生环境中相互作用、相互影响的方式,不但是共生关系形成的关键,也是物质信息交流和物质能量的最为直观反映,更是界定共生系统性质和开放程度的标志性特征。不同的共生模式也就意味着利益分配均衡程度也不同,这也就直接决定着共生系统状态的稳定性。从其构成来看,共生模式一般分为寄生共生、偏利共生和互惠共生三种。其中,寄生共生是指一种生物通过寄生于另一种生物体的内部或者表面。利用被寄生生物的养分得以生存的共生类型。偏利共生是指对一方生物体有益,而对另一方成员则并没有影响。而互惠共生又可以分为对称性的互惠共生和非对称性的互惠共生,反映的是成员彼此都能从中得到相应的好处,但区别是利益的分配程度不同。在本书中,试图利用案例的分析与解构,现行模式的综合判断、困境厘清,揭示现行农业适度规模经营和金融服务共生模式类型以及新时期改进的基本方向和模式选择。

三、解释框架

在上述部分中我们已经对理论框架中的视角框架以及分析框架进行了分析,进而明确了研究的逻辑前提和逻辑层次,但仍需要注意的是农业适度规模经营和金融服务在价值链上实现共生是存在怎样一个理论必然性呢?这就涉及本部分的解释框架了。在本部分所搭建的解释框架主要借鉴的是美国著名经济学家加里·S. 贝克尔(Gary S. Becker,1930~2014)在《人类行为的经济分析》一书中所提出的“社会相互作用理论”,以揭示农业适度规模经营主体同金融服务供给主体等不同特征主体之间在价值链上的相互关系及其作用。

(一)基本假定

1. 社会收入假定

“社会收入”是贝克尔社会相互作用理论的核心概念,其描述的是个人的自身收入同他人的有关特征(一般称为社会环境)对货币价值之和。在农业价值链上,作为农业适度规模经营主体的农户和新型农业经营主体,通过分工、专业化机制,在农业价值链上实现了不同环节的合理分工以及整体价值链利益创造。如在典型的“公司+农户”的发展模式中,农户专注于农产品生产,龙头企业则专注于农产品的加工和流通,为农户提供广阔的市场。可以说,在农业价值链上，农业适度规模经营主体间的这种高度的“相互作用性”是十分显著的，需要值得注意。在现实发展过程中，新型农业经营主体在农业价值链上往往处于价值链高端环节，处于价值主导、利益谈判的优势地位。通过关心价值链上的万千分散农户的整体利益而将“购买力”在价值链上进行转移。由于价值链上的收入再分配会抵消新型农业经营主体转移变化。所以，这种再分配并不会影响到价值链上任何参与主体的消费和福利。此外，为了维持整条农业价值链的稳定性和正常运转，即便是农户存在自私自利的行为，新型农业经营主体也“爱护”所有价值链参与主体，因为它们是使整条价值链的“利润最大化”而并不是其自身收入最大化。

2. 农户与新型农业经营主体间存在紧密的利益联结

在农业价值链上，新型农业经营主体是整条农业价值链上的组织者、引导者，是追求价值链整体利益最大化或者说其是要实现经济价值、社会价值乃至环境价值最大化，实现产业链、价值链和资金链统一以及产品价值、生产价值和资金价值分利，而并不是在损害价值链上其他主体利益上的经营利润所实现的自身利益的最大化。因此，若从利益联结程度上来看，农业价值链上的农户和新型农业经营主体等农业适度规模经营主体间的利益联结方式应该是紧密无间、协同配合、分红分利的。虽然在现实生活中，新型农业经营主体和农户合作存在诸多问题。例如，仍以“公司 + 农户”的发展模式为例。作为两个独立的利益群体，其面临的问题仍是缺乏有效的利益联结和风险分散机制。新型农业经营主体和农户双方都存在契约履行能力不强、约束力弱以及履约实施效果差的普遍问题。尤其是在市场价格面临急剧波动的情形下，这种问题表现得更为突出。在某种程度上和社会收入上假定存在一定的背离性。但随着合资、土地入股等制度安排的引入，这种问题已经得到了极大的改观。从长期发展来看，紧密型的利益联结是农户和新型农业经营主体合作中的必然趋势和选择。所以，在搭建相应的解释框架时，本书主要侧重和考虑的是紧密型的价值联结形式和合作关系。

（二）模型设定

从目前来看，家庭经营仍是我国农业生产经营体系的制度框架。即便是在工业化和农业现代化高度发达国家或地区，家庭仍是农业生产经营活动基本单位（黄祖辉，1999；Chaplin 等，2004；Pritchard 等，2007）。因为，在自给自足的封闭经济条件下，家庭经营的本质是一种低水平的稳态均衡。但家庭经营也并非是低效率、规模狭小的体现，在技术和生产手段先进的现代化农业中，家庭经营

同样可以实现“稳态均衡”。一方面，在土地要素丰富、土地流转市场发育较好以及农业劳动力转移提速情况下，土地要素可以在农户间自由流动，农户可以通过横向分工，实现规模化经营。另一方面，如果产前、产中和产后环节的农业专业化、市场化水平较高、交易效率较高，农户同样可以在家庭经营基础上参与纵向分工，实现农业规模经济及动态均衡（姜松，2015）。因此，新时期的农业适度规模经营仍应以家庭经营为制度内核，农户仍是从事适度规模经营的主力，新型农业经营主体仍要发挥好其产业引领和市场开拓方面的比较优势以及供给社会化服务的本职定位。为此，引入家庭行为理论：

$$U_i = U_i(Z_1, Z_2, \cdots, Z_m) \tag{3-1}$$

其中，U_i 表示第 i 个农户的效应函数，Z_1，Z_2，…，Z_m 表示基本需求或者其生产的农产品的数量。同时，每个农户还有一组生产函数，它决定着这些商品中哪些利用它能够得到的市场产品、时间以及其他资源来生产，如下式所示：

$$Z_j = f_j^i(x_i, t_jE^i, R_j^1, R_j^2, \cdots, R_j^r) \tag{3-2}$$

在式(3-2)中，x_i 表示第 i 个农户生产的农产品的数量，t_j 表示自身的时间长度，E^i 主要表示其素质条件，包括人力资本水平、经历以及其他“环境”变量，R_j^1，R_j^2，…，R_j^r 则表示影响其农产品生产的其他人的条件。在本书主要考虑与其农业生产紧密关联的两个因素的关系。一是其与价值链上的新型农业经营主体的利益联结、合作层次和履约情况；二是金融机构对其所确定的信用级别、授信额度以及履约表现等。一般来说，这两个因素所代表的“其他人特征”可以影响家庭农户商品生产的很大一部分。进一步地，从中可以看出，如果 R_j 完全不在农户 i 的控制范围之内或者完全不受其自身资源占有情况的影响，那么，农户 i 将在 R_j 给定的情况下使其效用水平 U 达到最大化。一般认为，这些相互作用是不在被研究者的控制之列。因而，当分析它们对资源与价格的反应时，它们是已知或实现给定的。但在本书中，其假定往往是相反的。也就是说，农户 i 通过自身努力可以改变 R_j。如在与新型农业经营主体合作中，农户可以通过勤奋工作、“群众口碑”、履约能力获得新型农业经营主体的青睐。那么，农户就可以通过新型农业经营主体的“信用传递”获取金融机构的抵押担保贷款或者信用贷款。当然，这一过程也是一个正向循环系统。这些都构成了(R_j^1，R_j^2，…，R_j^r)的生产函数，其受到农户 i 在从事农业适度规模经营的努力水平上和其他因素的影响。为了进一步说明问题，我们继续假定在农业生产实践中，只存在一种农产品。因此，其可以用单一产品及其他人的单一特征来生产。也就是说，在这样的条件下，使效用达到最大化就是使这种农产品的产出达到最大化。于是，其效用函数可以进一步表现为：

$$U_i = Z(x, R) \tag{3-3}$$

同时，继续假定其他特征的影响不取决于从事农业适度规模经营农户 i 的个人努力、人力资本水平以及经历等因素，则可以进一步地将其他人特征 R 写成附加函数，如下式所示：

$$R = D_i + h \tag{3-4}$$

在式(3-4)中，D 表示农户 i 在不付出努力时 R 的水平，其衡量的是"社会环境"，h 衡量的则是农户 i 努力的影响。进一步的，给出其货币收入的预算约束：

$$p_x x + p_R h = I_i \tag{3-5}$$

式(3-5)中，I_i 表示农户的货币收入，$p_R h$ 表示农户 i 对 R 的支出数量。如在"公司+农户"中，一般可以看成是资产专用性程度。一方面，该变量可以反映农户对于新型农业经营主体的依赖程度；另一方面，也可以反映两者之间合作的密切程度。p_R 表示每一单位 R 对 i 的价格。进一步将式(3-4)进行移项得到：$h = R - D_i$，将其代入式(3-5)可得：

$$p_x x + p_R h = p_x x + p_R (R - D_i) = p_x x + p_R R - p_R D_i = I_i \tag{3-6}$$

进一步得到：

$$p_x x + p_R R = p_R D_i + I_i = S_i \tag{3-7}$$

式(3-7)中，$p_R D_i + I_i$ 揭示的是农户 i 的货币收入和社会环境对他的价值之和，称为农户 i 从事适度规模经营的社会收入。$p_x x + p_R R$ 揭示的是农户如何将"社会收入"进行支出，一部分用于其自身产品 x，一部分用于其他人的特征 R。如果农户 i 使式(3-3)给定的效用—产出函数最大化，约束条件为式(3-7)给定的社会收入的限制，那么其均衡条件就可以表示为：

$$\frac{p_x}{p_R} = \frac{\partial U_i}{\partial x} \div \frac{\partial U_i}{\partial R} \tag{3-8}$$

进一步将式(3-7)相对于 I_i 微分，则可得：

$$\frac{p_x x}{S_i} \times \frac{\mathrm{d}x}{\mathrm{d}I_i} \times \frac{I_i}{x} + \frac{p_R R}{S_i} \times \frac{\mathrm{d}R}{\mathrm{d}I_i} \times \frac{I_i}{R} = 1 - \frac{p_R D_i}{S_i} \tag{3-9}$$

由式(3-9)可知，农户 i 自身收入的单独增加，在价格或社会环境不存在任

何变化的情况下，如果 x 和 R 都不是“劣质商品”或者达到合约所规定的产品规格时，那么 x 和 R 都将增加。但是农户 i 自身收入的每 1% 变化引起的 x 和 R 的平均百分比变化并不等于 1，而是比 1 小$\frac{p_R D_i}{S_i}$。这部分也就是在从事农业适度规模经营的农户 i 的社会收入中，社会环境因素所占的份额。因此，社会环境越重要，农户 i 自身收入的变化对效用产出的影响就越小。换言之，农户所面临的社会环境对他收入的影响就越大，他的福利就取决于其他人的态度和行为，而不是他的自身收入。因此，在家庭经营的制度框架下，作为农业适度规模经营主体的农户和新型农业经营主体不应各自为政，应寻求合作，进而实现利益共赢。同时，在融资层面，农户也应充分利用在农业价值链上同新型农业经营主体间所形成相互作用的关系，利用好当前国家财政补贴政策倾斜以及构建现代农业生产体系、产业体系、经营体系，实现农村“一二三”产业融合发展的新契机，通过新型农业经营主体的增信机制，改变长久以来金融机构对农户所形成的“金融排斥”困境，更好地从事农业适度规模经营生产，进而实现农业价值链整体福利的最大化。当然，除此之外，金融机构也应转变思路，聚焦特色化、高附加值农业价值链、供给价值链金融服务。当然，还需要值得一提的是，应建立新型征信机制，充分挖掘和利用农业价值链上农户和新型农业经营主体因为业务往来、签约履约、口碑效应等内生性信用信息，更好、更快、更有效地提供价值链金融服务和化解金融风险。

第四章　农业适度规模经营概况及演进趋势

以上述理论分析为基础。本部分继续将研究“场景”放置于实践层面。揭示我国农业适度规模经营概况及其演讲趋势。首先，在揭示农业适度规模经营的客观性及基本条件的基础上，从总体上评价我国农业适度规模经营发展的现实绩效；其次，将视角转至结构化层面，分别揭示不同的农业适度规模经营途径及其实际效果；最后，总结农业适度规模经营的一般规律，并对其未来演进趋势进行判断。

第一节　农业适度规模经营的客观性及基本条件

一、农业适度规模经营的客观性

从国际经验来看，农业适度规模经营是农业现代化发展的一般规律和实现工业化、城镇化的必然要求。总体而言，一般土地要素资源丰富、劳动力资源缺乏的区域适宜采用农业适度规模经营的经营模式。先行国家的发展经验一再表明：在农业现代化推进过程中，土地经营规模一般和经济增长呈现同步的发展态势。据统计资料显示，法国从20世纪60年代以来，农场总数平均每年减少3%，农场平均规模每年扩大2%～3%，农场数量由1955年的228.6万个减少到1970年的155.9万个，平均规模由14.75公顷扩大到21.06公顷，农场规模的变化促进了法国农业生产的高速增长，1978年谷物总产量达到456公斤，比1949年增长

2.3倍，年均增长率4.1%，高于英国和日本，居主要资本主义国家之首。原西德、荷兰也曾发生了类似现象（曾福生，1995）。虽然农业适度规模经营是农业现代化发展的客观规律，但值得注意的是，农业适度规模经营并不是规模越大越好，而是应追求生产要素的最优配置和平衡，伴随着农业劳动力存量、转移速度以及城镇化所处阶段等外在条件密切关联，是一个长期的、渐进的过程，并不是一蹴而就的。可以说，农业适度规模经营一定要与当地的资源禀赋以及生产效率相适应。只有当农业劳动生产率和土地产生率都表明新规模优于已有规模时，才能表明农业适度规模经营的效果是好的、措施是可行的、制度是可信的。

从我国发展实际来看，农业适度规模经营是现行制度约束，市场化改革，实现农业增效、农民增收的必然选择。

1. 制度约束

一方面，虽然家庭联产承包责任制在调动农民生产积极性、提高农业生产率和促进农村经济全面发展方面做出了卓越的贡献；另一方面，在这一制度约束下，也涌现出诸多问题，如经营规模狭小、土地细碎化、技术采用和推广成本高、经营管理效率低下等问题也成为新时期农业现代化建设的障碍。化解的主要举措就是推进农业适度规模经营。但也要注意的是，家庭联产承包责任制与农业适度规模经营之间并不存在冲突。相反，其是相互兼容、相互促进的，但作为我国基本经济制度，其制度活力并未释放殆尽。因为前车经验都充分表明：无论是大规模农场为主体的欧美发达国家，还是小规模农户占据主体的东亚国家，所依托的经营制度框架都是家庭经营。因此，农业适度规模经营途径的探索也应立足于家庭经营框架和寻求新的突破。

2. 市场化改革

市场化改革的纵深推进，在改变农业生产函数的同时也拓展了农业的产业链条。农业生产的“小而全”的经营格局也势必向“大而专”“专而精”的商品化、市场化方向转变，而这些都需要农业实施适度规模经营。

3. 农业增效和农民增收

相比其他产业，农业产业具有明显的弱质性和比较收益低的特征，这一点可以从农民收入中窥见一斑。一般而言，反映农民从农业获取收入的指标是农民家庭人均经营性纯收入。具体见图4－1。可以看出，总体而言，在样本区间范围内，我国农民家庭人均经营性纯收入占比呈现不断下降的趋势，从1992年的71.63%下降到2013年的42.64%。当然，下降的趋势也反映出我国农民收入来源渠道在拓展、多样化增收的发展趋势，尤其是非农增收渠道越来越成为农民收入增长的主要贡献。这一点在现实中已经充分揭示。但是与农业弱质性和比较效益低间有着不可割舍的关系。而这也在某种程度上要求农业需要选择适度规模经营路径，提升农业效益水平、农民收入水平以及对乡村振兴的内生拉动能力。

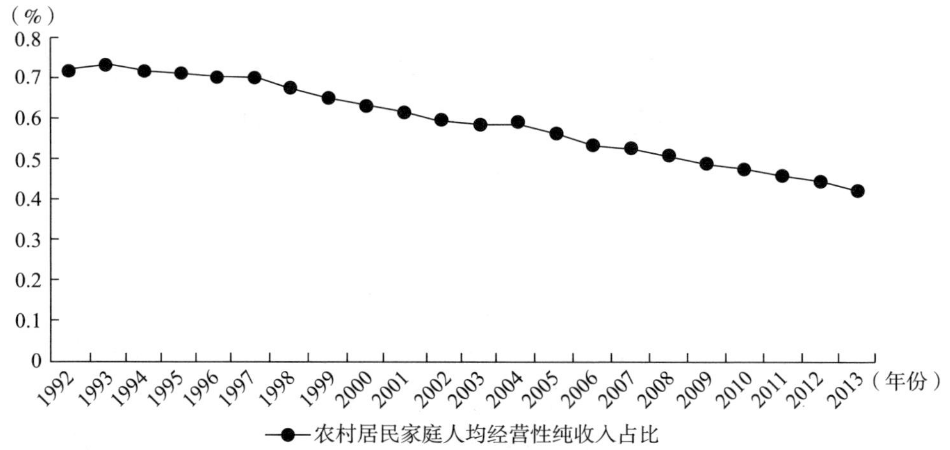

图4-1 农村家庭人均经营性纯收入占比

二、农业适度规模经营的基本条件

农业适度规模经营是农业发展新阶段经营模式的重要抉择。虽然农业适度规模经营是农业现代化发展的基本规律，但其存在和发展是有一定的基本条件的，这也是一个区域实施农业适度规模经营能否取得预期目标和现实成效的关键因素。反之，若无视这些因素和前提条件，贸然地推进农业适度规模经营，可能会适得其反并产生不良影响。因此，揭示农业适度规模经营的基本条件就显得格外重要。本书认为，农业适度规模经营的基本条件包括要素条件、分工条件和支撑条件。

（一）要素条件

要素条件是实现农业适度规模经营的基础。农业适度规模经营与资源禀赋、比较优势间存在着紧密的关系并受到其约束。一方面，资源禀赋条件和比较优势越卓越，农业适度规模经营发展水平也就越高。例如，虽然美国地域辽阔，人口

稀少，土地要素、机器设备等农业物质资本的价格较低，但农业发展的劳动力要素较为稀缺，进而获取成本和价格就较高（姜松，2015），因此，通过土地适度规模经营来化解劳动力资源稀缺的发展困境和实现了农业现代化的发展就是其路径选择。另一方面，农业适度规模经营也并非拥有丰富资源禀赋条件就可以的，如虽然一个国家或者地区其土地资源比较丰富，但其农业劳动力也十分庞大。可以想象，在这样的条件下，推进土地规模经营不但不能达到冲减农业生产成本的预期目标，而且还会有农业生产率下降的可能。由此可知，农业适度规模经营能否达到预期的一个非常重要的前提条件就是农业生产要素的配比是否达到“合意”状态。

若落实到现实维度，可以通过以下两个途径对农业生产要素的配置比率进行优化：一是农业劳动力的非农转移。在城镇化和城乡收入差距“拉力”的指引下，农业劳动力向非农产业转移已经成为一个不可逆转的大趋势。近几年来，虽然农业劳动力出现了“回流”的态势，但是“大形势”并未改变，尤其是随着统筹城乡综合配套改革的纵深实施、新型城镇化战略的推进，外部“拉力”会更大。二是土地流转市场发育逐步成熟。随着劳动力的非农化流动，土地要素的重新配置就势在必行。在我国现行制度约束下，在实现土地所有权、承包权、经营权“三权分置”的基础上，在坚持土地所有权集体所有和保留农户承包权的前提下，已经形成了土地经营权流转的格局。无论是在制度建设还是在实践操作层面，我国大多数地区承包权和经营权分置的条件已经基本成熟、土地流转市场发育逐步完善。综合而言，农业要素配置优化是农业适度规模经营的要素条件。

（二）分工条件

分工条件是实现农业适度规模经营的前提。在封闭条件下，在农户小规模、分散经营的现实情况下，农业产业分工在某种程度上来说只是停留于简单的分工形态或者说是初级的性别分工。虽然在这种分工形态下，农业生产也是富有效率的。但因为生产规模小、生产的主要目的仍是为了“自给自足”。当这种封闭性的条件被打破，或者说当农业生产融入社会化大生产后农业的分工形态就会发生显著的变化。本书认为，这种变化主要表现在以下两个方面：一是在农业内部会出现以市场化、商品化和收入最大化为导向的农民专业大户或者专业化经营的家庭农场。而由这些专业大户和专业化经营的家庭农场等农业体系内生化主体来从事农业适度规模经营，是其区别于小规模经营农户的一个主要的经营特征，并以此来满足市场化条件下的农产品需求。二是从农业产业纵向维度分工的角度来说，随着农业生产效率的提升，农业生产融入社会化分工，农业产业同其他产业的关联效应逐步增强、产业环节和产业链条得到极大拓展。与此同步，农业市场交易成本也会逐步增加，这恰恰正是农业进一步分工的重要市场化诱因。若农业无法实现横向和纵向维度的专业化分工，农业适度规模经营也就无从谈起、缺少立足根基。

（三）支撑条件

保障条件是实现农业适度规模经营的辅助，而这里的保障条件主要是指农业社会化服务体系和服务机制的健全。农业社会化服务体系与农业适度规模经营之间往往是相互促进、相互影响的关系。一般而言，农业适度规模经营水平越高，农业社会化服务的需求越强烈、需求层次越高。而同时，农业适度规模经营也需要农业社会化服务的支撑与引领。农业社会化服务是农业分工和专业化发展的产物，影响到专业化生产的经营规模。农业社会化服务主体在农业产前、产中的服务商与农民经营有机结合，可以通过“服务规模经营”形成服务规模经济，进而拓展了农业适度规模经营的层次和预期目标。可以说，其促进了社会资源的高效配置和提高了农业生产力（黄季焜，2013）。对推进规模化更具普遍性、更有快速发展潜力，比之于农业生产规模的制约，农业服务规模不受人地关系和农地制度等强约束条件的制约，加快培育各种类型的农业社会化组织可以促进规模经营的发展（国务院发展研究中心课题组和韩俊，2010；李春海，2011）。所以，农业适度规模经营不是“孤岛”，农业社会化服务的完善程度也是推进农业适度规模经营的前置条件，否则农业适度规模经营也会偏离预期目标。

第二节 农业适度规模经营发展的现实绩效

一般来说，衡量农业现实绩效的重要指标就是全要素生产率，其描述的是农业产量与全部投入要素之间的比例，也是衡量农业发展质量和效益的非常重要的指标。尽管推动农业全要素生产率的因素很多，但其主要因素一般包括技术进步、专业化、组织和生产创新等。因此，若将农业全要素生产率进行分解，其一般可以分为技术效率变化和技术进步变化的两个维度。而技术效率变化又可以进一步分解为纯技术效率变化和规模效率变化。其中，纯技术效率变化揭示的是受

到管理和技术等因素影响的生产效率，规模效率反映的是规模因素影响的生产效率。而技术进步变化衡量的则是生产技术的变化程度，是一“动态”指标，揭示的是生产技术创新程度以及路径依赖特征。农业适度规模经营的发展水平就可以运用“规模效率”。一般来说，规模效率越高，反映的就是农业适度规模经营水平越好；相反，规模效率越低，则农业适度规模经营水平也就越差。以此为基础，规模效率对全要素生产率的影响就可以刻画为农业适度规模经营的现实绩效。在接下来的部分，本书选取相应的投入产出指标，测度全要素生产率并以此为基础，分解出规模效率，进而揭示农业适度规模经营的现实绩效。

一、模型及变量选择

（一）模型及说明

本书在衡量农业适度规模经营发展的现实绩效时，遵从的基本思路是通过测度农业生产的全要素生产率，然后将其分解为技术效率和规模效率。而在现实发展中，规模技术效率则主要是通过农业的适度规模经营实现的。因此，从这个角度来看，如何测度农业生产的全要素生产效率并对其进行分解就是关键步骤。在本书中，主要通过 DEA（数据包络分析）和 Malmquist 指数的计算，从静态和动态两个角度来刻画我国农业全要素生产效率以及农业规模经营的现实成效。其中，DEA 主要利用数学规划和统计数据来确定最优的生产前沿，并通过比较决策单元偏离生产单元的前沿程度来评价它们的相对有效性。在结构层面，根据规模报酬是否可变的假设，可以将 DEA 方法分为 C^2R 模型、BC^2 模型两类。

1. C^2R 模型

该模型立足的基本假定是规模报酬不变。然后利用线性规划的方法推导生产前沿边界，进而得到决策单元的相对效率值。在该模型中，每一个决策单元 j 都对应一个效率评价指数 h_j，其数学表达如式(4－1)所示：

$$h_j = \frac{u^T yj}{v^T x_j} = \frac{\sum_{r=1}^{s} u_r y_{rj}}{\sum_{i=1}^{m} v_i x_{ij}}, \ j=1, 2, \cdots, n \tag{4-1}$$

在式(4－1)中，x_{ij}表示决策单元 j 对第 i 种类型输入的投入总量并且满足条件 $x_{ij}\geqslant 0$；y_{rj}表示决策单元 j 对第 r 种类型输出的产出变量并且满足条件 $y_{ij}\geqslant 0$，u_r 和 v_i 分别表示产出变量和投入变量的加权系数。一般来说，对 j 个决策单元来说，h_j 越大就表明决策单元可以运用较少的投入获得相对较多的产出。例如，如果要对决策单元 j_0 在所有 n 个决策单元中的相对最优性，那么以 j_0 个决策单元的效率指数为目标，以所有决策单元的效率指数为约束，就可以得到 C^2R 模型：

$$\begin{cases} \text{Max}h_{j0} = \mu^T y_0 \\ \text{s. t. } w^T x_j - \mu^T y_j \geqslant 0, \ j = 1, \ 2, \ \cdots, \ n \\ w^T x_0 = 1 \\ w \geqslant 0, \ \mu \geqslant 0 \end{cases} \tag{4-2}$$

将式（4－2）转为线性规划和投入产出变量的现象组合就可以求解出相对效率值，其介于0～1区间范围内。决策单元的效率值越接近1，说明其所代表的效率值也就越高，农业全要素生产率也就越高。

2. BC^2 模型

该模型立足的前提假设是规模报酬递增。其主要改变是增加了规模效率，认为技术效率主要由纯技术效率和规模效率构成。从某种意义上来说，BC^2 模型是对 C^2R 模型的修正和改进。其数学表达式如式（4－3）所示：

$$\begin{cases} \text{Max}h_j = \sum_{r=1}^{s} u_r y_{rj} - u_j \\ \text{s. t. } \sum_{i=1}^{m} v_i x_{ij} = 1 \\ \sum_{r=1}^{s} u_r y_{rj} - \sum_{i=1}^{m} v_i x_{ij} - u_j \leqslant 0 \end{cases} \tag{4-3}$$

式（4－3）中，x_{ij}和 y_{rj}分别表示投入变量和产出变量，v_i 和 u_r 表示的是加权系数。另外，无论是 BC^2 模型还是 C^2R 模型，都包括投入导向型和产出导向型两种类型。其中，投入导向型模型主要是要求在不增加产出的情况下，使投入最小化；产出导向型模型则是在要素投入不变的情况下，如何使产出最大化。在上述分析中已经揭示农业适度规模经营实质上体现的只是农业产业内部生产要素比例的相对变化，投入要素的总量并不会发生改变，农业适度规模经营的主要目的是为了使农业产出水平最大化。因此，在本书中主要运用产出导向的 BC^2 模型，测度农业技术效率并通过对其分解得到规模效率。此外，为了使研究更具可信度和增强决策单元之间的效率比较，本书主要采用面板数据来扩充样本容量和进行全要素生产率的测度和分解。当然，为了反映其动态效应，从而进一步引入 Malmquist 指数。该指数最早由 Malmquist（1953）提出，然后由 Charnes 等

(1978) 将其与 DEA 技术相结合。也因此，用 DEA - Malmquist 方法来测度全要素生产率获得了重大的发展。总体而言，在这种方法下，全要素生产率的变化被认为是技术效率的变化和技术进步指数的乘积，具体可以表示为式 (4 -4)：

$$M(x^t, y^t, x^s, y^s) = \left[\frac{d^s(x^t, y^t)}{d^s(x^s, y^s)} \times \frac{d^t(x^t, y^t)}{d^t(x^s, y^s)}\right]^{\frac{1}{2}}$$

$$= \frac{d^t(x^t, y^t)}{d^s(x^s, y^s)} \times \left[\frac{d^s(x^t, y^t)}{d^t(x^t, y^t)} \times \frac{d^s(x^s, y^s)}{d^t(x^s, y^s)}\right]^{\frac{1}{2}} \quad (4-4)$$

式(4 -4)中，$\frac{d^t(x^t, y^t)}{d^s(x^s, y^s)}$代表的是从时期 s 到时期 t 的技术效率变化指数，$\left[\frac{d^s(x^t, y^t)}{d^t(x^t, y^t)} \times \frac{d^s(x^s, y^s)}{d^t(x^s, y^s)}\right]^{\frac{1}{2}}$代表从时期 s 到时期 t 的技术进步变化指数。一般而言，当两者的值大于 1 时，表示技术效率和技术进步不断提高。

(二) 变量选择和数据来源

1. 产出变量

由于农业涵盖的范畴比较广，涉及农林牧渔各个层面，但是统计数据口径却存在不一致性。如果按照“大农业”口径来进行操作可能会影响到研究结论的科学性和有效性。而且从现实层面来看，林业、牧业和渔业的规模经营特征已经十分明显。因而，从政策导向来看，国家层面鼓励多种形态的农业适度规模经营的政策应该聚焦的是狭义农业的范畴，这样所得的研究结论才更加具有现实意义、更具有指导性和政策可操作性。而这其中，粮食生产是其中的重要组成部分。为此，在本书中所确定的产出变量是粮食产量。

2. 投入变量

投入变量主要确定为粮食生产的劳动力数量、粮食播种面积、粮食生产中的农机投入、粮食生产中的化肥投入四个变量。值得注意的是，除粮食播种面积之外，劳动力数量、粮食生产的农机投入、粮食生产的化肥投入均为测算数据。由于粮食产量和人均粮食产量两个指标是给定的，因此，在粮食生产中的劳动力投入数量是通过粮食产量/人均粮食产量得到的。由于农机和化肥投入量给定的是总额数据，在具体的处理中按照粮食播种面积占农作物播种面积的比重来进行折算。

3. 数据说明

本部分运用的数据类型是我国 31 个省份 2001 ~2014 年省际面板数据，所有数据均来自中经网统计数据库。各数据的描述性统计信息如表 4－1 所示。

表 4－1　各变量描述性统计信息

变量＼类别	粮食产量	劳动力	播种面积	农机动力	化肥
均值	1674.82	4244.09	3452.77	1748.94	113.94
中位数	1368.98	3764.02	3119.76	1233.44	96.64
最大值	6242.19	10684.35	11696.41	8830.91	501.14
最小值	58.03	170.39	120.17	39.69	2.53
标准差	1354.28	2643.85	2630.61	1833.53	96.05
观测值	434	434	434	434	434

二、测度结果及分析

（一）静态视角

运用 DEAP2.1 模型测度粮食生产中的规模效率。由于农业适度规模经营本质上是通过生产投入要素配置变化来实现产出的最大化，但从投入要素总量来看，其总量是既定的。因而选择产出导向型的 VRS 模型，也就是上部分提到的 BC^2 模型。此外，由于传统的 DEA 模型所计算的技术效率值受到管理无效率、环境效应和随机干扰。以投入松弛变量为被解释变量，而以诸多外部环境因素为解释变量建立随机前沿分析模型并以此模型的结果为基础，对第一阶段投入进行环境因素及随机误差方面的调整，使调整后的决策单元面临相同的外部环境及相同的运气成分（罗登跃，2012）。加之，涉及要素配置比率的变化、新型农业经营主体在绿色发展、农业面源污染治理中的引领作用，环境问题是揭示农业适度规模经营中不可忽略的重要因素和需要着重考虑的关键问题。为此，本书运用二阶段 BC^2 模型进行测度和分析。测度结果如表 4－2 所示。

一是总体来看，我国粮食生产中的平均技术效率平均值为 0.953，说明其是非 DEA 有效的。分解来看，粮食生产中的纯技术效率平均值为 0.99，逼近 DEA 有效水平。这说明在粮食生产中科技进步速度较为显著，农业科技创新和进步有效地保障了中国粮食的有效供应（翟虎渠，2010；姜松等，2012）。另外，其规模效率平均值为 0.963，并未达到 DEA 有效水平。这也充分表明了在我国粮食生产中适度规模经营水平低的现实特征。同时，从规模报酬识别来看，不同区域的规模报酬变动也存在异质性。这也充分说明农业适度规模经营的推进不能“一刀切”，应立足区位条件、资源禀赋、要素结构等前提条件进行适度经营模式创新。唯有此，才能产生良性预期效果和达到粮食增产的目的。

表4-2 静态测度结果

地区＼类别	技术效率	纯技术效率	规模效率	规模报酬
北京	0.923	1	0.923	递增
天津	0.864	1	0.864	递增
河北	0.704	1	0.704	递增
山西	0.781	1	0.781	递增
内蒙古	0.875	0.945	0.926	递增
辽宁	0.899	0.925	0.972	递增
吉林	0.912	0.964	0.946	递增
黑龙江	1	1	1	不变
上海	0.988	0.989	0.999	递减
江苏	0.924	0.925	0.999	递减
浙江	1	1	1	不变
安徽	1	1	1	不变
福建	1	1	1	不变
江西	0.880	1	0.880	递增
山东	1	1	1	不变
河南	0.993	1	0.993	递增
湖北	0.994	1	0.994	递增
湖南	0.939	0.998	0.941	递增
广东	0.965	1	0.965	递增
广西	0.980	1	0.980	递增
海南	1	1	1	不变
重庆	0.996	1	0.996	递增
四川	1	1	1	不变
贵州	0.996	0.996	1	不变
云南	0.997	1	0.997	递增

续表

地区 \ 类别	技术效率	纯技术效率	规模效率	规模报酬
西藏	0.958	0.962	0.996	递增
陕西	1	1	1	不变
甘肃	0.987	0.987	1	不变
宁夏	1	1	1	不变
新疆	0.987	0.987	1	不变
青海	1	1	1	不变
平均值	0.953	0.990	0.963	—

二是从区域层面来看：首先，看技术效率。黑龙江、浙江、安徽、福建、山东、海南、四川、陕西、宁夏、青海等省份的粮食生产技术效率均为1，达到DEA有效水平。其余省份均为非DEA有效水平，这也是造成我国整体粮食生产技术效率非DEA有效的结构性原因。其次，从技术效率的分解来看纯技术效率，北京、天津、河北、山西、黑龙江、浙江、安徽、福建、江西、山东、河南、湖北、广东、广西、海南、重庆、四川、云南、陕西、宁夏、青海等省份的纯技术效率都为1，达到DEA有效水平。剩余省份的纯技术效率则均未达到DEA有效水平。再次，从规模效率来看，除黑龙江、浙江、安徽、福建、山东、海南、四川、贵州、陕西、甘肃、宁夏、新疆、青海等省份的规模效率均为1，达到DEA有效水平之外，其他省份的规模效率均未达到DEA有效水平。综合而言，规模效率低下是造成北京、天津、河北、陕西、内蒙古、辽宁、吉林、上海、江苏、江西、河南、湖北、湖南、广东、广西、四川、云南、西藏等省份粮食生产技术效率无效的重要成因。提升农业生产技术效率，推进农业适度规模经营是新时期主攻点和突破口。值得注意的是，除山东、黑龙江、安徽三个粮食主产区的规模效率有效之外，其他11个粮食主产区[①]的规模效率均为非DEA有效。这一问题背后所隐匿的矛盾问题值得进一步探究。新时期提升粮食主产区农业适度规模经营水平是政策关注的焦点和制度创新的“主战场”。

三是从规模报酬来看，各省份的情况也存在显著的差异。北京、天津、河

① 包括河北、内蒙古、辽宁、吉林、上海、江苏、江西、河南、湖北、湖南、四川11个省份。

北、山西、内蒙古、辽宁、吉林、上海、江西、河南、湖北、湖南、广东、广西、重庆、云南、西藏等省份的规模报酬是递增的，这说明投入要素的同比例增加将会导致粮食产出的增加。因此，在这些区域推进农业适度规模经营可以取得粮食增产的预期目标。但黑龙江、浙江、安徽、福建、山东、海南、四川、贵州、陕西、甘肃、宁夏、新疆、青海等地的规模报酬是递减的，这说明投入要素的同比例变化并不会导致粮食产出的显著增加。换言之，若在这些区域推进要素导向型的适度规模经营则可能并不会取得显著的效果。需要注意的是，一些区域如上海、江苏两省份的规模报酬是递减的，也就是说，投入要素的同比例增加，不仅不会导致产量的增加，反而会适得其反。当然，这也只能说明规模报酬不变和递减区域根本不适合推进要素导向型的适度规模经营模式而已。如何才能产生预期效果，只有在尊重现实规律的前提下，才能予以化解创新农业适度规模经营模式。

（二）动态视角

1. 时间维度

基于 Malmquist 指数测度的动态结果如表 4－3 和表 4－4 所示。其中，表 4－3给出的是时间维度的测度结果，表 4－4 给出的是区域维度的测度结果。由表4－3可知，2001～2014 年我国粮食生产的全要素生产率平均值为 1.033，充分表明全要素生产率在不断提高；技术效率指数和技术进步指数的平均值分别为 0.996 和 1.037。由于用 Malmquist 指数方法测度的全要素生产率变动是技术效率指数和技术进步指数的乘积。因此，综合来看，在样本区间内，全要素生产率的变动主要是由于技术进步的变动所引起的，这一点可以由姜松等（2012）的研究结论中得到进一步支持。姜松等（2012）研究发现，我国粮食生产中的科技进步速度达到 0.76%，科技进步对粮食生产的贡献为 51.7%。从这个角度可以发现，困扰当前我国全要素生产率提高的主要是技术效率的原因。如果进一步将技术效率分解为纯技术效率和规模技术效率，从结果中可以看到，在样本区间内，我国粮食生产中的纯技术效率指数平均值为 1，说明其水平不断提高。但规模效率指数平均值则为 0.996，小于 1，说明其水平提高并不明显，这也和前面的分析不谋而合。综合来看，当前我国粮食生产中规模效率低下的事实已经成为制约我国全要素生产率提高的重要约束困境。加快推进农业适度规模经营以提高规模效率显然已经成为一个比较棘手的问题，亟待解决。

表4-3　年度动态测度结果

类别 年份	技术效率指数	技术进步指数	纯技术效率指数	规模效率指数	全要素生产率
2002	0.904	1.217	0.954	0.948	1.101
2003	1.054	1.402	1.003	1.051	1.478
2004	1.068	1.119	1.026	1.041	1.195
2005	0.997	0.680	1.001	0.996	0.678
2006	0.997	0.936	1.007	0.990	0.934
2007	0.976	1.077	0.990	0.986	1.051
2008	1.044	1.039	1.028	1.016	1.085
2009	0.938	0.948	0.990	0.948	0.890
2010	0.962	0.944	0.991	0.971	0.907
2011	1.049	1.003	1.007	1.041	1.052
2012	1.017	0.878	0.971	1.048	0.893
2013	1.037	0.886	1.027	1.010	0.919
2014	0.923	1.690	1.007	0.917	1.560
平均值	0.996	1.037	1	0.996	1.033

表4-4　区域动态测度结果

类别 地区	技术效率指数	技术进步指数	纯技术效率指数	规模效率指数	全要素生产率
北京	0.981	0.964	0.995	0.986	0.946
天津	0.988	0.982	0.995	0.994	0.971
河北	1.008	0.989	1	1.008	0.997
山西	1.019	1.009	1	1.019	1.029
内蒙古	1.010	1.011	1.004	1.006	1.021
辽宁	1.008	1.031	1.006	1.002	1.039
吉林	1.003	1.043	1.001	1.002	1.046
黑龙江	0.998	1.056	0.999	1	1.055
上海	1	1.038	1	0.999	1.038
江苏	1.006	1.054	1.006	1	1.060
浙江	0.998	1.051	0.999	1	1.049
安徽	1	1.055	1	1	1.055

续表

类别 地区	技术效率指数	技术进步指数	纯技术效率指数	规模效率指数	全要素生产率
福建	0.998	1.026	0.998	1	1.024
江西	1.010	1.010	1	1.010	1.020
山东	0.998	1.023	0.998	1	1.021
河南	1	1.040	1	1	1.040
湖北	1	1.052	1	1	1.052
湖南	0.987	1.027	1	0.986	1.013
广东	0.991	1.035	1	0.991	1.026
广西	0.980	1.062	1	0.980	1.041
海南	0.983	1.075	1	0.983	1.057
重庆	0.985	1.069	1	0.985	1.053
四川	0.986	1.046	1	0.986	1.032
贵州	0.989	1.022	0.996	0.993	1.010
云南	0.989	1.014	0.999	0.990	1.003
西藏	0.994	1.030	1.002	0.992	1.024
陕西	0.993	1.038	1	0.993	1.031
甘肃	0.994	1.051	1	0.994	1.044
宁夏	0.995	1.068	1	0.995	1.063
新疆	0.995	1.088	1.001	0.994	1.082
青海	0.994	1.101	1	0.994	1.094
我国平均值	0.996	1.037	1	0.996	1.033
东部平均值	0.996	1.024	1.000	0.997	1.021
中部平均值	1.002	1.037	1.000	1.002	1.039
西部平均值	0.992	1.050	1.000	0.992	1.042

为了体现研究的完整性和研究结论的丰富性，进一步从结构层面来对规模效率指数进行分析，同时更为直观地体现我国粮食生产中的规律效率指数变动趋势，我们将表4－3中结果中的技术效率、技术进步效率和全要素生产率绘制成图4－2，以此从结构层面反映全要素生产率变动的钳制因素。从图4－2中可以看到，2002年、2005～2007年、2014年的阻滞粮食生产中的全要素生产率变动的主要因素是技术效率改进缓慢和不显著造成的。而2005～2006年、2009～

2010 年，粮食生产中的全要素生产率的变动主要是由于技术效率和技术进步效率的改进都不显著造成的。而 2012 ~ 2013 年的农业全要素生产率提高受阻主要是由于农业技术进步效率的不显著造成的。另外，也要看到在 2003 ~ 2004 年、2008 年、2011 年的全要素生产率的变动就是粮食生产中的技术效率变动和技术进步变动联合驱动的结果。

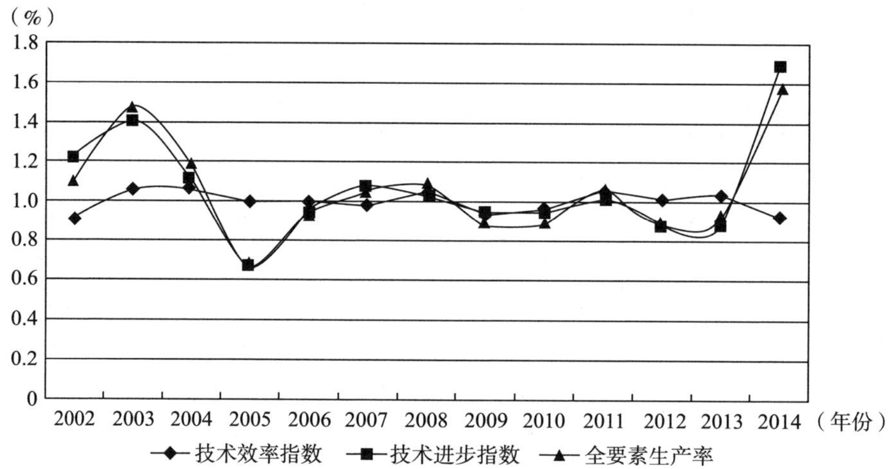

图 4 - 2　全要素生产率的分解情况

接下来，进一步从时间维度揭示农业技术效率及纯技术效率和规模效率的变动情况并绘制成图 4 - 3。由图可以看到，2002 年、2007 年、2009 年、2010 年粮食生产中的技术效率改进不显著主要是由纯技术效率变动和规模效率变动迟缓造成的。2005 年、2014 年的粮食生产中的技术效率变动不显著主要是由于规模效率改进不显著造成的。而在 2003 ~ 2004、2008 年、2011 年、2013 年粮食生产中的技术效率之所以能出现显著的变动则主要是由纯技术效率提高和规模效率提高共同推进的。可以看出这几个时间节点，农业适度规模经营在粮食生产中的效果显著。

综合而言，在样本区间内，规模效率变动不显著的年份有 7 年，占比为 53.84%，而纯技术效率不显著的年份有 5 年，占比为 38.46%。总体而言，规模效率仍是制约粮食生产技术效率变动的主要因素。因此，进一步将规模效率的变动情况绘制成图 4 - 4。由图 4 - 4 可知，2002 年、2005 ~ 2007 年、2009 ~ 2010 年、2014 年的粮食生产中的规模效率都小于 1，则说明农业适度规模经营的效果

并不显著。这也进一步从侧面说明，新时期纵深推进农业适度规模经营已经势在必行，已经成为制约我国农业发展，尤其是粮食生产的重要因素。在政策设计层面应转变思路并将此作为政策设计的重要内容与突破口。

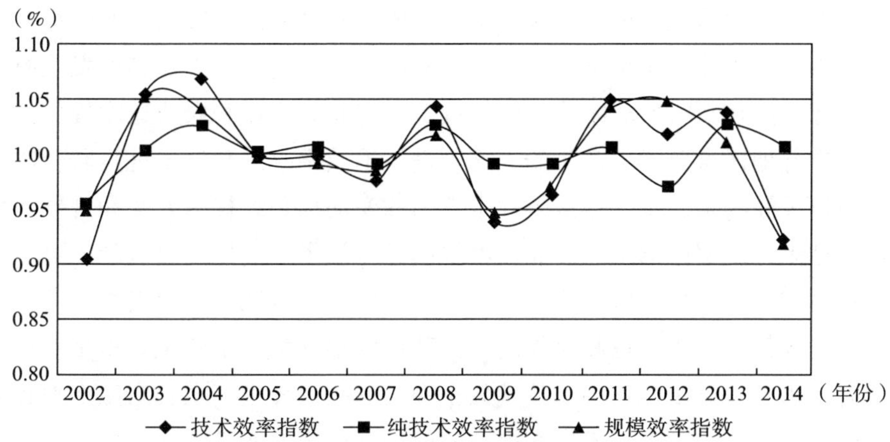

图 4－3　技术效率分解情况

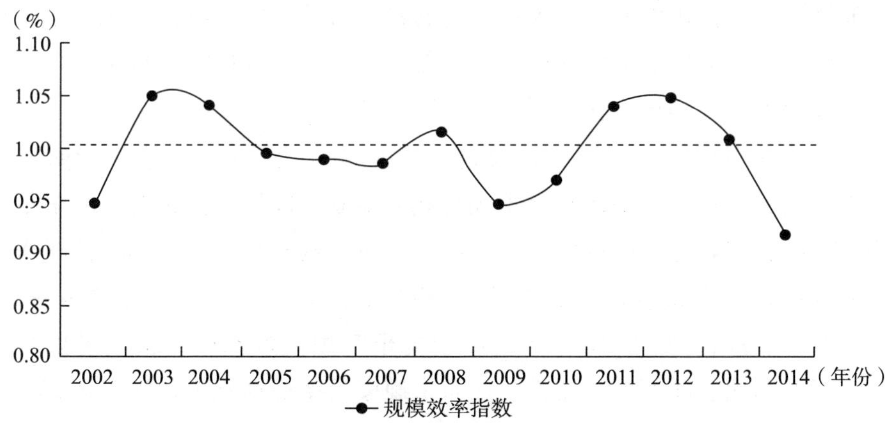

图 4－4　规模效率变动情况

2. 区域维度

从结构层面来看，我国粮食生产中的全要素生产率的提高也呈现出显著的区域性和差异性特征。总体来看，样本跨期内，东部、中部和西部地区的粮食生产中的全要素生产率的平均值都大于1，这说明在区域层面我国粮食生产中的全要素生产率的变动还是十分显著。从分解结果来看，东部地区粮食生产全要素生产率的变动主要是由技术进步的变动引起的，技术效率的变动对其影响并不显著。进一步的技术效率分解结果表明，钳制技术效率变动的主要是由规模效率变动不显著引起的，农业适度规模经营成效不显著成为钳制东部全要素生产率提升与改进的关键因素。当然，这也可能与东部的发展定位以及非农产业高度发达有很大关联。东部地区在新时期战略选择的关键是实现非农产业和农业适度规模经营协调发展。中部地区全要素生产率的提高则是技术效率改进和技术进步联合驱动的结果。值得关注的是，中部地区的技术效率的变动也是纯技术效率和规模效率共同驱动的结果，说明中部地区农业适度规模经营效果还是比较显著的。可以从以下角度进行解释：中部地区是我国农业发展比较优势区域，农业发展的区位优势显著、适度规模经营水平也相对较高。西部地区粮食生产中的全要素生产率的变动也主要是由技术进步推动的，技术效率则是制约粮食生产全要素生产率提高的重要原因，而这其中阻滞技术效率提高的就是规模效率变动不显著造成的。综合而言，无论是时间层面还是区域层面，规模效率都是制约我国粮食生产中全要素生产率提高的重要原因，纵深推进农业适度规模经营势在必行。但需要注意的是，新时期各区域推进农业适度规模经营的路径必须保持差异性，尤其是东部和西部地区应充分挖掘农业适度规模经营发展潜力，充分发挥其在技术引领、绿色发展以及乡村振兴中的推动作用。

为进一步体现规模效率发展以及农业适度规模经营成效，进一步研究以规模效率变动指数为指标，采用系统聚类分析对我国31个省份的规模效率指数进行聚类以反映我国农业适度规模经营水平的区域结构性特征。本书在选择聚类方法选择组间联接、度量标准选择平方 Euclidean 距离。聚类结果如图4－5。从图4－5中可以看出，我国31个省份的粮食生产规模效率变动指数可以分为三类：第一类，河北、陕西、内蒙古、江西是规模效率最高水平地区，也就是适度规模经营成效最好地区；第二类，天津、辽宁、吉林、黑龙江、上海、江苏、浙江、安徽、福建、山东、河南、湖北、广东、贵州、云南、西藏、陕西、甘肃、宁夏、新疆、青海是规模效率中等水平地区，也就是适度规模经营效果次好地区；第三类，北京、湖南、广西、海南、重庆、四川是规模效率低水平地区，也就是农业适度规模经营效果较差地区。因此，我国在推进农业适度规模经营时也应考虑现有效果并找出其中存在的问题，因地制宜、有的放矢制定有针对性的政

策以增强农业适度规模经营效果和提升我国农业现代化水平。

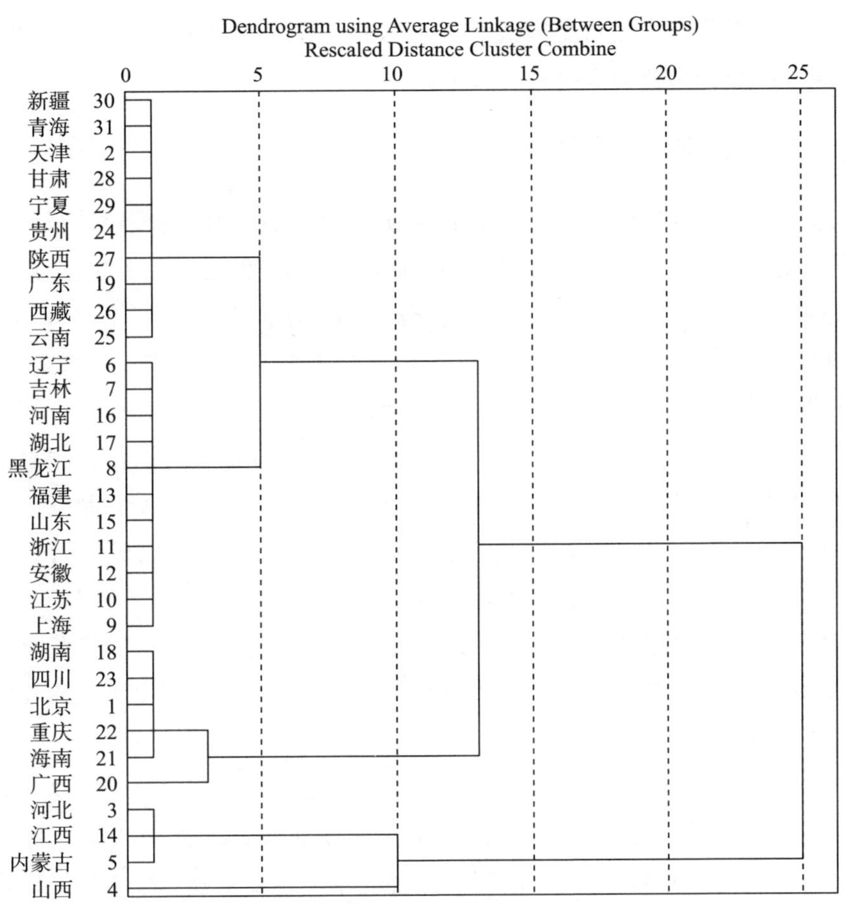

图 4－5　规模效率指数聚类结果

第三节　农业适度规模经营主要途径及效果

在上述中虽然已经从整体层面对农业适度规模经营的现实绩效进行了分析，但农业适度规模经营形态各异、途径多元，还应在农业适度规模经营途径的基础上，进一步从结构层面揭示现行的几种典型途径的经营效果。按照上述分析，虽然农业适度规模经营类型多样、模式多元，但可以概括为土地集中型模式、社会化服务型模式以及合作经营型模式三种。为此，在此部分继续揭示土地集中型、社会化服务型和合作经营型模式的效果。

一、土地集中型模式及效果

土地集中型适度规模经营是实践中最为常见的农业适度规模经营形态。尤其是随着《关于引导农村土地经营权有序流转发展适度规模经营的意见》以及《关于完善农村土地所有权承包权经营权分置的办法》等决策意见出台，落实集体所有权、稳定承包权和放活经营权构筑成当前整体的改革脉络和实操路径。“三权分置”是我国当前农业经营制度的自我完善的现实体现，有利于新型农业经营体系的构建、农业劳动生产率的提高和农业现代化的推进。作为“放活经营权”的重要构成内容，土地经营权的流转无疑会“释放”巨大的制度红利，提升资源配置效率。尤其是在城镇化进程加速、农村人口老龄化提前的现实“倒逼”下，其现实意义和战略意义也就更为突出。因此，在这样的背景下，评价土地集中型模式的效果也就有重要的理论和实践价值。为此，在接下来的部分，本书将以种植业为例，在理论分析的基础上实证揭示土地集中型模式实践效果。

（一）理论分析

按照农业经济学的基本理论，土地经营权的流转最为直接的影响是会改变农户的种植行为，进而会影响到农业总产出。总体而言，应遵从“土地经营权流转→农户种植行为→粮食产量”的影响路径。本书主要从既定成本和既定产出两个层面来对其进行进一步阐述。

1. 成本既定条件下的种植业产出最大化

为更好地分析将种植业内部分为粮食作物种植和经济作物种植两种类型，并通过两者在种植业内部构成比例的变动揭示农户的种植行为。假定在成本既定条件下，种植业的产出曲线和等成本曲线如图 4－6 所示。为了找到成本既定条件下种植业的产出最大化，此处给出了 Q_1、Q_2、Q_3 三条等产量曲线以供分析。其分别刻画的是粮食作物和经济作物在不同条件下的各种组合。AB 表示等成本线，表示农户生产约束条件，在本书中其假定是不变的。等产量曲线 Q_2 和等成本线 AB 相切点 E 表示粮食作物和经济作物最优种植状态，其组合是（G^*，C^*）。先

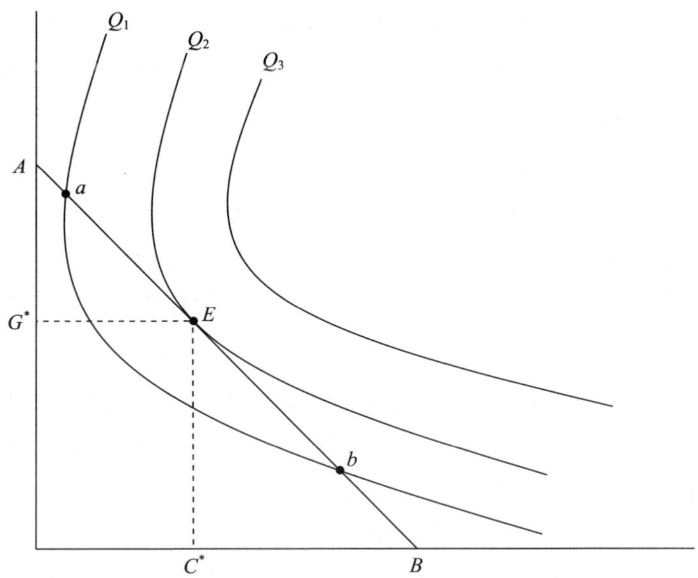

图 4-6　成本既定条件下的种植业产出最大化

来看等产量曲线 Q_3，其处于等成本线 AB 之外，与等成本曲线 AB 没有交点，也没有切点。所以，表示在该种状态下，产量过大，既定的等成本线 AB 不可能实现 Q_3 的产量。再看等产量曲线 Q_1，其与等成本线 AB 分别相交于 a 点和 b 点。在这种情况下，农户的行为选择主要有两种路径：一是从 a 点出发，减少粮食作物种植和增加经济作物种植，实现总产出的不断增加，最后在等成本线 AB 和等产量曲线 Q_2 的相切点 E 实现均衡状态。二是从 b 点出发，减少经济作物种植和增加粮食作物种植，实现总产出的不断增加，最后也会在等成本线 AB 和等产量曲线 Q_2 的相切点 E 实现均衡状态。从现实发展情况来看，粮食作物对土壤要求较高，因而粮食的单位面积产量较经济作物的下降更快。在这种条件下，粮食种植的比较优势将越来越不明显，土地面积扩大向经济作物转移也是必然的发展趋势（胡豹，2004）。当然，随着农业市场化、商品化发展，农业生产目标也会实现由产量最大化向收入最大化转变，这也会造成农民种植行为向经济作物倾斜和转变。因此，在这种情形下，农户势必会选择第一种路径：从 a 点出发，通过流转土地增加经济作物种植业比例，逐步向均衡点 E 靠拢。这势必会造成粮食产量的减少，给粮食安全和社会稳定带来不稳定的隐患。所以，各地在推进农业适度规模经营的过程中，应充分评估农业适度规模经营的影响效应，应坚持农业适度规模经营的“农业化”导向，杜绝以农业适度规模经营项目为名进行各类“非农化”“非粮化”的活动，通过政策引领、机制激励、制度保障等举措提升农业适度规模经营的引领作用和带动效果。

2. 产出既定条件下的成本最小化

假定在产量既定条件下，种植业的等曲线和等成本线如图 4－7 所示。Q 描述的是种植业内部粮食种植和经济作物种植等各种可能性组合。此处也给出了三条等成本线 A_1B_1、AB、A_2B_2 供分析并从中找出产出既定条件下的最小成本。E 点为等产量曲线与等成本线 AB 的切点，描述的是种植业内部粮食作物和经济作物最优的种植比例，所对应的最优组合为（G^*，C^*）。在等产量曲线给定的情况下，先来看一下等成本线 A_1B_1，其位于等产量曲线 Q 的下端且与其并无切点或交点。这就意味着等成本线所代表的生产成本太小，不可能达到等成本曲线 Q 的要求。再看等成本线 A_2B_2，其与等产量线有两个交点 a 和 b。在这样的情形下，农户要达到均衡点 E，也主要有两种路径：一是由交点 a 出发，沿着等产量曲线向均衡点 E 靠拢；二是由交点 b 出发，沿着等产量曲线 Q 向均衡点 E 靠拢。通过这两种方式就可以实现在产出界定条件下，通过调整投入要素，不断降低生产成本。但事实上，无论是种植粮食作物或是经济作物，其要素投入成本的差异并不大。两者生产最大的不同就是体现“机会成本”和预期目标收益。一般而言，粮食种植机会成本要大于经济作物，目标收益也较低。因为在实际中，粮价一般低于经济作物的价格，农户或者新型农业经营主体在土地流转集中后基于成本和盈利的现实选择往往会倾向种植经济作物，进而会导致粮食产量减少。因此，在这样的条件下，农户或者新型农业经营主体也一般选择第二种路径。也就是沿着交点 b 不断向均衡点 E 靠近。综合而言，两种“情景”下所刻画的结论存在一致性。当然，在实践中，通过土地流转实现农业适度规模经营的途径所产生的真实效应究竟如何，还需要进行实证检验予以进一步说明和支撑。

（二）模型设计

基于理论分析所揭示的土地经营权流转改变农业经营主体种植行为进而影响粮食产量的逻辑路径和对事实的预知判断。本部分继续建立计量经济学模型对其进行检验。遵从理论分析中所涉及“土地经营权流转→农户种植行为→粮食产量”的基本逻辑框架，首先建立模型如式（4－5）所示。模型是只包含土地流转和农民种植行为的两个核心变量的线性回归方程，主要是为了揭示土地经营权流转和农户种植行为对粮食产量的单独影响效应。

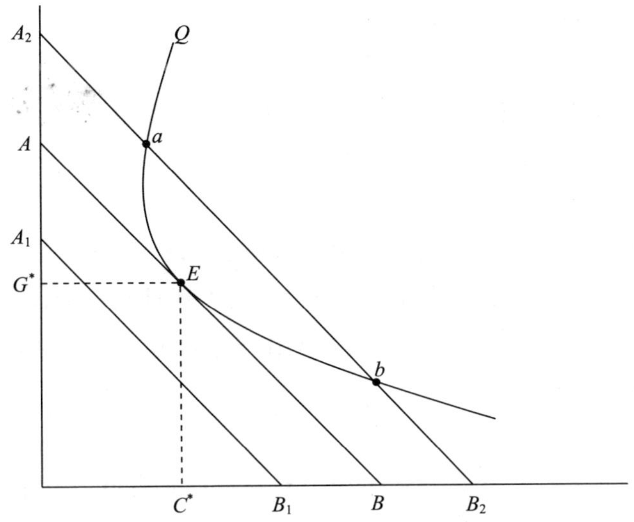

图 4－7　产出既定条件下的种植业成本最小化

$$PR = a + b_1 LT + b_2 PB + \mu \tag{4-5}$$

其中，PR 表示粮食产量，LT 表示土地经营权流转水平，PB 表示农户种植行为，μ 表示随机误差项。按照理论框架的内容，土地经营权流转可以改变农户的种植行为进而影响到粮食产量。因此，土地经营权流转和农户种植行为并不是单独发生效应的，土地经营权对粮食产量的影响还取决于农户种植行为选择的结果。因此，两者之间存在典型的“交互效应”。这也贴合交互作用的理论假设：一个变量的影响取决于另一个变量的取值。为此，继续在式（4－5）中引入交互项 $LT \times PB$，以刻画土地经营权流转和农户种植行为对粮食产量的联合影响。

$$PR = a + b_1 LT + b_2 PB + b_3 (LT \times PB) + \mu \tag{4-6}$$

在式（4－6）中，b_3 估计的就是交互效应的边际影响系数。当然，除核心变量之外，其他一些因素也会对粮食产量造成影响。基于数据资料的可得性和可获性原则，本书主要考虑土地流转费用、劳动力非农就业以及自然灾害三因素并将其作为控制变量引入式（4－6）。则可得：

$$PR = a + b_1 LT + b_2 PB + b_3 (LT \times PB) + b_4 TF + b_5 NE + b_6 ND + \mu \tag{4-7}$$

式（4－7）中，TF 表示土地经营权流转费用，NE 表示农村劳动力非农就业水平，ND 表示自然灾害。

（三）指标说明及数据来源

1. 被解释变量

粮食产量（PR），用粮食单产表示。在实际测度中用玉米、小米和水稻三种粮食作物的总产量除以总播种面积来衡量。

2. 核心解释变量

土地经营权流转（LT）用耕地流转总面积来表示；种植行为（PB），在具体的指标选择方面，分别用粮食播种面积占农作物总播种面积的比重来衡量。并在此基础上，引入交互项 LT×PB 来说明农民在土地经营权流转中的行为选择及其对粮食产量的影响。

3. 控制变量

土地流转成本（TF）用耕地转包费用来表示；非农就业水平（NE）主要用从事工业、建筑业、批发和零售贸易、餐饮业以及其他行业劳动力所占比重来表示；农业自然灾害（ND）用虚拟变量来表示，如果本村遭受过自然灾害，则用1表示；否则用0来表示。

所有数据均来自中国家庭收入项目调查 CHIP（Chinese Household Income Project Survey）行政村调查问卷。

（四）估计结果及分析

由于研究中采用的是调查样本村的截面数据，在回归中容易存在异方差问题。为了克服异方差问题，增强研究科学性、可信度，本书运用加权最小二乘法（WLS）对模型进行估计。同时，为提升研究维度丰富性，分别从总体和结构的双重角度给出了土地经营权流转改变种植行为，进而影响粮食产量效应的估计结果。同时，为了比较模型稳定性，本书分别给出了核心变量和添加控制变量后的估计结果。如表4-5所示。其中，模型（1）、模型（3）、模型（5）、模型（7）给出的均是核心变量的估计结果；模型（2）、模型（4）、模型（6）、模型（8）给出的则是添加控制变量后的估计结果。综合来看，最终选择以模型（2）、模型（4）、模型（6）、模型（8）作为解释的基准模型。

首先，从总体来看，土地经营权流转与种植行为的交乘项 LT×PB 对粮食产量 PR 的影响效应为负，且在1%的显著水平下显著。由于在衡量种植行为时候选用的指标是粮食播种面积占农作物播种面积的比重。所以，可以看出，土地经营权流转并未使其产生刺激农业经营主体扩大粮食种植面积、从事农业适度规模经营的动机，对粮食产量提升产生了制约的作用和陷入“非粮化”困境。这和

理论分析中所揭示结果是一致的。这与当前我国农产品价格体系不健全、“非粮化”收益驱动以及配套制度不健全存在密切的关联。建立土地经营权流转与粮食安全协调机制，实现农业适度规模经营与粮食生产同步势在必行。

其次，从粮食内部结构来看，虽然土地经营权流转会改变农户玉米和小麦的种植行为，对粮食产量的提高有一定的推进作用，但是土地经营权流转并不会改变农户种植水稻行为，只是对粮食产量提高有一定的制约作用。这也是总体上土地经营权流转与种植行为的交乘项 LT × PB 对粮食产量 PR 的影响效应为负的重要结构性因素。当然，这与水稻种植的资源禀赋条件和区域分布特征有重要的关联。

再次，从控制变量层面来看，土地流转费用（TF）对粮食产量的影响效应显著为正，说明现阶段我国的土地流转中的交易成本并未对粮食产量产生不良的影响。这可能由以下原因造成的：一是现行的土地流转政策并未对土地流转价格做出严格的界定，价格的确定一般都是由流转双方通过“协商定价”方式确定的，并不是由于市场供求关系的交互作用来决定的，因而对粮食产量并未产生不良影响。二是我国土地流转成本的地区差异较大，同时也是和一个地区的经济社会发展形式存在密切的关系，回归结果所揭示的可能和样本分布特征有密切关系。

从流转方式来看，我国目前多以转租和转包的形式进行土地流转，因而从总体价格来看，凡较大规模流转、流转后发展高效农业的流转价格就会相对较高，会增加农业适度规模经营成本；而流转规模较小的流转价格就相对较低，因而从事农业适度规模经营的成本就较低。按照上述分析，农业经营主体流转土地后对于粮食作物的种植规模并未显著增加，这也从侧面上反映了农业经营主体流入土地种植粮食的规模较小、适度规模经营水平较低的特征现实，因而其土地流转费用也就相对较低。非农业就业水平（NE）对粮食产量的影响显著为正，这说明农户的非农流转并未对粮食产量产生不良影响，这也符合经验现实。在现实层面，我国农业劳动力的非农就业并不是彻底的“非农化”转移，呈现典型的季节性、周期性的“兼业化”特征，既从事农业生产，又从事非农生产，因而并未对粮食产量造成不良影响。自然灾害（ND）对粮食产量的影响显著为负，这充分说明自然灾害是造成粮食减产的重要原因。由于 CHIP 调研数据所处的年份为我国地震、特大雨雪冰冻灾害、台风、洪涝、干旱、强降雪等自然灾害频发的年份，这些对于粮食产量的不良影响显而易见。

表 4－5　土地经营权流转、种植行为和粮食产量的估计结果

变量	模型							
	粮食种植		玉米种植		小麦种植		稻谷种植	
	(1)	(2)	(3)	(4)	(5)	(6)	(7)	(8)
截距项	355.4 (473.89)***	334.219 (231.22)***	187.74 (573.34)***	200.89 (227.37)***	87.52 (123.32)***	87.15 (170.6)***	165.47 (1160.65)***	162.16 (134.24)***
LT	0.064 (15.68)***	0.101 (92.03)***	442.82 (190.61)***	443.56 (247.05)***	597.74 (298.82)***	587.08 (430.34)***	429.74 (2397.82)***	428.81 (304.91)***
PB	71.126 (88.49)***	68.786 (37.14)***	0.059 (9.99)***	0.035 (9.91)***	0.004 (5.46)***	−0.01 (−7.47)***	0.09 (31.29)***	0.018 (5.19)***
LT×PB	−0.085 (−19.42)***	−0.123 (−91.87)***	0.193 (14.72)***	0.234 (23.28)***	−0.019 (−9.86)***	0.031 (5.31)***	−0.126 (−33.02)***	−0.038 (−7.62)***
TF		0.005 (10.96)***		0.08 (33.5)***		0.016 (30.31)***		0.034 (202.38)***
NE		52.278 (57.98)***		10.126 (7.79)***		19.91 (19.38)***		56.66 (314.9)***
ND		−3.346 (−6.62)***		−27.02 (−23.1)***		−7.56 (−30.7)***		−23.15 (−262.1)***
R^2	0.984	0.996	0.999	0.999	0.999	0.999	0.999	0.999
F	9179.56	17376.36	7935444	575817.7	7737920	270342.8	3855264	48039762
DW	1.954	1.874	1.795	2.052	2.057	2.087	1.831	2.001
观测值	458	458	458	458	458	458	458	458

注：*** 表示在1%显著性水平下显著，无标记则表示不显著。

最后，土地经营权流转给村内其他居民和转包出租给外地人是否对于改变其种植行为进而影响到粮食的产量呢？为此，接下来分别从这个维度来进行分析和解释。结果见表4－6。模型（9）和模型（10）给出的分别是流转给村内其他农户的无控制变量和添加控制变量的结果；模型（11）和模型（12）给出的是转包出租给外地人的无控制变量和添加控制变量的结果。比较发现，在添加控制变量后，主要参数影响方向并未发生变化。因此，最终解释结果分别以模型（10）和模型（12）为准。由模型（10）和模型（12）可知，无论是流转给村内其他村民还是转包出租给外地人从事农业适度规模经营，LT×PB对粮食产量的影响效应都显著为负而且在影响系数方面的差距并不大。这充分说明，无论是村内其他居民还是外地人，其流转土地从事农业适度规模经营都并未扩大粮食种植面积，对粮食产量都有一定的抑制作用，这是在政策制定中应重点关注的环节和问题。从其他变量来看，非农就业水平（NE）和自然灾害（ND）的影响效应和总体分析中的结果并不存在差异性。但土地流转费用（TF）在流转给村内其他农民和转包出租给外地人的影响结果却是不同的。其中，流转给村内其他农民的流转费用对于粮食产量是促进作用，而转包出租给外地人的流转费用却对粮食产量有一定的抑制作用。受地缘因素和熟人社会机制的影响，转包、出租给外地人的土地流转费用一般要高于外地人，这可能是造成其影响差异的重要原因。

（五）小结

在理论分析基础上，基于CHIP微观调研数据，从粮食产量的角度揭示土地流转型农业适度规模经营的效果。相比较已有研究，本书主要是从农户视角出发，通过建立“土地经营权流转→农户种植行为→粮食产量”的基本逻辑框架，从总体和结构的双重维度，揭示土地流转型适度规模经营农户的种植行为变化对粮食产量的影响。研究发现：理论分析和实证检验均表明通过土地经营权流入来从事农业适度规模经营的农户并未扩大粮食种植面积，“非粮化”种植行为偏好致使粮食减产。从结构层面来讲，通过土地经营权流转从事适度规模经营的农户会扩大玉米和小麦种植面积，进而对玉米和小麦单产有显著促进作用，但会减少水稻种植对水稻单产有显著约束作用。这也是导致粮食减产的重要结构性成因。从流转目标群体来看，无论是流转给村内其他居民还是转包出租给外地人来从事适度规模经营，土地经营权流入农户都存在“非粮化”种植行为偏好，会致使粮食减产。

表 4-6 分不同流转主体的估计结果

变量	模型			
	流转给村内其他农户		转包出租给外地人	
	(9)	(10)	(11)	(12)
截距项	355. 6 (4084. 18)***	324. 41 (218. 93)***	354. 184 (8826. 62)***	332. 394 (1106. 71)***
LT	0. 179 (148. 21)***	0. 193 (23. 68)***	0. 284 (44. 15)***	0. 244 (48. 96)***
PB	72. 537 (759. 43)***	79. 082 (49. 92)***	68. 281 (1525. 94)***	69. 407 (84)***
LT×PB	-0. 232 (-186. 82)***	-0. 251 (-25. 91)***	-0. 319 (-46. 88)***	-0. 286 (-48. 07)***
TF		0. 006 (13. 3)***		-0. 015 (-19. 79)***
NE		55. 505 (128. 06)***		52. 629 (121. 16)***
ND		-1. 627 (-5. 43)***		-0. 71 (-3. 22)***
R^2	0. 999	0. 988	0. 999	0. 997
F	333611. 7	5904. 38	888994. 2	32799. 70
DW	2. 161	1. 964	1. 901	1. 982
观测值	458	458	458	458

注：*** 表示在 1% 显著性水平下显著，无标记则表示不显著。

因此，新时期在推进“三权分置”改革中，应继续将粮食安全问题放置于战略地位。虽然在“三权分置”的制度背景下，农地经营权流转的最终目的是实现农业适度规模经营和农业现代化发展，在实践操作中，从事适度规模经营的农业经营主体流转土地的目的主要是发展效益好、附加值大的经济作物，粮食作物生产往往处于劣势地位。所以，在粮食生产问题上必须强化和发挥政府调控作用，在实行土地经营权流转用途管制和制度规范基础上，强化对地方政府和乡村集体的粮食生产绩效考核力度，将其与地方政府官员政绩和升迁挂钩，逐步形成资源合力增强、部门协同联动、共抓粮食生产的新格局，实现土地流转型适度规模经营与粮食安全协调发展。在政府也应继续强化创新粮食生产补贴模式，按照

普通农户和适度规模经营农户实施分类补贴模式，在实践中可以按照柯炳生（2015）所指出的操作方式：保留农机购置补贴，将其他补贴归并到一起，建立土地面积补贴，即每个农户获得补贴，只与土地经营面积挂钩并以此来调动土地经营权流入农户从事粮食适度规模经营的积极性和确保粮食安全。

二、社会化服务型模式及效果

在上半部分我们已经分析和揭示了土地集中型适度规模经营模式的影响效果。在下面的部分我们主要来揭示社会化服务型农业适度规模经营模式的效果。农业社会化服务是农业分工和专业化发展的产物，影响到专业化生产的经营规模，是新型农业经营主体和农户相互合作、共生共赢的直接体现，也是农户和规模经济的“交集”和实现小农户和农业现代化衔接的纽带。可以说，在现行制度约束下，农业社会化服务所引领的“服务规模经营”模式的作用也就越发重要。为此，在接下来的部分，先是揭示社会化服务型模式的影响机理，然后在此基础上进行实证以评价其实践效果。

（一）社会化服务型农业适度规模经营模式的内在机理

本书认为，农业社会化服务型模式主要通过“裂变”农业经营主体、深化农业分工和催促制度变迁等途径来推动适度规模经营（见图4-8）。

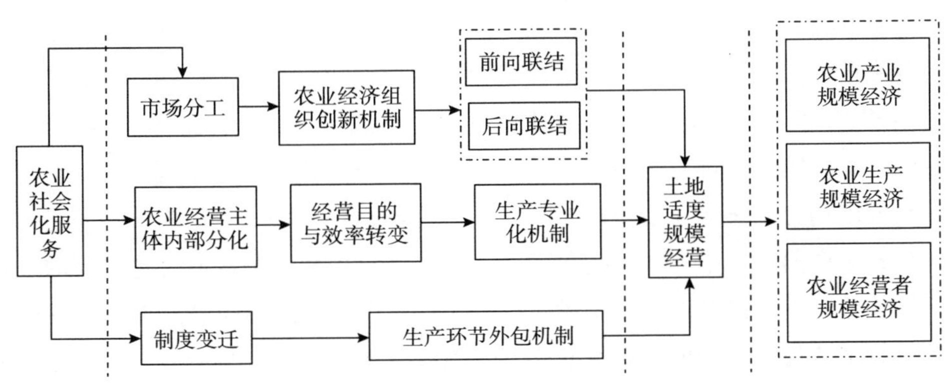

图4-8　农业社会化服务型模式内在机理

1. 农业社会化服务会加速农业经营主体“裂变”和实现专业化

在工业化、城镇化的快速推进的背景下，大量的农村劳动力持续向外转移，由于农业不能充分就业的现实困境和增加收入的需要，农业“兼业化”现象就出现了，进而导致“农忙缺人少”的问题比较突出，对农业生产产生消极影响，因而现代农业产业体系亟待健全（冯海发，2013；楼栋和孔祥智，2013；程国强，2012）。农业社会化服务体系则可以缓解农业兼业化问题。在构建农业社会化服务新机制的政策导向下，中国农村基本经营制度已发生深刻变革，农业经营主体开始分化，除了一般的经营主体之外，农业专业大户、家庭农场、土地合作社和工商企业为代表的多元化新型农业经营主体发展势头强劲，已经成为中国建设现代农业、保障国家粮食安全和主要农产品供给的重要载体，标志着农村劳动力重新布局、配置，是我国经济社会发展进步的重要体现，为传统农业向现代农业注入了新的动力和活力（杜志雄、王新志，2013；万宝瑞，2014）。不同的经营主体的特性和禀赋决定了其经营的目的、效率和逻辑不同。在产量最大化和收入最大化的刺激下，新型农业经营主体的土地规模经营意识更为强烈、效率更高。因此，新型农业经营主体历史性地承接了农业适度规模经营重任（杨华，2015；孔祥智和周振，2014）。随着土地流转的进一步推进，新型农业经营主体不断流入土地，除了可以优化资金、技术、劳动力组合之外，还对于提高土地规模经营水平以实现生产规模经济和现代农业发展也起到了重要的推动作用。

2. 农业社会化服务推进分工深化，降低了交易成本和拓展了农业适度规模经营的维度

改革开放的实践证明：虽然以家庭经营为基础的经营模式在推进农业发展和提升效率层面的作用是功不可没的，但是随着市场化改革推进，“小农户”与“大市场”矛盾十分突出，农户面临高额的交易成本，如搜寻成本、信息成本、议价成本和决策成本等，不但市场风险较大，而且受限于“议价能力”，小农户无法获取市场分工剩余。在此现实“倒逼”的背景下，按照交易成本理论的内涵，分布于产前、产中和产后的龙头企业、家庭农场和农民专业合作社等农业经济组织就会产生以提升经济效率为目标。而这些农业经济组织就是农业社会化服务的供给主体与主要构成。这也使小农家庭经营内嵌至社会化分工，其效率空间与农业经营边界被打破，农业生产函数类型由传统土地要素单一表达向多元化、异质性的现代要素联合表达的复合形态演变。促进了农业生产向各环节的前向联结和后向联结，降低了交易成本，推动了社会化分工的不断发育，最终实现以社会化服务规模经济取代土地规模经济（谢林、钟文晶和罗必良，2014），这也使土地规模经营实现由内而外的拓展，以利于实现产业环节的动态平衡和农业产业

规模经济，拓展了农业规模经济的维度。从某种意义上来看，社会化服务型农业适度规模经营模式是土地适度规模经营演化使然和必经阶段，体现的是农业适度规模经营在不同发展阶段的不同特征。

3. 作为一种制度安排，农业社会化服务还可以通过“外包机制”来推进农业适度规模经营

当制度结构、性质乃至地位发生变化时就会形成制度变迁。一般来讲，推动制度变迁的动力主要有内外两种动力。其中，内动力是制度变迁的依据，外动力是制度变迁的条件。制度变迁的结果主要是可以带来更高的效率和形成更为公平的环境。农业社会化服务体系作为一种变迁，其衍生的主要依据就是现行的制度因素同农业生产力之间的矛盾，当农业生产成本高于交易成本时，“外包机制”就会生效。如果从制度变迁的角度来定义农业社会化服务体系就是：由生产环节全部归农民自己操作到把一部分生产环节分离出去，交给越来越多的服务组织（或个人）去完成这种生产方式的变化过程，是农业生产制度的变迁（何军和张兵，2005），通过生产环节的外包带来成本节约、规模经营效应与资源配置效应，农户会改变土地规模经营行为，即生产环节外包会影响农户的土地规模经营意愿和农业经营者的规模经济（申红芳、陈超和廖西元等，2015）。

（二）社会化服务型模式实践效果的实证分析

1. 实证设计与估计方法

在上述中已经对农业社会化服务型模式的内在机理进行分析。那么，在实践层面，农业社会化服务型对农业适度规模经营模式的实践效果又如何呢？不同的社会化服务类型存在怎样的结构性差异？这些问题亟待通过实证予以解答。一般而言，农业社会化服务发展有一个非常重要的前提条件：农业发展已经形成高度分工的发展体系和土地适度规模经营已经获得显著发展。从某种意义上来说，这两者也是亦步亦趋、同步前行的，是规模经济两个不同侧面而已。因此，要衡量农业社会化服务型模式的实践效果，可以从农业社会化服务对土地适度规模经营的影响角度进行切入。由于土地适度规模经营的“度”是一个相对的、动态的概念，而不是一个绝对的、静态的范畴，因地而异、由若干可变因素决定，运行方式也是多样的（韩俊，2014），或者说，其具备“成长性”特征。此外，土地适度规模经营与分散小农经营是两种截然不同的农业经营方式，是农户基于自身要素禀赋和地理特征理性决策的结果（李宾、马九杰，2015）。因此，土地适度规模经营亦存在显著的路径依赖特征。基于上述认知，在实证农业社会化服务对

土地适度规模经营影响时，将“动态性”和“成长性”因素也考虑进来，并建立如下模型：

$$Lsc_{it} = \alpha + \beta \times Lsc_{it-1} + \lambda \times Lsc_{it}^2 + \varphi \times Ase_{it} + \mu_{it} \tag{4-8}$$

在式（4-8）中，Lsc_{it}表示土地适度规模经营水平，$Lsc_{i,t-1}$和Lsc_{it}^2分别表示土地适度规模经营的动态性和路径依赖性特征的影响。Ase_{it}表示各类农业社会化服务，μ_{it}表示随机误差项。农业社会化服务主要是在家庭承包经营的基础上为农业产前、产中和产后各环节提供高效、全面和配套的公益性服务和经营性服务所形成的网络（孔祥智等，2012），农业社会化服务内容广泛、系统全面且类型多样，本书中基于数据的可获性因素主要考虑灌溉排水服务（Irr_{it}）、机耕服务（Cul_{it}）、病虫害防治服务（Pes_{it}）、生产资料购买服务①（Buy_{it}）、种植规划服务（Pla_{it}）和安排劳动力外出服务（Emp_{it}）等典型性服务类型的影响效应。为此，重写式（4-8）：

$$Lsc_{it} = \alpha + \beta \times Lsc_{i,t-1} + \lambda \times Lsc_{it}^2 + \varphi_1 \times Irr_{it} + \varphi_2 \times Cul_{it} + \varphi_3 \times Pes_{it} + \varphi_4 \times Buy_{it} + \varphi_5 \times Pla_{it} + \varphi_6 \times Emp_{it} + \mu_{it} \tag{4-9}$$

由于研究中采用的数据类型为截面数据。若直接采用普通最小二乘法来估计会存在异方差的问题，使回归结果的科学性受到挑战。从估计方法的角度来说，要克服异方差问题，常用的就是运用加权最小二乘法（WLS）对模型进行估计。其主要操作原理是：通过对原模型进行加权，使之成为一个新的不存在异方差的模型，然后再运用最小二乘法进行估计其参数。若假定权重为$w_i = \frac{1}{\sigma_i}$，将其写成矩阵的形态如下：

$$W = \begin{pmatrix} w_1 & 0 & \cdots & 0 \\ 0 & w_2 & \cdots & 0 \\ \cdots & \cdots & \cdots & \cdots \\ 0 & 0 & \cdots & w_N \end{pmatrix} \tag{4-10}$$

通过运用加权最小二乘法对参数进行估计就可以得到不同农业社会化服务类型对土地适度规模经营的影响方向及程度。但一般来说，运用加权最小二乘法回

① 农业生产资料购买服务主要包括购买农作物种子、农药、肥料、饲料和饲料添加剂（含渔用）、种畜禽、牧草种子、食用菌菌种、兽药、农机及零配件、水产苗种、渔药、渔机渔具等农业投入品的总称。

归所揭示的农业社会化服务对土地适度规模经营的影响效应仍是传统意义上的“均值回归”，反映的是自变量对因变量的条件期望的边际影响。而从现实层面而言，我们所关心的往往是自变量对因变量整个条件分布的影响。为此，继续运用 Koenker 和 Bassett（1978）所提出的分位数回归（Quantile Regression，QR）的方法继续对式（4－9）进行估计。由于各分位数能够全面刻画土地适度规模经营的层次分布情况，因此，以土地适度规模经营的不同层次水平的分位数为被解释变量的回归不仅能够反映农业社会化服务在土地适度规模经营不同水平组影响效应的动态变化，而且也可以拓展比较维度和揭示更为深层次的问题。

2. 变量说明及数据赋值

被解释变量。土地适度规模经营水平（Lsc_{it}）。一般而言，在现行制度框架下，土地适度规模经营水平的直观表现就是土地流转面积。土地流转面积越大，相应的土地适度规模经营水平也就越高。有鉴于此，用土地流转面积占耕地面积的比重来衡量土地适度规模经营水平。

解释变量。灌溉排水服务（Irr_{it}）、机耕服务（Cul_{it}）、病虫害防治服务（Pes_{it}）、生产资料购买服务①（Buy_{it}）、种植规划服务（Pla_{it}）和安排劳动力外出服务（Emp_{it}）等典型的农业社会化服务类型在量化时主要采用虚拟变量的方式予以处理。如果行政村（调查户所在村）实行灌溉排水、提供机耕、防治病虫害、生产资料购买、种植规划和组织安排劳动力外出则就将其赋值为 1，否则为 0。见表 4－7。

3. 实证结果及分析

为提高估计结果的准确性和科学性，本书中在包含滞后项 Lsc_{it-1} 和平方项 Lsc_{it}^2 的基础上，分别引入 Irr_{it}、Cul_{it}、Pes_{it}、Buy_{it}、Pla_{it} 和 Emp_{it} 等社会化服务内容，以避免多重共线性影响和增强估计结果的科学性。各模型的加权最小二乘法的估计结果如表 4－8 所示。由 R^2 项可知，模型整体解释能力较强。在各模型中滞后项 Lsc_{it-1} 和平方项 Lsc_{it}^2 都显著为正，经验实证充分揭示土地适度规模经营存在显著的路径依赖特征和自我强化机制。这也说明各地区推进农业适度规模经营就需要通过制度改革创新破除原有的路径依赖。当然，还应通过相应的政策配套

① 农业生产资料购买服务主要包括购买农作物种子、农药、肥料、饲料和饲料添加剂（含渔用）、种畜禽、牧草种子、食用菌菌种、兽药、农机及零配件、水产苗种、渔药、渔机渔具等农业投入品的总称。

扶持新型以增强其自我发展能力。

表 4-7 变量及量化处理

类型	变量		赋值
土地适度规模经营	Lsc		土地流转面积与耕地面积的比值
农业社会化服务	灌溉排水服务	Irr	本村集体是否实行统一灌溉排水？如果是为1，否则为0
	机耕服务	Cul	本村集体是否提供机耕服务？如果是为1，否则为0
	防治病虫害服务	Pes	本村集体是否实行统一防病虫害？如果是为1，否则为0
	生产资料购买服务	Buy	村集体是否提供统一购买生产资料的服务？如果是为1，否则为0
	种植规划	Pla	本村集体是否实行种植规划？如果是为1，否则为0
	组织和安排劳动力外出服务	Emp	本村集体是否组织、安排劳动力外出？如果是为1 否则为0

注：所有数据均来自中国家庭收入项目调查 CHIP（Chinese Household Income Project Survey）行政村调查问卷。

表 4-8 农业社会化服务对土地适度规模经营的影响实证结果

变量	模型					
	(1)	(2)	(3)	(4)	(5)	(6)
截距项	0.039 (1980.04)***	0.045 (915.38)***	0.045 (2803.08)***	0.046 (8869.1)***	0.044 (3231.48)***	0.046 (1664.15)***
Lsc_{it-1}	0.078 (43.2)***	0.076 (83.77)***	0.08 (68.56)***	0.135 (75.74)***	0.1 (77.77)***	0.05 (14.41)***
LSC_{it}^2	0.529 (55.83)***	0.571 (24.77)***	0.527 (102.31)***	0.523 (303.83)***	0.527 (164.8)***	0.531 (272.32)***
Irr	0.023 (153.33)***					
Cul		0.019 (339.53)***				
Pes			0.012 (858.59)***			

续表

变量	模型					
	(1)	(2)	(3)	(4)	(5)	(6)
Buy				0.01 (0.7)		
Pla					0.009 (258.05)***	
Emp						0.01 (0.96)
R^2	0.981	0.999	0.999	0.762	0.994	0.990
观测值	800	800	800	800	800	800

注：***、**、*分别表示在1%、5%、10%显著性水平下显著，无标记则表示不显著。

由模型（1）至模型（6）可知，灌溉排水服务、机耕服务、防治病虫害服务和种植规划服务都对土地适度规模经营的影响显著为正。这也充分说明，实践中灌溉排水服务、机耕服务、防治病虫害服务和种植规划服务对于推动土地适度规模经营是不可或缺的。从其边际影响系数来看，灌溉排水服务的边际影响系数最大，机耕服务次之，再次是防治病虫害服务，最后是种植规划服务。这与农户对社会化服务的需求强度也是一致的，这可以从孔祥智等（2012）的研究成果中得到佐证①。值得注意的是，虽然农户对生产资料购买服务的需求强度在所有社会化服务类型中排在首位，但本书却发现在实践中，生产资料购买服务对土地适度规模经营的影响并不显著。这是为什么呢？本书认为可以从以下三个方面来进行考量和解答：一是随着国民经济持续增长，农业生产资料成本不断上涨，使土地规模经营的预期收益被农业生产资料价格上涨所冲抵，影响了农业生产经营主体进行土地适度规模经营的积极性；二是可能是因为农业生产资料的供给方是国家一些机构，很多农业生产资料的价格是由这些部门控制的，农民只能被动接受，交易过程不是在公平的竞争中完成的，造成市场交易效率的低下（胡自同，

① 孔祥智等（2012）研究，发现农户对单向社会化服务的需求顺序分别为购买化肥、购买良种、购买农药、灌溉服务、收购与销售服务、水利设施提供服务、购买农机、机耕服务、播种服务、打药的技术指导服务、施肥服务、租用农机、大宗农作物收割服务、农作物采摘服务、大宗农作物脱粒服务、农机修理、运输、农产品包装服务、农产品储存服务、农产品加工服务。从边际影响系数来看，其对土地适度规模经营的影响的差距并不大。

2012）；三是现有农资补贴体系并未区分小农户和适度规模经营农户的补贴差异，使农业生产资料补贴的政策动能和效能低，并未起到冲减土地适度规模经营成本的作用。种植规划服务对土地适度规模经营的影响效应显著为正，这说明在推进土地适度规模经营中，应充分发挥政府的规划引导作用，以优化农业产业布局和实现生产关系的调整。此外，安排劳动力外出务工服务对土地适度规模经营的影响并不显著。虽然安排劳动力外出务工服务的理论立足点是“剩余劳动力”假说，旨在通过剩余劳动力的转移实现土地适度规模经营。但是，在当前的制度环境下，中国的“刘易斯拐点”已经到来（盖庆恩等，2014），安排劳动力外出服务显然是对实现土地适度规模经营的影响有限，甚至还有可能产生制度背离。同时，在乡村振兴的大现实背景下，保留充足农业劳动力从事农业适度规模经营也是大势所趋、形势所向。

那么，在不同的土地适度规模经营水平下，农业社会化服务类型对土地适度规模经营的影响效应又会怎样呢？为此，本书接下来继续运用分位数回归法继续对农业社会化服务影响土地适度规模经营的影响效应进行回归。选取的分位数分别为25%、50%和75%，以反映土地适度规模经营的低水平组、中等水平组和高水平组。采用的估计方法是 Powell 等（1989）提出的核密度估计方法（Kernel Residual）、带宽确定方法选择是 Hall – Sheather、核函数选择的是 Epanechnikov，估计结果如表 4 – 9 所示。由结果可知，在不同的土地适度规模经营水平下，农业社会化服务类型的影响效应亦是不同的。具体来说，在土地适度规模的低水平组、中等水平组和高水平组，灌溉排水服务的影响效应均显著为正。比较来看，中等水平组的边际影响系数最大。虽然机耕服务在土地适度规模经营的低水平组和中等水平的影响效应显著为正，但对高水平组的影响效应却并不显著。这一方面说明机耕服务是影响土地适度规模经营的重要因素与必要生产力条件，对土地规模经营的放大作用明显。但从实践层面来看，小块土地经营并没有排斥农业机械化，发达的农机租赁市场同样可以实现小块土地经营，农业机械化是劳动力成本提高的结果，只与劳动力的相对价格有关，而与土地经营的规模大小无关，这个结论与中国的现实相符（刘凤芹，2011；张士云和江激宇，2014）。防治病虫害服务在低水平组、中等水平组和高水平组的土地影响效应均显著为正，且边际影响系数比较恒定，维持在 0.02 左右。农业生产资料购买服务对于低水平组、中等水平组和高水平组的影响都不显著，这也再一次印证了上述的观点。种植规划服务对于低水平组的影响显著为正，但对于中等水平组和高等水平组的影响效

表 4-9 农业社会化服务对土地适度规模经营影响的分位数回归结果

变量	(7)			(8)			(9)		
	低水平组	中等水平组	高水平组	低水平组	中等水平组	高水平组	低水平组	中等水平组	高水平组
截距项	0.001 (0.40)	0.039 (8.46)***	0.08 (9.19)***	0.004 (1.41)*	0.039 (10.59)***	0.082 (9.45)***	0.003 (1.27)	0.039 (9.25)***	0.082 (9.55)***
Lsc_{it-1}	0.081 (1.71)*	0.115 (2.92)***	0.057 (2.97)***	0.088 (1.8)*	0.116 (2.87)***	0.074 (3.1)***	0.086 (1.77)*	0.116 (2.51)***	0.071 (2.96)***
LSC_{it}^2	0.782 (2.58)***	1.57 (5.4)***	1.89 (7.23)***	0.78 (2.52)***	1.584 (5.61)***	1.897 (7.34)***	0.78 (2.52)**	1.571 (5.54)***	1.896 (7.38)***
Irr	0.014 (2.78)***	0.018 (2.13)***	0.015 (1.68)*						
Cul				0.032 (2.01)**	0.029 (2.8)***	0.013 (1.21)			
Pes							0.023 (1.98)**	0.025 (2.41)***	0.021 (1.88)**
R^2	0.335	0.525	0.721	0.333	0.528	0.72	0.333	0.526	0.724

续表

变量	(10)			(11)			(12)		
	低水平组	中等水平组	高水平组	低水平组	中等水平组	高水平组	低水平组	中等水平组	高水平组
截距项	0.005 (1.87)*	0.042 (9.24)***	0.084 (10.34)***	0.003 (2.76)***	0.041 (8.59)***	0.081 (3.94)***	0.004 (3.48)***	0.044 (9.61)***	0.084 (12.08)***
Lsc_{it-1}	0.088 (1.74)*	0.133 (3.23)***	0.07 (3.21)***	0.091 (4.5)***	0.122 (3.65)***	0.062 (0.68)	0.089 (4.01)***	0.128 (2.853)***	0.07 (3.62)***
LSC_{it}^2	0.779 (2.52)**	1.561 (5.34)***	1.895 (7.14)***	0.774 (15.42)***	1.533 (6.43)***	1.947 (1.9)***	0.778 (14.77)***	1.552 (7.752851)***	1.895 (8.7)***
Buy	0.002 (0.16)	0.005 (0.21)	-0.001 (-0.03)						
Pla				0.009 (3.12)***	0.012 (0.77)	0.009 (0.72)			
Emp							0.003 (1.03)	0.003 (0.15)	-5.53E-05 (-0.004)
R^2	0.329	0.522	0.72	0.331	0.523	0.72	0.33	0.522	0.719

注：***、**、*分别表示在1%、5%、10%显著性水平下显著，无标记则表示不显著。

应并不显著。一般来说，土地适度规模经营程度与经济发展和市场化程度密切相关，在土地适度规模经营的初级阶段，市场机制和相应的制度安排仍不完善，需要政府在政策和战略层面以规划的表达形态实现要素配置效率的改进与提高，进而可以有效地推进农业适度规模经营。而随着土地适度规模经营的阶段迈进，市场机制逐步健全和制度建设完备，种植规划的作用也就并不凸显。最后，安排劳动力外出务工服务对不同水平组的影响效应并无差异，这和上述估计结果一致。

（三）小结

社会化服务型适度规模经营和土地流转型适度规模经营是亦步亦趋、同步前行的，体现的是农业规模经济两个不同侧面。因此，要衡量农业社会化服务型模式的实践效果，可以从农业社会化服务对土地适度规模经营的影响着手。为此，本书在对农业社会化服务影响土地适度规模经营理论分析的基础上，运用 CHIP 数据实证和比较典型农业社会化服务对土地适度规模经营影响的现实效应。理论分析发现：农业社会化服务主要通过农业经济组织创新机制、生产专业化机制和生产环节外包机制三种途径作用于土地适度规模经营。农业社会化服务和土地适度规模经营的有机统一，实现了农业的产业规模经济、生产规模经济和农业经营者的规模经济，拓展了农业规模经济层次。然后，实证研究揭示：实践中灌溉服务、机耕服务、防病虫害服务和种植规划服务都已经对土地适度规模经营产生了显著的促进作用。比较来看，灌溉排水服务的边际影响系数最大，机耕服务次之，再次是防病虫害服务，最后是种植规划服务，这也与农户的需求强度存在一致性。但农业生产资料购买服务和组织劳动力外出服务对土地适度规模经营的影响效应并不显著。进一步的分位数回归分析表明：灌溉排水服务、防治病虫害服务在不同水平组的影响均显著为正，机耕服务在低水平组和中等水平组的影响显著为正，对于高水平组的影响程度并不显著。种植规划服务对于低水平组的影响效应显著为正，对于中等水平组和高水平组的影响效应则并不显著。生产资料购买服务和组织安排劳动力外出务工服务对不同组间的影响效应均不显著。

综合研究结论来看，应强化农业生产资料市场建设来保障土地适度规模经营中的农业生产资料供应。具体来说：一是强化对农业生产资料供应主体管理，尤其是对供应链上游原材料价格的宏观调控与管理，从源头上抑制农业生产资料价格的异常波动。二是应拓展农业生产资料的补贴范围，将其从粮食类作物拓展至其他农业生产项目。各级政府在推进农业适度规模经营的过程中，应立足于农业资源比较优势和区位条件较好的地区，编制相应的农业适度规模经营规划，明确本区域土地适度规模经营的主导农产品，力争形成连片互动、错位发展的发展格局。当然，为提高服务的供给效率，政府可以采用“购买服务”的方式向农业社会化服务供给主体购买相应类别的公共服务以满足土地规模经营农户的需求，全面提升和优化服务运行环境。同时，深化农村经营体制改革和土地制度改革，培育和壮大农村土地流转市场，实现转移劳动力市民化与土地适度规模经营协同和衔接，在提高服务质量的同时提高土地适度规模经营的效能。

三、合作经营型模式及效果

除上述两种模式之外，农业适度规模经营还有一种途径，那就是合作经营模式。该种模式体现的是劳动力要素通过在产前、产中和产后的联合所实现要素配置效率提高和优化。该模式主要是从横向维度，通过农业经营者的规模经济途径达到农业适度规模经营的目的，体现的是劳动力要素的优化配置。按照第三次农业普查数据显示，截至2016年末，在工商部门注册的农民合作社总数179万个，其中，农业普查登记的以农业生产经营或服务为主的农民合作社91万个。本书主要从农民专业合作社对农业经济增长的角度来论述合作经营型模式的实践效果。

（一）模型设计

为揭示合作经营型模式的实践效果，本书假定农业经济增长是农民专业合作社与随机误差项的函数。为此，引入如下模型：

$$AEG = f(FPC, \mu) \tag{4-11}$$

式（4－11）中，*AEG* 表示农业经济增长，*FPC* 表示农民专业合作社发展，μ 表示随机误差项。考虑到农业经济增长的影响因素很多，不可能穷尽，在式（4－11）的基础上进一步引入影响农业经济增长的一系列控制变量 CON，则式（4－11）可进一步转化为：

$$AEG = f(FPC, CON, \mu) \tag{4-12}$$

进一步地，对式（4－12）两边同时取全微分可得：

$$\mathrm{d}AEG = \frac{\partial f}{\partial FPC}\mathrm{d}FPC + \frac{\partial f}{\partial CON}\mathrm{d}CON \tag{4-13}$$

为了让模型更加简单明了，分别用 α_1^* 和 α_2^* 来表示农民专业合作社和相关控制变量对农业经济增长的边际影响 $\frac{\partial f}{\partial FPC}$ 与 $\frac{\partial f}{\partial CON}$，并添加截距项 α_0^*，则式

(4－13)可进一步改写为：

$$dAEG = \alpha_0^* + \alpha_1^* dFPC + \alpha_2^* dCON + \mu \quad (4-14)$$

由于差分项表示的仅是前后变量的差值，所以 *AEG*、*FPC* 与 *CON* 之间同样存在稳定关系。基于此，式（4－14）可进一步改写为：

$$AEG = \alpha_0 + \alpha_1 FPC + \alpha_2 CON + \mu \quad (4-15)$$

式（4－15）中，α_0 表示常数项，α_1 和 α_2 分别表示农民专业合作社和控制变量对农业经济增长的边际影响，为待估参数。且为了反映农民合作社与控制变量的交互作用，引入 *FPC* 与 *CON* 的交互项 $FPC \times CON$，则式（4－15）转化为：

$$AEG = \alpha_0 + \alpha_1 FPC + \alpha_2 CON + \alpha_3 FPC \times CON + \mu \quad (4-16)$$

一般而言，利用普通最小二乘法（OLS）估计出来的系数在满足古典线性回归模型的基本假设条件下，具有优良的线性无偏最小方差（BLUE）性质（高铁梅，2009）。但由于书中运用的是截面数据进行分析，容易产生异方差问题，使估计结果存在偏差。为此，综合运用 Breusch－Pagan－Godfrey（BPG）检验、Harvey 检验、Glejser 检验以及 White 检验对异方差性进行检验，并以此为基础运用加权最小二乘法对模型进行估计。以式（4－15）为例，对各检验方法的基本原理做出介绍。

首先，以 OLS 方法估计式（4－15），得到残差序列 $\hat{\mu}$。Breusch－Pagan－Godfrey（BPG）检验与 Harvey 检验的原理相同，其都是以 $\hat{\mu}^2$ 为因变量，建立一个包含原方程中所有解释变量的回归方程，如式（4－17）所示：

$$\hat{\mu}^2 = \varphi_0 + \varphi_1 FPC + \varphi_2 CON + \xi \quad (4-17)$$

Glejser 检验也与上述两个检验的原理相似，但在构建辅助方程时却存在不同，其是用原方程残差 $\hat{\mu}$ 的绝对值作为因变量，原方程的解释变量作为辅助方程的所有解释变量。具体如式（4－18）所示：

$$|\hat{\mu}| = \lambda_0 + \lambda_1 FPC + \lambda_2 CON + \phi \quad (4-18)$$

White 检验辅助方程的构建方法则与上述的各检验方法均不同，其是原方程解释变量和解释变量的平方和作为新的解释变量，也可以添加任意两个解释变量的交叉项。建立 White 异方差检验包含交叉项的辅助方程为：

$$\hat{\mu}^2 = \varpi_0 + \varpi_1 FPC + \varpi_2 CON + \varpi_3 FPC^2 + \varpi_4 CON^2 + \varpi_5 FPC \times CON + \varepsilon \quad (4-19)$$

（二）变量说明

1. 被解释变量

农业经济增长（AEG）。农业是国民经济的基础性产业，关系到国家的稳定、自立和社会安全。国家经常动员大量人力、物力大办农业，然而农业的迅速增长却是农业改革以后（林毅夫和沈明高，1991）。改革开放以来，中国农业经济保持了较高速的增长①。鉴于此，用农、林、牧、渔总产值来表示农业经济增长情况。

2. 核心解释变量

由于本书着重分析的是农民专业合作社及其联合经营对农业经济增长的影响并以此来说明合作性模式的实践效果。因此，选取农民专业合作社作为影响农业经济增长的核心解释变量。

农民专业合作社发展（FPC）。农民专业合作社承担的社会责任主要是促进当地农业生产发展，使农民生活富裕起来（赵佳荣，2010）。因此，促进合作社的成长发展具有重要的意义。而合作社数量的增加是合作社成长与发展的重要内容。用专业合作社数量②来表示农业合作社发展情况。

3. 控制变量

发达国家在工业化、城市化和信息化进程中都实现了农业现代化的同步推进。而农民专业合作社现阶段的发展特点是中国农业现代化发展道路和发展模式的具体体现（张晓山，2009）。影响农业经济增长的因素很多，不可能穷尽，本书主要基于“三化”同步的视角，探寻农民专业合作社及其联合经营对农业经济增长的影响。鉴于此，主要选取工业化、城市化、人力资本以及区位条件作为影响农业经济增长的控制变量。

（1）工业化（IND）。工业化演进的过程一般都伴随着科技进步水平的提速、产业结构的升级与优化、农村剩余劳动力转移加快等特征，加速传统农业向现代农业转化，必定对农业经济增长具有重要的促进作用。书中选取工业产值占 GDP 的比重来衡量工业化发展水平。

（2）城市化（CIT）。城市化作为社会经济地域空间的演化过程，其将加快

① 按照《中国统计年鉴》（2011），1978 年包括农、林、牧、渔总产值为 1397 亿元，到 2010 年上升至 69319.8 亿元，增长了 49.62 倍，年均增幅达 12.98%。

② 不包括各类专业技术协会。

农村人口要素的流动速度，有效提升劳动生产率以及农业效益水平，引发农业投资的增加。但传统方法对城镇化进行量化时一般采用城镇人口占总人口的比重来衡量，这种方法主要是建立在户籍制度的基础之上的，且有些城镇居民虽然居住于城镇，但他们并没有城镇户口。因此，采用户籍人口来测算城镇化水平的方法实际上是对城镇化水平的低估。鉴于此，参照陆铭和陈钊（2004）的方法用非农就业占总就业人数的比重来反映城镇化水平。

（3）人力资本（HUM）。人力资本作为农业经济增长的主要源泉，其对促进农业经济增长的作用不言而喻。用农村居民家庭平均受教育年限作为人力资本的代理变量。参照《中国农村统计年鉴》统计口径以及罗良文和阚大学（2012）的做法，将农村家庭劳动力划分为5个层次：文盲或半文盲、小学、初中、高中及中专、大专及以上。并依次将教育年限设定为2年、6年、9年、12年、16年。因此，农村居民家庭劳动力平均受教育年限=文盲或半文盲比重×2+小学文化程度比重×6+初中文化程度比重×9+高中文化程度比重×12+大专及以上文化程度人口比重×16。

（4）区位条件（DIS）。中国地域广阔，东部、中部和西部[①]无论是在自然地理条件还是社会发展方面都存在显著的差异，农业经济增长也不例外。鉴于此，引入区位条件（DIS），东部地区设置为1，中西部地区设置为0。

（三）数据来源

运用中国31个省、自治区、直辖市2009年截面数据分析合作型适度规模经营模式的实践效果。其中，FPC数据来自《重庆市人大机关2011年度优秀调研报告汇编》、农业部农业经济管理总站、有关省、自治区、直辖市农业部门网站；AEG、IND等数据均根据《中国统计年鉴》（2010）、国泰安CSMAR数据库等源数据计算；HUM根据《中国农村统计年鉴》（2010）源数据计算。各变量的描述性统计信息如表4-10所示。

（四）实证结果及分析

运用截面数据进行分析很容易出现异方差问题，书中首先综合运用Breusch-Pagan-Godfrey（BPG）检验、Harvey检验、Glejser检验以及White检验等对模

① 根据国发〔2000〕33号文件，东部地区包括北京、天津、河北、辽宁、上海、江苏、浙江、福建、山东、广东和海南；中部地区包括山西、吉林、黑龙江、安徽、江西、河南、湖北和湖南；西部地区包括重庆、四川、贵州、云南、西藏、陕西、甘肃、青海、宁夏、新疆、广西和内蒙古。

表 4-10　各变量描述性统计信息

类别	变量	均值	中位数	最大值	最小值	标准差
被解释变量	AEG	1136.4	1067.6	3226.6	63.88	845.68
核心解释变量	FPC	4457.4	2426	28252	280	5800.84
控制变量	IND	0.39	0.42	0.51	0.075	0.09
	CIT	61.33	57.19	94.88	38.73	14.25
	HUM	8.32	8.51	10.53	4.24	1.08
	DIS	0.35	0	1	0	0.49

型的异方差性检验。同时，为了避免变量间存在精确相关关系或者高度相关关系而产生的“多重共线性”而使模型失真的问题，书中首先构建核心变量 FPC 与 AEG 的回归模型，并在此基础上逐步引入 IND、CIT、HUM、DIS 等控制变量，以使结果更加信度。表 4-11 给出了各模型的回归结果。由 Breusch-Pagan-Godfrey（BPG）、Harvey、Glejser 以及 White 等异方差检验结果可知，模型（1）、模型（5）不能拒绝原假设，即不存在异方差，OLS 估计方法可靠；模型（2）至模型（4）拒绝原假设，即存在异方差，需要运用 WLS 对其估计。由模型（1）可知，FPC 对 AEG 的影响显著为正，说明农民合作社迅速发展，其再提高农民进入市场组织化程度、有效保护弱势小农户经济利益、提高农民收入、在加快农业产业化发展方面发挥了巨大的作用。同时，作为组织资源的农民专业合作社不断适应农业发展环境，积极参与农业产业结构合理化和专业化过程，使农业经济增长的目标和产业素质提升等目标在有效率的经济组织保障下得以实现（王勇，2010；张亿均，2012）。农民专业合作社的发展有效地促进了农业经济增长。这也说明在实践中，专业合作型模式的效果是显著的。但从实证结果可以看出，其边际影响效应较为微弱，有待进一步提高。模型（2）至模型（5）给出了添加控制变量 IND、CIT、HUM、DIS 等控制变量的估计结果。由于在其他方程中 FPC 对 AEG 的影响效应并未发生大幅度变化，对其就不再赘述。由模型（2）可知，IND 对 AEG 的影响效应显著为正，工业化发展是农业经济增长的重要保障。当工业化发展到相当程度后，具备了反哺农业的能力时，就需实施工业反哺农业的政策，带动农业现代化发展（谢杰，2012），从而促进农业经济增长；由模型（3）可知，CIT 与 AEG 间存在显著的负向效应，这说明传统依靠“三农”积累而发展起来的城市化模式的弊端日益显露，大量耕地被占用、

农村劳动力过度转移、农民被城市化、边缘化的现象时有发生，已经成为农业经济增长的“藩篱”；由模型（4）可知，HUM 与 AEG 间存在显著正向效应，农民人力资本积累对农业经济增长具有重要的影响。这与孙敬水和董亚娟（2006）的研究结论一致；由模型（5）可知，DIS 对 AEG 的影响显著为正，不同区位条件对农业经济增长存在显著差异。

表 4-11 合作型模式效果的估计结果

变量		模型				
		(1)	(2)	(3)	(4)	(5)
常数项		927.29*** (15.84)	-641.01*** (-4.12)	-18.94 (-0.111170)	-1241.82*** (-3.70)	-271.69 (-0.75)
FPC		0.04*** (2.93)	0.039*** (37.21)	0.036*** (23.64663)	0.029*** (16.74)	0.04*** (7.73)
IND			4093.58*** (10.92)	3425.15*** (7.26)	4074.16*** (11.9)	4000.73*** (6.05)
CIT				-5.50*** (-3.02)	-17.93*** (-10.99)	-31.98*** (-8.98)
HUM					212.5*** (5.88)	160.42*** (3.04)
DIS						796.66*** (9.54)
R^2		0.83	0.98	0.98	0.95	0.83
F		8.59	749.08	423.4	122.55	23.61
异方差检验	Breusch-Pagan-Godfrey	0.34	7.49	8.32	7.63	2.68
	Harvey	0.44	4.59	5.68	10.99	0.75
	Glejser	0.31	6.63	7.49	9.19	2.23
	White	1.62	17.74	20.08	21.71	15.80

注：以上数据根据 E-Views6.0 软件计算得到，其中（）表示 T 统计量，***、**、*分别表示在 1%、5%、10%显著性水平下显著（下同）。无标记的则表示不显著。模型（1）、模型（5）为 OLS 估计结果；模型(2)至模型(5)为 WLS 估计结果。模型(1)给出的是 FPC 与 AEG 的回归结果；模型(2)至模型(5)给出的是分别添加控制变量 IND、CIT、HUM、DIS 的回归结果。

进一步地，在实践中，专业合作型模式的实践效果的发挥受制于多重因素。为了揭示这其中的深层次原因，在接下来的部分引入 FPC 与各变量交互项 FPC × IND、FPC × CIT、FPC × HUM、FPC × DIS 并给出其估计结果如表 4 – 12 所示。由 Breusch – Pagan – Godfrey（BPG）、Harvey、Glejser 以及 White 等异方差检验结果可知，模型（6）至模型（8）拒绝原假设，存在异方差。模型（9）接受原假设，不存在异方差。由结果可知，FPC 的影响系数变得不稳健，这主要是因为引入交叉项后 FPC 对 AEG 的边际影响由上文的 α_1 变为 $\alpha_1 + \alpha_3 \times CON$。由模型（6）可知，交叉项 FPC × IND 对 AEG 的影响效应显著为负，这说明过低的工业化发展水平将“钳制”和影响合作经营模式的实践效果。当然，这也可能说明现阶段农民专业合作社大多停留于生产领域，加工、销售环节的合作经营有待进一步强化的客观事实；由模型（7）可知，FPC × CIT 对 AEG 的影响效应显著为负，这说明在城市化的快速推动下，大量农业劳动力从农业流向非农产业、从农村流向城市，在收入差距机制的诱使下，农民内部合作的意愿有所下降；由模型（8）可知，FPC × HUM 对 AEG 的影响显著为负，这主要是因为为了生存和发展，农民专业合作社对两类成员的需求必不可少，一类是善于农产品营销的运销户，另一类是经营管理人才，小农由于受教育程度低、生产及管理技能培训缺失，因此，人力资本积累不足。这也从另一个侧面说明；由模型（9）可知，FPC × DIS 对 AEG 的影响效应并不显著，这也说明区位条件并不会成为阻碍专业合作型农业适度规模经营模式影响效应的发挥。

（五）小结

本书基于中国大陆 31 个省份截面数据，从农业经济增长的角度论证了专业合作型适度规模经营模式的实践效果。结果显示：总体来说，合作经营模式的实践效果还是十分显著的，但效应较为微弱。从其与相关变量的交互项来看，工业化水平过低、城镇化快速推进、农民人力资本积累不足等因素都会制约合作经营型农业适度规模经营模式运行的实践效果。所以，在推进农业适度规模经营发展的过程中，应充分考虑区域发展中所具备的宏观环境条件因素；然后通过相应政策设计和配套措施，对合作经营型模式给予充分的关注和支持。切记在实践中形成“跟风效应”和盲目攀比。唯有如此，才能保障合作经营型的农业适度规模经营模式的实践效果和达到预期目标。

表 4－12　引入交叉项后的估计结果

变量		模型			
		(6)	(7)	(8)	(9)
常数项		985.29*** (97.17)	989.54*** (69.76)	989.67*** (81.27)	999.77*** (16.04)
FPC		0.07*** (48.44)	0.06*** (11.73)	0.07*** (18.27)	0.04** (2.61)
FPC × IND		－0.14*** (－53.57)			
FPC × CIT			－0.001*** (－6.585882)		
FPC × HUM				－0.007*** (－10.16697)	
FPC × DIS					－0.05* (－2.02)
R^2		0.99	0.88	0.95	0.30
F		2141.92	100.23	281.45	6.10
异方差检验	Breusch－Pagan－Godfrey	4.85	4.13	4.33	0.91
	Harvey	7.12	0.98	2.78	0.74
	Glejser	5.77	4.12	4.56	0.93
	White	10.29	9.003	9.63	3.22

注：模型（6）至模型（7）为 WLS 估计结果，模型（9）为 OLS 估计结果。***、**、*分别表示在1%、5%、10%显著水平下显著。

第四节　农业适度规模经营发展规律与趋势研判

在对实践中主要农业适度规模经营模式进行分类和评价其影响效应的基础上，在此部分，本书进一步对农业适度规模经营发展规律进行提炼和总结，并以此为基础对未来农业适度规模经营发展的基本趋势进行判断，并为顺应农业适度规模经营发展趋势进行金融创新和有效供给金融服务提供事实基础。

一、农业适度规模经营发展规律

一方面，进一步对土地集中型、合作经营型和社会化服务型模式进行提炼会发现，现有这三种典型模式可以进一步划分为要素配置型模式和价值链模式。其中，要素配置型模式涵盖土地集中型模式。价值链模式则包含合作经营型模式和社会化服务型模式。若从农业生产环节的角度来看，土地集中型模式仅仅局限于农业生产环节，体现的是农业生产函数中投入要素的重构，进而增进整体农业产出水平和提升农业生产效率。社会化服务型模式和合作经营模式之所以称为价值链模式，是因为这两种模式更符合前文中所提到的农业价值链创造活动的概念界定。而且更为重要的是，价值链模式与要素配置型模式根本不同，其可以横跨多个产业环节甚至全产业链环节，更符合农业产业的实质内涵。因而，就农业经营主体而言，以特色产业为依托，各个经营主体之间通过相互协作、相互配合，形成了“共生”的良性发展格局。以合作经营模式为例，农民专业合作社一般具有“熟人”社会组织特征，是一种社会资本和社会资源的集合体，这种社会资本和资源提供了农民合作社所必须的信任、规法和网络，而且这种网络还具有生产性，可以将微观层次两类社员的个体行为与中观层次的集体选择结合在一起，形成农民专业合作社治理公共事务的内源性基础（崔宝玉、陈强，2011）。

另一方面，也可以把社会化服务模式看成是一种依托农业价值链的模式。因为，农业社会化服务发展的一个关键是农业产业发展的成熟以及各类价值链的建立健全。在封闭小农经济或非完全市场条件下，农业生产经营格局小规模化、松散化，农业生产经营目标是单一的安全最大化，所有农业生产环节都可以由小农户独立完成，对于农业社会化服务需求程度和层次并不高。加之农业整体上仍呈现的是简单的传统农业特性，农业产业链和价值链发育不成熟，农业社会化服务供给的先决条件也不成熟。随着农业分工深化，小农家庭经营内嵌至社会化分工，其效率空间与农业生产经营边界被打破并沿着农业价值链向外部扩展，农业生产函数类型由传统土地要素单一表达形态向多元化、异质性的现代要素联合表达的复合形态演变。此时若仍由单一主体来承担农业产前、产中和产后诸环节势必会面临高昂的交易费用和制约农业劳动生产率、土地产出率。在这样的情形下，农业社会化服务的需求刚性不可逆转，而且也具备了服务供给的前提条件。

可以说，农业社会化服务和农业价值链之间是农业现代化发展内容的两个不同侧面，两者相互作用、协同提高。

综合来看，要素配置型模式和价值链主导型模式是农业适度规模经营一般属性的进一步凝练，两者共同构筑成农业适度规模经营的实质内涵与基本逻辑。因此，从实践层面来看，我们推进农业适度规模经营发展也应以此为指导，避免顾此失彼和由此产生的认知偏差，这也是为什么我国在战略层面提出发展多种农业适度规模经营的根本出发点和战略意图。当然，这也更是理性决策、实践操作的必须一以贯之的核心准则和根本立足点。

二、农业适度规模经营发展趋势研判

虽然发展多种形式适度规模经营构成我国推进农业适度规模经营的总体指导思想，但若从发展趋势来看，价值链主导型的农业适度规模经营模式是未来发展的主要趋势和发展方向，这是我国现实国情和“三农”发展所根植的资源禀赋所决定的。因为从目前实际情形来看，分散式、小农户的家庭经营模式在短期内彻底裂变、完全消失也是不现实的，资源禀赋条件、制度条件以及资源条件不允许。新时期我们推进农业适度规模经营也应立足于这一现实发展约束，在小农家庭经营框架约束下，探寻农业适度规模经营的中国特色式道路。在这样的制度框架下，我们仍旧可以从配置土地要素和配置劳动力要素两个层面进行实践操作。在土地要素配置层面，可以依托土地经营权流转将小农经营转化为经营专业大户或者家庭农场。但是，就我国发展现实而言，土地的稀缺性以及我国区域间土地资源禀赋的差异性，决定了依托土地经营权流转这一模式所实现的要素配置、农业适度规模经营模式很难持续和具有一般推广价值，也只适用于土地资源丰富、区位优势卓越地区。

不光如此，土地资源长久以来兼顾“社会保障属性”，在农村社会保障体系没有建立健全、农村劳动力转移不彻底以及市民化未完成的前提下，依靠这一模式推进适度规模经营存在较大的经营风险。更有甚者，若大范围推广这种模式，还可能产生一些社会不稳定因素。所以，在家庭经营的制度框架下，我国农业适度规模经营的推进仍应从“人”这个层面进行切入，从这个层面出发，可以发现劳动力配置也暗含两个层面的含义。从外部而言，依托城镇化强大的拉力机制，进而实现农村富余劳动力的转移。当前，我国在决策层面已经形成了“城镇化是经济增长引擎”的综合认知。在《国家新型城镇化规划》（2014～2020 年）

中，我国确定了常住人口城镇化率将在 2020 年达到 60% 左右约束指标。可以判断，未来城镇化的拉力将进一步增强。这也意味着从事农业的劳动力将达到更为合意的水平，甚至可能还会形成“萎缩”。

在农业内部以及产业链各个环节，新型农业经营主体和农户的协作互助、必然在农业产业内部和产业环节之间形成诸多“价值链”，价值链主导型模式是当前的最优模式选择，可以兼顾当前的制度框架约束和我国农业发展阶段特征。既然如此，又可以进一步将价值链模式划分为横向价值链模式和纵向价值链模式两种。

一方面，在横向价值链层面，分散经营农户可以以特色产业或者特色产品为纽带，立足家庭承包经营的制度框架，同质性农产品的生产者通过自愿联合、民主管理，在横向层面结成农民专业合作社，进而形成资源共享、互助提高的发展愿景。这种横向联合所体现的是分散农户联合所形成的合力效应，虽然适度规模经营形态在技术层面并没有显著变化，但是通过农业生产环节的协作确实提升了农业生产效率和产生了新的生产力，同时也在一定程度上实现了农业要素资源和农业生产工具的配置与效率提高，在价值链的横向维度，突破了农户家庭经营的既定边界，实现了农业生产环节的规模经营。当然，农业专业合作社的类型也是多样的，其关注的环节既可能是产前和产后的环节，也可以依托合作社，为社员提供生产资料购买、产品销售以及技术服务等综合性服务，有利于从农业内部和横向维度实现农业规模经济。

另一方面，纵向价值链层面，如果农业产前、产中和产后环节的农业专业化市场水平和发育程度较好、交易效率较高，农户同样可以在家庭经营基础上参与纵向分工，在农业产前、产中和产后等产业环节提供规划指导、生产资料购置、排水灌溉、病虫害防治、除草、收割、仓储、加工乃至销售等服务，以“公司+农户”“公司+合作社+农户”等纵向价值链形态形成利益连接体，同样可以在现行家庭经营的框架下实现农业的适度规模经营。并且现有学界、政界也一致认为，随着市场化改革深化与分工分业、家庭经营卷入分工活动，依靠社会化服务推动农业适度规模经营的经济发展客观要求基本转变为现实，农业价值链内部的规模经营活动就会向农业价值链外部和跨价值链环节拓展，尤其是社会化服务主导型农业适度规模经营形态可以使成员共享农业价值链环节的增值利润（Popescu，2013），弥补了大市场条件下家庭经营功能性缺陷（廖西元等，2011），解决了技术手段不足、风险抵抗能力差和交易费用过高等问题（Viaggi 等，2011；

Akudugu，2012），逐渐成为我国小农基础上农业适度规模经营新模式，引领着未来农业适度规模经营发展与演化方向。

综合来看，相比较土地要素配置型农业适度规模经营模式，价值链型农业适度规模经营模式显然在新时期更具发展前景、更具实践可操作性，符合我国农业经营体制框架的现实特征以及演化趋势。若对价值链型农业适度规模经营模式进行结构解析，纵向价值链型模式是未来发展的新方向，其对价值链的诠释更为准确、内涵注解最为完善、引领作用和协同效应也更为显著，随着财政支持体系健全、制度配套完善，纵向价值链型农业适度规模经营模式会大有所为、大有作为，利于形成“三农”发展新动能，激发农村“一二三”产业融合新发展，实现乡村振兴新突破，也会进一步拓展金融服务层次，为金融服务创新、构建基于产业金融视角的普惠金融体系提供了新契机、新思路。

第五章　农业金融服务需求调研与金融服务创新演进趋势

农业适度规模经营沿着价值链纵向发展，在兼容现行农业经营制度框架、实现小农户和农业现代化有效衔接的同时，也使金融服务需求特点、需求层次以及金融创新逻辑发生了深刻变化。基于对农业适度规模经营沿着价值链纵向演化趋势的综合认知，在接下来的部分，主要是从供给和需求两个层面，调研农业金融服务需求、评价现行农业金融服务创新范式，明确新时期金融服务创新演化趋势和农业金融适度规模经营演化趋势的衔接性、一致性和协同性。最后，将视角转至“金融端”，揭示农业适度规模经营和金融服务共生演化结果——农业价值链金融需求及其影响因素，从侧面揭示农业适度规模经营和金融服务共生演化所具备的环境条件、制约因素，明确新时期金融服务创新逻辑转变和实践操作的主要方向、立足点和突破口。

第一节　农业金融服务需求调研

一、调研样本总体情况及说明

农业适度规模经营类型多样、农户和新型农业经营主体共同构成农业适度规模经营主体。因而，在农业适度规模经营中，经营主体的金融服务需求也是多样的。随着现代农业生产体系、产业体系、经营体系的构建，新型农业经营主体的财务能力、资信水平以及金融服务可获能力都要高于农户。而且政府针对新型农业经营主体的“政策偏倚”导向、融资需求等在很大程度上发生了明显改观。所以，农业适度规模经营主体的融资需求能否有效满足关键就在于农户。金融服务供给也应继续秉承“普惠性”原则，将满足农户的金融服务需求作为创新的立足点。虽然，随着在实践中新型金融机构建立、互联网金融的发展，以农户为首的“长尾人群”的金融需求已经很大程度地得到了满足。如果从内涵实质的角度来看，关键点并不相同。

在既有金融供给逻辑下，农户融资需求虽得以有效缓解。但实际上，无论融资满足与否都是农户个体经营行为，并未上升至系统、全局和战略高度。在农业价值链上，农户和新型农业经营主体交互联系，情况已显著不同。农户金融服务需求能否得到满足将成为制约全局的“短板”，上升至全局、战略高度，关乎农业价值链能够健康、有效运行。为此，在进行金融服务需求调研时仍以农户为立足点。同时，基于便利性考虑，通过典型调研方式选取重庆市作为调研对象。在调研实施过程中，选取长寿区、江津区、璧山区、大足区、潼南县、万州区、奉节县、石柱县、酉阳县等23个区县进行实地调研，抽取样本农户210户。剔除关键信息不完整问卷，共获得有效问卷191份，样本有效率达90.1%。样本农户的基本情况如表5-1所示。从农民家庭土地情况来看，在调研区域内，重庆市农民家庭户均土地面积为17.07亩，户均地块数为6.38块，从中可以看出，重庆市土地细碎化程度还是比较突出的。这也直接反映出调研区域内，农业适度规模经营水平有待进一步提高。然而，在这些区域对农户开展金融服务需求调研，更利于从过程层面，刻画农户从事适度规模经营中的金融需求及其强度，利于找准问题关键点、发现新问题、新矛盾。

表5-1 重庆市调研农户基本情况

类别	指标	数值
农户家庭基本情况	平均年龄（岁）	47
	户均人口数（人）	4.52
	户均劳动人口数（人）	2.44
	户均外出务工人口数（人）	1.12
	受教育情况	
	初中及以下（%）	72

续表

类别	指标	数值
农户家庭基本情况	高中或中专（%）	22
	大专及以上（%）	6
农户家庭土地情况	户均土地数量（亩）	17.07
	户均地块数（块）	6.38
农户经济收入情况	2.5 万元以下（%）	70
	2.5 万 ~4 万元（%）	12.2
	4 万元以上（%）	17.8
农户农产处理方式	自留（%）	64.9
	集市出售（%）	36.1
	自企业或个人收购（%）	20.9
	合作社统一出售（%）	14.1
	自己加工再出售（%）	6.3

二、农业金融服务需求强度及比较

虽然调研结果显示农业适度规模经营水平较低，但农户金融服务需求如何呢？结果如图 5－1 所示。由图 5－1 可知，没有金融服务需求的农户占比仅为 18.3%，有金融服务需求的农户占比为 81.7%。从金融服务需求强度来看，在样本农户中，对于金融服务有强烈需求的占比为 46.1%，需求程度一般的占比为 35.6%，金融服务需求可略见一斑。可以说，在新时期农户对于金融服务的需求已经达到空前程度。如果无法得到相应的满足，势必会产生不良的影响，陷入低农业适度规模经营水平和金融服务需求刚性无法逆转的恶性循环。

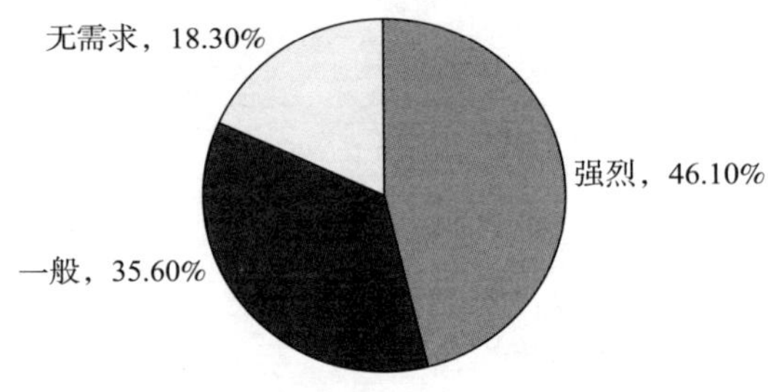

图 5－1　调研样本的金融服务需求

由于金融服务作为农业社会化服务的重要组成部分，有必要通过比较分析揭示金融服务和其他类型的社会化服务间的比较差异。为了进行比较，本书选取农资供应服务、农机服务、技术服务、加工销售服务和农业信息服务等农业生产经营中的典型农业社会化服务类型作为比较对象。具体见表5－2。由表5－2可以看出，在农业社会化服务体系构成中，农户对于技术服务的需求最为强烈，达到48.2%，对于农业生产资料供应服务需求程度次之，达到47.1%，仅次于农业技术服务。通过调查发现，农户认为目前农药、化肥、薄膜等生产资料的价格存在波动性，当价格上涨幅度较高时农户难以承受，再加上大多数农户鉴别农资质量的能力有限，因此，他们对于农资供应服务的需求也较为强烈。

紧接着，就是金融服务，达到46.10%。综合比较发现，农户对于这类农资供应服务、技术需求等社会化服务需求强烈程度虽然高于金融服务，但是三者之间的差异并不大。可以看出，农资供应服务、技术需求和金融服务已经位列农户社会化服务需求“前三甲”，金融服务已经是进行农业生产、从事农业适度规模经营必不可少的生产要素。进一步地，从金融服务需求强度和其他社会化服务需求的比较来看，金融服务的强烈程度要显著地高于农技服务、加工销售服务和农业信息服务等农业社会化服务类型。综合来看，可见在农业适度规模经营推进中金融服务需求的强烈程度和重要性。

表5－2　农户金融服务需求强度及比较　　单位：%

类别	强烈	一般	无需求	合计
农资供应服务	47.1	39.8	13.1	100
农机服务	41.4	41.4	17.3	100
技术服务	48.2	39.3	20.4	100
加工销售服务	40.3	39.3	20.4	100
农业信息服务	45.0	38.7	16.2	100
金融服务	46.1	35.6	18.3	100

从金融服务需求渠道来看，调研结果显示，重庆市农村金融机构均存在正规金融机构与非正规金融机构职能错位的现象，缺乏合适的为农户提供金融服务有效的金融机构，导致农村金融供给主体出现局部断层和空白。由于竞争不充分，农村金融服务功能不断地被弱化，农户难以得到优质的金融服务。由调研结果看

到，目前非正规金融是农户在农业适度规模经营过程中获取金融服务的主要渠道，由表5－3看到，从亲戚朋友处进行借贷仍是农户获取金融服务的主要渠道。在正规金融方面，农村信用合作社是主要渠道，占比达到19.8%。银行在提供金融服务方面的作用并未得到有效发挥和起到关键作用，只有5.2%的农户能从银行借到相应款项。进一步地，从获取的金融服务特点来看，农户所能贷款的金额有限、“融资少”的问题比较突出。高达45.6%的农户认为，金融机构所提供贷款不满足其农业生产经营的融资需求。只有4.4%的农户认为，金融机构所提供贷款能够完全满足其从事农业生产和农业适度规模经营的融资需求。在谈及为什么向金融机构贷款积极性不高的问题时，24.6%的农户认为手续太麻烦，在主营农村金融业务的信用社获得贷款后，需要一定时间才能得到资金。繁杂的贷款审批手续影响农户贷款的积极性，这也说明金融机构服务方式有待进一步改进。简化工作流程、审批手续、提升服务效率，是新时期金融机构进行金融产品创新中需要亟待改进与优化的地方。同时，在对样本农户调研中也发现，金融机构所推出的金融产品一般都有严格规定的抵押品和担保人制度等，根据农业的产业化新特点、农业适度规模经营新形势供给“纯信用类”金融产品就显得极为迫切。综合来看，在农业适度规模经营发展过程中，农户金融服务需求强烈，但是渠道过于单一和狭窄，正规金融机构支农作用有待进一步增强，应根据新时期、新变化，进行针对农业价值链、供应链和产业链类的金融产品和服务方式创新，更好地满足农户同新型农业经营主体协作、参与农业价值链和从事适度规模经营的金融服务需求。

表5－3　农户获取金融服务渠道

类别	渠道	占比（%）
金融服务渠道	亲戚朋友	55.1
	民间借贷	7.3
	农村信用社	19.8
	银行	5.2
	其他	12.6

第二节 农业金融服务的创新范式及评价

农户金融服务需求调研结果，尤其是农户金融服务获取渠道的调研结果反映的核心问题事实上就是当前我国农业金融服务有效供给不足的核心实质问题。在顶层设计层面，化解农户融资难、融资贵问题一直是涉农金融机构金融创新的热点和政策关注焦点。根据中国银行保险监督委员会统计数据显示，截至 2017 年 12 月末，全国涉农贷款余额达到 30.95 万亿元，比年初增长 3.08 万亿元，同比增长 9.64%。其中，农户贷款余额 8.11 万亿元，比年初增长 1.04 万亿元，同比增长达到 14.41%；农村企业及各类组织贷款余额 17.03 万亿元，比年初增长 1.51 万亿元，同比增长 6.97%；城市涉农贷款余额 5.81 万亿元，比年初增长 0.54 万亿元，同比增长 11.30%。

但为什么农户需求依然无法满足呢？获取渠道仍以“亲戚朋友”占主导呢？这可能已经说明现行金融服务创新范式与农村体制改革方向形成了制度性背离，并未进行动态调整。为此，在接下来的部分，立足供给层面，对现行农村金融服务创新范式进行梳理和评价，揭示不同范式的比较优势及其面临的实际困境，在比较中明确新时期农业金融服务创新的范式选择，以增强金融服务供给的有效性。在化解农户融资难困境的同时，提升金融服务供给效率。若对我国农业金融服务创新范式进行归纳，基本上可以划分为新型金融机构创新范式、农地金融创新范式以及价值链金融创新范式等类型。

一、新型金融机构创新范式及评价

2006 年底，为解决农村地区“金融空白”，我国启动了新型金融机构试验和推广工作。在中国银监会颁发的《关于调整放宽农村地区银行业金融机构准入政策 更好支持社会主义新农村建设的若干意见》中，明确了按照有关规定设立村镇银行、贷款公司和资金互助社等新型金融机构的决策决定，鼓励小贷公司、村镇银行和资金互助社等新型金融机构向农村开展业务。新型金融机构专门为农户提供融资服务，并在放开准入资本范围、调低注册资本、调整投资人资格等方面明确了准入政策调整的具体内容。如在最为关键的注册资本方面，该意见规定，在乡（镇）设立的村镇银行，注册资本不得低于人民币100万元；在乡（镇）新设立的信用合作组织，注册资本不得低于人民币30万元；在行政村新设立的信用合作组织，其注册资本不得低于人民币10万元；商业银行和农村合作银行设立的专营贷款业务的全资子公司，其注册资本不得低于人民币50万元。可以说，该监管意见为丰富农村金融体系带来了极大的政策红利、有效地改善了制度条件。同时，为了调动民间资本进入银行业的积极性，我国银监会在2012年继续出台了《关于鼓励和引导民间资本进入银行业的实施意见》中继续将村镇银行主发起行最低持股比例由20%降低为15%，进一步放宽了“准入门槛”和释放了制度红利。

纵览改革目的，新型金融机构改革的本质是试图通过完善丰富农村金融机构、“补位”因大型涉农机构撤出引起的金融空缺，旨在用小额信贷方式解决农业融资问题和化解金融“嫌贫爱富”的本性。改革实施后，村镇银行、小贷公司和农村资金互助社获得了飞快发展并取得了一定成就。由表5-4可知，在村镇银行方面，截至2017年末，村镇银行已经达1459家，其中，东部地区581家，占比40%；中部地区465家，占比32%；西部地区413家，占比28%。从中可以看出，东部地区仍是村镇银行聚集最多区域，与经济发展阶段“亦步亦趋”。但差距并不悬殊、空间分布比较均衡。在具体设立过程中，我国监管制度明确规定，村镇银行一般通过发起方式设立，且应有一家以上境内银行业金融机构作为发起人。因此，从结构层面来看，我国村镇银行“派系”日渐清晰、特色逐步彰显，逐步构筑起“浦发系”“九银系”“沪商系”“太行系”“尧都系”和“融兴系”等为代表的村镇银行体系。鉴于村镇银行“近距离支农”的网络优势，支农、支小的发展定位，深耕“三农”的业务特点和产品特色，村镇银行发展对农村贷款难问题有缓解作用，在农业金融服务领域发挥了重要引领作用。但村镇银行也存在诸多不足，作为银行业金融机构的村镇银行在利益驱使下会逐渐偏离服务“三农”目标定位，加上成立时间短、社会认知度低、信贷资金不足等问题，村镇银行的发展受到诸多限制和制约（万宣辰，2017）。这种发展困境也在一定程度上使政府主导的新型金融机构改革以及创新范式在目标预期实现方面面临诸多不确定性。在适度规模经营背景下，新型金融机构如何大有作为，为农业适度规模经营注入强有力金融支持就需要在后续中予以继续关注。

表5-4　我国村镇银行个数及分布区域

区域	分布地点	个数
东部地区	北京	11
	天津	13
	河北	72
	辽宁	69
	上海	13
	江苏	77
	浙江	74
	福建	51
	山东	127
	广东	56
	海南	18
	小计	581
中部地区	山西	65
	吉林	59
	黑龙江	24
	安徽	67
	江西	64
	河南	76
	湖北	71
	湖南	39
	小计	465
西部地区	内蒙古	72
	广西	39
	重庆	37
	四川	55
	贵州	54
	云南	61
	西藏	1
	陕西	28
	甘肃	21
	青海	3

续表

区域	分布地点	个数
西部地区	宁夏	17
	新疆	25
	小计	413
总计	1459	

注：根据村银网公布银行名录，手动统计。

除村镇银行之外，还有新型金融机构中的小额贷款公司也为“三农”融资提供了可供选择的渠道。小额信贷公司是小微金融机构的主要代表，其设立的目的和初衷是引导民间资本支持“三农”和中小企业发展，其服务对象主要是小微企业、城镇个体商户和富裕农户等被排斥于正规金融之外的客户，且其机构建设数量和贷款余额的增速都远超过村镇银行、贷款公司和农村资金互助社等新型金融机构（王擎、田娇，2014）。由表5－5可知，从机构数量来看，2010年我国小额贷款公司为2614家，到2016年增长至8673家，年均增速为22.12%；从业人员在2010年为27884人，到2016年增长至108881人，年均增速为25.48%；实收资本在2010年为1780.93亿元，到2016年增长至8233.9亿元，年均增速达到29.07%；贷款余额在2010年为1975.05亿元，到2016年增长至9272.8亿元，年均增速为29.4%。可以说，小额贷款公司主导的小微金融自诞生以来一直就被寄予厚望，被包括中国在内的发展中国家奉为低收入群体脱贫致富的有效手段和希望（何光辉、杨咸月，2011），是同“在贫穷斗争中越来越重要的工具”（Karnani，2007），有效消除贫困和促进农业生产发展（Putzeys，2002；Swain和Sanh等，2008）。但在实践发展中，受经营成本和管理成本影响，小额信贷公司逐步出现了所谓的“使命偏离”问题，过高的贷款利率致使小额贷款公司在发展中逐步背离其成立初衷，客户空间狭窄、违规风险加大，沦为“过桥性”需求的工具。尤其是自“现金贷”事件发生后，央行和银监会联合下发《关于规范整顿“现金贷”业务的通知》中已经明确提出了暂停小额贷款公司审批事宜，由此给小额贷款公司的发展带来了一定影响。长此以往，存在的隐患会更多，给“三农”发展造成不良的影响还会持续。为此，应重塑定位、回归初衷，调整小微金融服务方向，将服务重点向农业发展和现代农业建设、农民人力资本提高等方向倾斜，让利小微经济实体和“三农”发展。但小微金融

服务满足的仍是农户个体性、零散性、小额性、间歇性的金融服务需求，立足的仍是家庭分散经营的制度框架。在经营制度转型、转轨，经营体系重构、融合的催促下，小额信贷公司能否彻底缓解“三农”融资难、融资贵问题，为农业适度规模经营提供产业性、系统性、大额性和持续性的金融服务仍有待时间检验。

表 5－5　我国小额贷款公司的基本情况

年份＼类别	机构数（家）	从业人员（人）	实收资本（亿元）	贷款余额（亿元）
2010	2614	27884	1780.93	1975.05
2011	4282	47088	3318.66	3914.74
2012	6080	70343	5146.97	5921.38
2013	7839	95136	7113.39	8191.27
2014	8394	102405	7857.27	8811.00
2015	8910	117244	8459.20	9411.51
2016	8673	108881	8233.90	9272.80

除此之外，在农村资金互助社方面，2007 年我国银监会印发的《农村资金互助社示范章程》将资金互助组织界定为“社区性银行业金融机构”，可以办理社员存款、贷款和结算业务；买卖政府债券和金融债券；办理同业存放；办理代理业务；向其他银行业金融机构融入资金等主要金融业务。并确定在四川、青海、甘肃、内蒙古、吉林、湖北 6 省份的农村地区开展试点。由表 5－6 可知，农村资金互助社也迎来新的发展契机。按照我国银监会公布数据情况，截至 2018 年 3 月，我国仅有 48 家农村资金互助社获得金融许可牌照。从审批时间来看，基于上处于 2007～2012 年，而且在 2012 年仅有两家农村资金互助社获得金融从业牌照。2012～2018 年，银监会并未审批其他农村资金互助合作社。从地域分布来看，在我国农村资金互助社的发展也并未出现遍地开花、全面铺开的“繁荣”景象。仍集聚于少数省份和区域，影响作用、辐射强度和支撑效应还是十分有限。之所以会出现这样的情况，主要和严格的监管制度、门槛准入条件有一定的关联。在监管层面，对于农村资金互助社的监管政策有过多的路径依赖特征，

在高管任职、经营场所和业务规则等方面都参考商业银行的监管标准设立，这对于农村资金互助社的发展有较大限制。在实践发展中，在旺盛的资金需求刺激下，农村资金互助社经营也呈现出强烈营利性倾向，为了增加可待资金不惜高息揽储，有出现异化的风险（董晓林、徐虹和易俊，2012），在一定程度上背离设立的基本初衷、发展定位，对于农业适度规模经营的推动作用有待进一步观察，无法真正帮助农业适度规模经营主体降低成本、提高效率以及顺应农业适度规模经营模式在价值链上的演化方向。

表5-6　我国农村资金互助社发展情况

地点	机构名称	批准成立日期	地点	机构名称	批准成立日期
甘肃	景泰县龙湾村石林农村资金互助社	2007-03-20	广西	田东县思林镇竹海农村资金互助社	2009-12-25
	岷县洮珠村岷鑫农村资金互助社	2007-03-20		田东县祥周镇鸿祥农村资金互助社	2009-03-26
	宕昌县计子川农村资金互助社	2010-09-29		荔浦县修仁镇永铖农村资金互助社	2009-12-30
	庆阳市西峰区彭原镇泰信农村资金互助社	2010-09-25	内蒙古	通辽市辽河镇融达农村资金互助社	2007-05-09
海南	海口市甲子镇龙谭农村资金互助社	2010-06-29		锡林浩特市白音锡勒农牧场诚信农村资金互助社	2007-05-18
	万宁市和乐镇和港农村资金互助社	2010-06-28	青海	海东市乐都区雨润镇兴乐农村资金互助社	2007-03-02
	三亚市崖城镇众树农村资金互助社	2010-06-25		称多县清水河镇富民农村资金互助社	2007-08-16
河北	晋州市周家庄农村资金互助社	2008-09-16	山东	沂水县姚店子镇聚福源农村资金互助社	2008-03-12
河南	安阳县柏庄镇四方农村资金互助社	2010-04-21		诸城市相州镇泰丰农村资金互助社	2010-01-29
	安阳县黄口村惠民农村资金互助社	2009-12-29	山西	浑源县永安镇恒源鑫农村资金互助社	2011-04-07
	民权县城关镇聚鑫农村资金互助社	2011-09-14		汾西县勍香镇众鑫农村资金互助社	2010-09-10

续表

地点	机构名称	批准成立日期	地点	机构名称	批准成立日期
黑龙江	林甸县宏伟乡誉兴农村资金互助社	2010－11－08	山西	兴县蔚汾镇全民农村资金互助社	2011－10－26
	肇州县二井镇兴隆农村资金互助社	2011－07－01		五台县东冶镇源通农村资金互助社	2012－03－27
	桦南县桦南镇鸿源农村资金互助社	2009－09－14		万荣县高村乡惠民农村资金互助社	2010－12－23
	宁安市宁安镇隆泰农村资金互助社	2010－05－18		稷山县稷峰镇益民农村资金互助社	2012－05－23
	讷河市新农合农村资金互助社	2012－05－15	四川	苍溪县益民农村资金互助社	2007－07－02
	绥棱县四海店镇海鑫农村资金互助社	2010－03－19	新疆	昌吉市榆树沟镇民心农村资金互助社	2011－03－09
吉林	梨树县十家堡镇盛源农村资金互助社	2010－07－29	浙江	德清县乾元镇德农农村资金互助社	2010－03－19
	梨树县小城子镇利信农村资金互助社	2010－07－29		平湖市当湖街道新当湖农村资金互助社	2011－03－25
	梨树县小宽镇普惠农村资金互助社	2010－07－29		缙云县五云镇欣禾农村资金互助社	2010－02－01
	梨树县闫家村百信农村资金互助社	2007－03－02		临海市涌泉镇涌泉农村资金互助社	2009－11－13
重庆	重庆市江津区白沙镇明星农村资金互助社	2010－12－30		温岭市箬横镇玉麟农村资金互助社	2010－02－09
	重庆市黔江区城东诚信农村资金互助社	2010－10－20		瑞安市马屿镇汇民农村资金互助社	2011－02－21
安徽	太湖县小池镇银燕农村资金互助社	2010－07－12		建德市大同镇桑盈农村资金互助社	2010－12－31

注：数据来自中国银监会。

综合来看，在新型金融机构创新范式的本质上实际是基于当前我国农村金融体系不足的现实，试图通过制度准入放宽、政策引领金融机构“下沉”，在供给层面丰富我国农村金融体系和为“三农”发展提供金融服务支持。但有一点需要注意的是，新型农业金融机构主要是为农户提供小微金融服务，虽然现实中小农融资与农业融资相互交织，但问题关键点并不同（刘西川和陈恩江，2013）。小农户融资难的根源是信息不对称和缺乏必要的抵押品。农业融资难则是源于农业生产的自然风险和市场风险（Hoff、Braverman 和 Stiglitz，1993；Berger 和 Udell，1999；Enjolras 和 Kast，2012）。所以，新型金融机构创新范式下解决的仍是农户融资难的问题。如果从贷款用途来看，农户从新型金融机构借贷的主要目的一般与住房、消费以及教育等“消费场景”密切相关。因此，农户通过新型金融机构获取到相应金融服务后能否将其投入到农业生产和产业发展中去仍是无法监控的，进而道德风险问题突出。而且从新型金融机构自身的角度来说，其自身资金规模也较小，无法适应构建现代农业生产体系、产业体系和经营体系建设中对于资金需求的新特点、新方向，尤其是无法满足新型农业经营主体的融资需求，更无法触碰到农业现代化融资有关风险和交易成本问题，因此，扩大了融资缺口。在实践发展中，随着新型金融机构数量的增加，普遍出现了“使命漂移”的问题，农业经营主体的融资需求仍然比较迫切。在新时期，新型金融机构应该秉承初始发展定位，顺应农业产业发展新趋势，开发适应农业适度规模经营价值链演化新趋势的新服务、新产品，切实发挥其支农优势，为推动我国农业经营体制改革、激发农业适度规模经营引领效应提供有效金融服务支撑。

二、农地金融创新范式及评价

自 2014 年中央“一号文件”首次提出农民土地承包经营权可抵押担保后，许多地区纷纷展开农地经营权抵押的探索活动。在政策层面，《国务院关于开展农村承包土地的经营权和农民住房财产权抵押贷款试点的指导意见》《全国人大常委会关于授权国务院在北京市大兴区等 232 个试点县（市、区）、天津市蓟县等 59 个试点县（市、区）行政区域分别暂时调整实施有关法律规定的决定》以及《农村承包土地的经营权抵押贷款试点暂行办法》等为土地承包经营权抵押融资提供了强有力的政策支撑和制度保障。许多地区纷纷开展了试点工作，为农户打开了通往正式金融机构的大门（郭忠兴等，2014；曹瓅和罗剑朝，2015），试点名单如表 5 - 7 所示。由表可知，试点名单涉及省份、范围广泛，产生的影响可想而知。从某种意义上来说，土地经营权抵押融资解决了抵押和担保机制缺失的农业融资核心问题（Nagy，2015；Mosser 等，2015），有利于将土地存量转变为融资能力，显著提升农业规模生产能力、土地资源利用率和改善新型农业经营主体融资环境（王利民，2015；林乐芬、王步天，2015）。以重庆为例，截至2015年3月末，全市已累计实现农村产权抵押融资713.6亿元，同比增长32.2%（余额308亿元），其中发放农地贷款120.5亿元，占比16.9%；农房贷款137.6亿元，占比19.3%；林权贷款228.2亿元，占比32.0%；其他创新贷款148.8亿元，占比20.9%；农户小额贷款78.6亿元，占比11.0%。农村产权不良贷款2.04亿元，不良率为0.66%，狭义三权不良贷款0.35亿元，不良率0.15%，有效盘活了农村沉睡资产、有力地推动了农村地区经济发展。随着"三权分置"改革的纵深推进，必将赋予农业经营主体更多权能属性、推动农业适度规模经营发展。

但随着改革推进，实践试点工作存在走向"异化"和迈向"综合"之嫌，也受到学者质疑。如杨继瑞（2010）认为，在社会保障体系没有健全的情况下，将土地承包经营权用来抵押融资存在巨大社会风险。更有甚者，学者王德福（2015）指出其是农业经营主体融资的既不充分也不必要条件。由于缺乏相应的法律依据、不具备折价、拍卖和变卖的"财产"条件，其也不能从全局层面解决农业现代化融资难问题（李宏伟，2015；张龙耀、王梦珺等，2015）。所以，在现行制度框架下，农地金融创新不应"就土地论土地"，土地经营权唯有与现有农村产权、"三农"增信方式和产品进行组合、协同创新，秉承普惠理念和保护农民权益的基本原则，唯有在主体互动中探寻其与农业适度规模经营协同路径，才能适应多种适度规模经营需要和达到"三权分置"改革目标预期。

表5-7 我国农村承包土地的经营权抵押贷款试点县（市、区）名单

省份	试点县（市、区）
北京市	大兴区、平谷区
天津市	宝坻区、武清区
河北省	玉田县、邱县、张北县、平乡县、威县、饶阳县
山西省	运城市盐湖区、新绛县、潞城市、太谷县、定襄县、曲沃县
内蒙古自治区	呼伦贝尔市阿荣旗、兴安盟扎赉特旗、开鲁县、锡林郭勒盟镶黄旗、鄂尔多斯市达拉特旗、巴彦淖尔市临河区、赤峰市克什克腾旗、包头市土默特右旗
辽宁省	海城市、东港市、辽阳县、盘山县、昌图县、瓦房店市、沈阳市于洪区
吉林省	榆树市、农安县、永吉县、敦化市、梨树县、柳河县、洮南市、东辽县、前郭县、抚松县、梅河口市、公主岭市、珲春市、龙井市、延吉市

续表

省份	试点县（市、区）
黑龙江省	克山县、方正县、讷河市、延寿县、五常市、哈尔滨市呼兰区、桦川县、克东县、富锦市、汤原县、兰西县、庆安县、密山市、绥滨县、宝清县
江苏省	东海县、泗洪县、沛县、金湖县、泰州市姜堰区、太仓市、如皋市、东台市、无锡市惠山区、南京市高淳区
浙江省	龙泉市、长兴县、海盐县、慈溪市、温岭市、衢州市衢江区、缙云县、嵊州市、嘉善县、德清县
安徽省	宿州市埇桥区、金寨县、铜陵县、庐江县、阜阳市颍泉区、黄山市黄山区、定远县、涡阳县、宿松县、凤台县
福建省	漳浦县、建瓯市、沙县、仙游县、福清市、武平县、永春县、屏南县、邵武市、古田县
江西省	安义县、乐平市、铜鼓县、修水县、金溪县、新干县、信丰县、吉安县、贵溪市、赣县
山东省	东营市河口区、青州市、平度市、沂南县、武城县、枣庄市台儿庄区、沂源县、寿光市、莘县、乐陵市
河南省	长垣县、安阳县、宝丰县、邓州市、济源市、长葛市、遂平县、固始县、浚县
湖北省	钟祥市、武汉市黄陂区、宜昌市夷陵区、鄂州市梁子湖区、随县、南漳县、大冶市、公安县、武穴市、云梦县
湖南省	汉寿县、岳阳县、新田县、桃江县、洞口县、沅陵县、慈利县、双峰县
广东省	蕉岭县、阳山县、德庆县、郁南县、廉江市、罗定市、英德市
广西壮族自治区	田阳县、田东县、玉林市玉州区、来宾市象州县、南宁市武鸣区、东兴市、北流市、兴业县
海南省	东方市、屯昌县、文昌市
重庆市	永川区、梁平县、潼南区、荣昌区、忠县、铜梁区、南川区、巴南区、武隆县、秀山县
四川省	成都市温江区、崇州市、眉山市彭山区、内江市市中区、蓬溪县、西充县、巴中市巴州区、武胜县、井研县、苍溪县
贵州省	德江县、水城县、湄潭县、兴仁县、盘县、普定县、安龙县、开阳县、六盘水市六枝特区
云南省	开远市、砚山县、剑川县、鲁甸县、景谷县、富民县
西藏自治区	曲水县、米林县
陕西省	杨陵区、平利县、西安市高陵区、富平县、千阳县、南郑县、宜川县、铜川市耀州区
甘肃省	西和县、金昌市金川区、武威市凉州区、陇西县、临夏县、金塔县
青海省	大通县、互助县、门源县、海晏县、海东市乐都区

续表

省份	试点县（市、区）
宁夏回族自治区	平罗县、中卫市沙坡头区、同心县、永宁县、贺兰县
新疆维吾尔自治区	呼图壁县、沙湾县、博乐市、阿克苏市、克拉玛依市克拉玛依区

三、农业价值链金融创新范式及评价

除了新型金融机构创新范式、农地金融创新范式之外，为化解农业融资难问题，还有一种金融创新范式——农业价值链金融创新。相比较传统的“点对点”模式，农业价值链金融创新是对农业价值链进行整体授信，通过利用价值链不同环节、不同主体间的物流、信息流等交易信息，通过“信用增级”机制，化解了价值链交易中“长尾”的信息不对称问题，有效地化解了金融服务供给中所面临的逆向选择和道德风险问题，满足了价值链参与主体的多样化的金融服务需求，为农业金融服务创新指引了新方向。同时，在价值链金融创新范式下，金融服务的供给主体既可以是正规金融机构，也可以是处于价值链核心环节的新型农业经营主体。从国外发展前车经验来看，价值链金融模式也先后经历了银行主导的金融机构向产业渗透、核心企业登上价值链核心舞台等两个发展阶段。其中，在前一发展阶段中，价值链参与主体更加依赖渗透进来的商业银行；在后一发展阶段中，随着核心企业在价值链上的核心实力上升而最终确立，相比较商业银行，核心企业对于上下游价值链的整合能力较强，在信用审查和业务信息等方面有比较优势、引领能力，在价值链金融供给的地位日渐突出。可以看出，价值链金融实现了供给主体的多样化、多层次性，全面提升了农业金融服务的可获性。同时，从资金用途来看，同前两类金融创新范式不同的是，农户获取的价值链金融服务与农业生产、产业发展和农业增值直接相关，与传统意义上的农户小额信贷服务也是不同的。该模式不但强化了农户、新型农业经营主体和金融机构的有机联系（KIT 和 IIRR，2010；张庆亮，2014），而且化解了信息不对称、交易成本高和共享价值链平均利润的问题，指引了融资模式创新的方向（Pearce，2003；洪银兴等，2009；张庆亮，2014）。可以看出，农业价值链金融创新范式相比上述两种范式无疑具有显著比较优势。

那么其产生效果如何呢？本书以江苏连云港所探索的农业价值链金融模式的典型模式——“县乡政府 + 龙头企业 + 金融机构 + 担保公司 + 农户”的“五方联动”支农模式为例，对农业价值链金融创新所产生的实际效果进行分析。农业价值链参与主体及主要职责如表 5 – 8 所示。从中可以看出，在这一农业价值链上，政府、农业龙头企业（农民专业合作社）、担保公司、金融机构和农户等主要参与主体有效地实现了信息沟通和互动，提高了金融机构向农户供给金融服务的积极性。根据统计数据显示，自 2008 年 5 月试点以来，连云港市金融机构以“五方联动”模式共发放贷款 4479 万元，累计支持 1815 户农户发展养鸡、鲜切花等特色养殖和种植业，支持农民年均增收近 2000 万元，平均每户增收 4 万元①。

对该模式进行条分缕析，我们会发现，“五方联动”模式本质上借助的仍是“农户联保”贷款模式。在本质上与小额信贷的运作模式是一致的。没有顺应农业适度规模经营模式沿着价值链纵向演化的大趋势、大逻辑，更没有体现农业价值链上的参与主体，如龙头企业、农民专业合作社等新型农业经营主体与农户的互动作用、相互联系，未充分利用价值链上隐匿的“信用增级”信息。新型农业经营主体的引领作用、带动效应并未充分发挥。新时期充分调动龙头企业、农民专业合作社、专业大户等新型农业经营主体在农业价值链金融服务供给中的作用是新时期农业价值链金融创新的主要发力点。在后面的模式将对其进行细致分析。

表 5 – 8　江苏连云港农业价值链金融运作案例

价值链主体	主要职责
政府	①负责协调各方利益关系；②向中央财政申请支农整合优化试点专项资金，按每户 5000 元的标准为当年加入规模化种植、养殖农户提供补贴；③组织成立农村土地合作社，推进养殖和种植土地的流转；④委托村委会种植养殖农户进行初步筛选和向金融机构推荐；⑤协调担保机构为农户提供贷款申请和降低担保费率
农业龙头企业或农民专业合作社	①对有意愿参与种植、养殖农户进行二次筛选；②帮助农户建立生产设施、提供种苗和进行技术支持和指导、负责产品销售；③在销售款中分期分批次归还贷款。若农户中途退出，龙头企业将农户缴纳保证金用于偿还贷款

① 数据来自《中国农村金融服务报告（2010）》［M］．北京：中国金融出版社，2010.

续表

价值链主体	主要职责
担保公司	①在政府协调下，担保公司以较低费率为农户提供担保；②农户以联保方式提供反担保
金融机构	①金融机构按照1:5的担保比例为农户提供贷款；②提供相对优惠的贷款利率，简化审批流程，将贷款划到龙头企业账户，由龙头企业在农户销售款中代为归还贷款
农户	①农户按年缴纳流转土地租金，支付设施建设款和保证金；②负责种植、养殖生产，并将产品按标准返销给龙头企业，从中取得稳定净收益，并按期偿还金融机构贷款

第三节 农业金融服务演进趋势及其影响因素

一、农业价值链金融：金融服务创新演进新趋势

若对新型金融机构创新范式、农地金融创新范式以及农业价值链金融创新范式进一步归纳，可以进一步提炼为政府主导的“自上而下”范式和金融机构主导的“自下而上”范式两大类。其中，新型金融机构创新范式和农地金融创新范式就属于前者。农业价值链金融创新范式属于后者。政府主导型的“自上而下”型范式是运用政府配置资源力量，力争在供给层面打破各类约束“瓶颈”，在封闭小农或非完全市场条件下是比较有效率的。因为，在封闭小农经济或非完全市场条件下，农业生产经营格局小规模化、松散化，农业生产经营目标是单一的安全最大化，金融服务供给是通过政府部门宏观产业政策引导下形成的金融中介组织同小农户之间达成的金融中介组织独占双重剩余利润、满足小农户暂时性、同质性服务需求，但农业整体服务需求则是刚性无法逆转的“偏利”共生行为。

随着适度规模经营发展、农业经营体系的构建以及农业经营主体内部的“裂变”，农业产业链条不断拓展、内生协同性增强，“公司+农户”“公司+合作社+农户”“农超对接”等利益联结和价值链形态不断涌现，在成为推进农业现代化具体实践途径的同时，也使农户与新型经营主体的融资额度增大、期限延长且通过“价值链”相互交织、相互牵制，单一经营主体或单一产业环节的融资问题将直接钳制整个农业产业，影响农业价值链有效运行。政府主导“自上而下”型模式显然无法适应新形势下的新要求，无法改变金融机构支农积极性疲软的特征事实，更无法兼顾金融机构的“企业本质”与农业产业的基础性、公益性内核。从某种意义上来说，传统的“金融排斥”顽疾并未从根本上消除。

因此，农业价值链金融创新所代表的“自下而上”型范式势必会成为农业金融服务创新的方向。因为，在市场化条件下农业生产经营格局演变为多元化经营主体并存且紧密相连的适度规模化，农业生产目标是收入最大化与产量最大化的协同与兼顾，金融服务供给行为均衡是通过价值链纽带引领、参与主体多方博弈、创造农业增值价值、分享合作剩余所形成的互惠互利的共生新稳态、新均衡。

一方面，当小农家庭经营内嵌至社会化分工，其效率空间与农业生产经营边界被打破并沿着农业价值链向外部扩展，农业生产函数类型由传统土地要素单一表达形态向多元化、异质性的现代要素联合表达的复合形态演变，农户、新型农业生产经营主体与金融服务供给主体存在通过协作来削减交易成本和实现利益共赢的可能性与动机，金融服务供给主体基于不对称信息独占垄断利润的稳态被打破并被经过多方博弈形成的获取对称剩余权力、合理分享合作剩余的共生演化新稳态取代，新型经营主体与农户在农业价值链上所形成的物流、商流、信息流和资金流“四流”统一，为金融服务的切入带来了新契机。

另一方面，在价值链上金融服务内涵边界被拓展，形成正规金融与非正规金融、直接金融与间接金融并存的多元化、复合化格局。如果相应制度安排及时跟进，农业价值链上的新型农业生产经营主体也可能成长并演变为农村金融体系的重要组成部分，是金融服务的直接提供者、信用增级的授予者，多元金融服务供给主体通过竞争机制降低了金融服务供给的边际成本，为追求自身利益最大化，传统金融服务供给主体势必要改变既定的金融服务供给规则与标准以适应内外部环境变化并进行动态调整，寻找其与农业适度规模经营主体在价值链上的新涉足新创意的结合点、新利益创造的均衡点、新合作方向的切入点，形成共生演化格局。一言以蔽之，金融服务的演化方向也必然向农业价值链金融方向演化。

二、农业价值链金融需求及其影响因素

农业价值链金融是农业适度规模经营和金融服务在价值链上共生演化的必然结

果，是在“融资端”，金融服务所做出的适应调整和行为选择。在“融资端”揭示农业价值链金融需求的影响因素就可以反映农业适度规模经营和金融服务在价值链上共生演化所具备的环境条件和驱动因子。为此，在接下来的部分，本书基于我国微观调研数据，建立计量经济学模型，实证农业价值链金融需求的影响因素，并在此基础上揭示农业适度规模经营和金融服务共生的环境条件和驱动因子。

（一）实证方法说明

农户对于价值链金融需求往往存在两种选择：有需求（$y=1$）和无需求（$y=0$）两种，如果从数据类型的角度来看，作为被解释变量的农业价值链金融需求是“离散非连续”的。这时不适合进行 *OLS* 回归，可以建立离散选择模型来进行分析。而农户对于价值链金融需求的两种选择就是典型的“二值选择模型”。然后，农户是否会形成价值链金融的有效需求则受制于多重因素影响，如个体特征及风险偏好、农产品市场特征、制度特征以及区位条件等，假设将其作为解释变量就可以得到实际运用的计量模型：

$$y_i = x'_i\beta + \mu_i (i = 1,\ \cdots,\ n) \tag{5-1}$$

在式（5－1）中，y 是不可观测的潜变量，其估计值可能会出现大于 1 或者小于 1 等不合实际的情况，为了使其估计值在［0，1］范围内，考虑 y 的两点分布函数：

$$\begin{cases} P(y=1 \mid x) = F(x,\ \beta) \\ P(y=0 \mid x) = 1 - F(x,\ \beta) \end{cases} \tag{5-2}$$

通过选择合适的分布函数 F 就可以保证估计值介于区间［0，1］。而二值选择模型又可以分为 Probit 模型和 Logit 模型。两者主要的不同就是分布函数不同。如果分布函数 F 为标准正态分布，下面式（5－3）的等式成立，此模型就是 Probit 模型：

$$P(y = 1 \mid x) = F(x,\beta) = \varphi(x'\beta) = \int_{-\infty}^{x'\beta} \phi(t)\,dt \tag{5-3}$$

若分布函数 F 为逻辑分布函数，那么，如果式（5－4）成立，其就是 Logit 模型。

$$P(y=1 \mid x) = F(x,\ \beta) = \Lambda(x'\beta) = \frac{e^{x'\beta}}{1 + e^{x'\beta}} \tag{5-4}$$

由于逻辑分布的累计函数有解析表达式，而标准正态分布没有，所以 Logit 的计算比 Probit 的计算比较简单。通过对式（5－4）取对数则可得：

$$\ln P(y_i \mid x_i, \beta) = y_i \ln[\Lambda(x_i, \beta)] + (1 - y_i)\ln[1 - \Lambda(x_i, \beta)] \quad (5-5)$$

则 Logit 模型的样本对数函数为：

$$\ln P(\beta \mid y,x) = \sum_{i=1}^{n} y_i \ln[\Lambda(x'\beta)] + \sum_{i=1}^{n}(1 - y_i)\ln[1 - \Lambda(x'\beta)] \quad (5-6)$$

在 Stata 中通过最大化此非线性函数就可以得到模型的相关估计变量。则概率比为：

$$\hat{\beta}\text{mle} = \ln\left[\frac{P(y=1)}{P(y=0)}\right] = x'\beta \quad (5-7)$$

（二）变量说明与理论预期

1. 被解释变量

农业价值链金融需求（y）。在金融创新实践中，农业价值链金融创新类型多样、发展迅速，但若对其进行归纳和总结，基本上可以概括为核心企业担保型、存货质押型、应收账款质押型、仓单质押型和订单质押型等。但从农户的视角来看，其从事农业适度规模经营，获取农业价值链金融服务主要通过农业价值链上新型农业经营主体（如涉农企业、农民专业合作社、家庭农场、专业大户等）的担保、获取增级信用水平的途径。当然，在订单农业这一“价值链型农业”发展中，农户也可以通过订单质押的方式获取农业价值链金融服务。但是，由于订单农业自身发展的不稳定性和不平稳性，订单质押型农业价值链发展并不成熟、相应金融产品也较少。为此，在本书中所刻画的农业价值链金融类型主要是担保型模式。在具体的量化中，研究聚焦的是订单农业这一典型农业“价值链”类型。通过问卷中：“如果签订订单后，新型农业经营主体满足您家的相关融资担保需求”选项进行量化。选“是”，则赋值为1；选“否”，则赋值为0。量化后的数据统计情况如表5－9所示。由表5－9可知，在所有调研样本中，有农业价值链金融需求的农户有173人，占样本总量的42.61%；没有农业价值链金融需求的农户有233人，占样本总量的57.39%。比较来看，没有农业价值链金融需求的农户占据较大比例。作为一种普惠金融产品，是什么原因导致这种状况呢？就需要继续进行实证揭示。

表5－9　农业价值链金融需求情况

农业价值链金融需求	频次（人）	百分比（%）	累计
无需求（y=0）	233	57.39	57.39

续表

农业价值链金融需求	频次（人）	百分比（%）	累计
有需求（y=1）	173	42.61	100.00
总计	406	100	

2. 解释变量

农户对于农业价值链金融的有效需求取决于多重因素，但若对这些因素进行概括基本上可以概括为个体特征与风险偏好、市场特征、制度保障与区位条件等因素。如表5-10所示，其中，个体特征和风险偏好揭示的是农户的信用水平，市场特征揭示的是农业价值链运行情况，制度保障揭示的是农业价值链的稳定情况，区位条件反映的是区域禀赋条件。在个体特征和风险偏好方面，本书主要考虑农户的受教育程度（Education）、经营特征（Scale）和风险偏好（Risk）三个主要变量；市场特征主要考虑产品销售渠道（Where）、市场距离（Distance）、农产品市场价格（Price）、市场协作主体（Selection）和参与时间（Time）五个变量；制度保障主要考虑争议解决制度（Way）和政策支持（Policy）两个变量；区位条件变量主要考察样本所在地的地形特征（Location）。

（1）在个体特征和风险偏好方面，受教育程度和经营特征是影响农业价值链金融需求的重要因素。一般来说，受教育程度越高，农户信用水平也就越高，在农业价值链创造中所发挥的作用越强、贡献越大，新型农业经营主体也愿意为其提供各类融资担保服务，因而其对于农业价值链金融需求也就越大。同时，随着多种农业适度规模经营的发展，规模经营特征也是反映农户个体特征的重要指标。适度规模经营农户在经营效率、经营目的以及市场化程度等方面都与小农户经营特征千差万别，其在产前、产中和产后等诸多环节都有相应的金融服务需求，这其中，对于农业价值链金融的服务当然也就并不例外。值得注意的是，这类群体在开展价值链共创时，关注的重点群体是新型农业经营主体，其联系也更为紧密、协作更为深层，农业价值链发育也就更为稳健且已形成共生生态，逆向选择和道德风险问题已充分化解。金融中介机构基于农业价值链提供金融服务也就是必然。最后，风险偏好也会影响到金融服务需求。站在农户角度来看，风险偏好者对价值链金融服务需求更为强烈，但站在金融机构的角度来看，其更乐意向风险规避者或者风险中性的农户供给提供服务。这一点需要借助经验检验的进一步佐证。

（2）在市场特征方面，农产品销售渠道、市场距离、农产品市场价格、市场协作主体类型以及订单农业从事时间等变量都是影响农户价值链金融需求的重要因素。其中，农产品销售渠道反映的实质是农业商品化、市场化发展程度以及农业价值链的发育程度。一般来说，如果农产品能销往本地市场或进行跨区域销售，则说明农产品商品化程度越高，农业价值链也就越发达，在产前、产中乃至产后等诸多价值链环节，农户依托价值链融资的可能性也就越大，价值链金融服务需求也就越旺盛。市场距离反映的是农业价值链的运行成本。如果农户距离本地农产品市场越远，其所面临的信息成本、搜寻成本等交易成本也就越大，进而会导致农业价值链运行成本激增、价值创造空间缩窄。依托价值链进行融资的困难可能也就越大，价值链金融需求就会变小。农产品市场价格反映了农业价值链运行环境。农产品价格作为市场资源配置的“指挥棒”，反映的是市场秩序和农业价值链稳定程度。一般来说，农产品价格越稳定，农业价值链运行的外部环境越好，农户依托价值链融资的可行性也就越高，需求也就越大。市场协作主体类型，主要揭示的是农户开展订单协作的新型农业经营主体类型，反映的是农业价值链引领和辐射带动作用。一方面，新型农业经营主体是联结分散经营农户和“大市场”的桥梁；另一方面，也作为农户和金融机构联系的中介和担保人，通过“信用增级”机制，为农户获取价值链金融服务提供坚实保障。订单农业从事时间反映的是农业价值链的运行效果，也会对农户的价值链金融需求产生影响，其一般会通过“路径依赖”机制发生作用。从事时间越久，农户依托价值链进行融资可行性也就越高，需求也就越大。

（3）在制度保障方面，农业自身的特殊性决定了农业价值链的特殊性。农业价值链相比较其他产业价值链来说最为明显的特殊性就是其自身的非稳定性和不可持续性问题。例如，在订单农业这一典型的农业价值链中，参与价值创造的农户和新型农业经营主体受制于各方因素，都存在违约的可能性和面临信用风险。因此，相比较其他价值链的市场化利益联结所形成的稳定“共同体”，农业价值链的稳定和良性运作需要一定的制度保障以规避其中的信用风险、生产风险、市场风险乃至自然风险。为此，如果价值链型在农业运转的过程中有明确的争议解决制度和政府政策支持的话，农业价值链的运转就更有效率也更容易被金融机构所认同和接受，价值链授信额度也就越高。农户和新型农业经营主体依托农业价值链进行需求强度也就越大。

（4）区位条件也是影响农业价值链金融需求的重要因素。农业价值链的发

育程度一般与区域经济增长整体水平、发展阶段等特征存在重要联系。尤其是与农业的特色化、效益化存在密切关联。一般而言，特色农业、效益农业越发达，农业价值链发育也就越成熟。所以，考虑农业价值链金融需求不可避免地要考虑区位条件，尤其是其中的地形条件。地形条件不同，农业价值链类型就不同，价值链运行机制也就不同，价值链金融需求也存在差异性特征。

表 5－10　各变量影响的理论预期

变量		预期符号
个体特征与风险偏好	受教育程度（Education）	+
	规模经营特征（Scale）	+
	风险偏好（Risk）	－
市场特征	产品销售渠道（Where）	+
	市场距离（Distance）	－
	农产品市场价格（Price）	+
	市场协作主体类型（Selection）	+
	参与时间（Time）	+
制度保障	争议解决制度（Way）	+
	政策支持（Policy）	+
区位条件	地形条件（Location）	+

注："＋"表示正向影响，"－"表示负向影响。

（三）数据来源

基于上述变量说明，本书中所涉及所有变量的指标量化方式及其描述性统计信息如表 5－11 所示。研究区域选择采用分层抽样和典型调研相结合的方式进行。其中，分层抽样按照我国东部、中部和西部的空间分布划分，东部区域选取山东为典型代表，中部地区选择江西、安徽、河南、湖北、湖南等区域，西部地区涵盖重庆、四川、云南、贵州、内蒙古等地。之所以中西部区域涵盖区域较多主要是因为受制于产业结构调整、区域布局调整以及梯度转移的影响，中西部地区特色农业资源丰富、类型多样，存在显著比较优势、市场竞争力，因而所涵盖的农业价值链类型也较为多样，进行农业价值链金融方面的研究所覆盖的样本就有典型性、代表性，研究设计的科学性、研究结论的可信度就显著提高。

表5-11　变量赋值与描述性统计信息

变量		赋值	均值	标准差	最小值	最大值
价值链金融服务需求（y）		签订订单后，对方是否会满足您家的相关融资担保需求？是=1，否=0	0.426	0.495	0	1
个体特征与风险偏好	受教育程度（Education）	小学及以下=1，初中=2，高中或中专=3，大专及以上=4	1.736	0.732	1	4
	规模经营特征（Scale）	从别人处转（租）土地面积/家庭承包地面积	0.357	1.183	0	19
	风险偏好（Risk）	如果抛一枚硬币，出现正面，则参加者得1万元，如果出现反面，则参加者付出1万元：坚决不参加=1，无所谓=2，欣然参加=3	1.621	0.739	1	3
市场特征	产品销售渠道（Where）	自留不售=1，本地市场=2，外地市场=3，国外市场=4	2.232	0.428	2	4
	市场距离（Distance）	［0，5］=1，［5.1，10］=2，［10.1，15］=3，［15.1，20］=4，20千米以上=5	1.842	0.892	1	5
	农产品市场价格稳定性（Price）	波动很大=1，波动大=2，一般=3，比较稳定=4，很稳定=5	2.825	0.818	1	5
	市场协作主体类型（Selection）	选择产销大户、家庭农场等=1，龙头企业或公司、生产基地、供销社=2，村集体经济组织、农民合作社=3，其他=4	1.823	0.8	1	4
	参与时间（Time）	用农户参与订单农业进行农业生产的实际年限表示	3.863	2.369	0.5	15
制度保障	争议解决制度（Way）	通过法律途径解决=1，通过第三方协调解决=2，通过双方协商解决=3	2.116	0.843	1	3
	政策支持（Policy）	所在地政府有支持订单农业发展的政策=1，没有=0	0.823	0.382	1	2
区位条件（Location）		平原=1，丘陵=2，山地=3，其他=4	1.929	0.854	1	4

注：数据来自研究团队2017年在重庆、四川、云南、贵州、安徽、江西、山东、内蒙古、河南、湖北、湖南共计11省个（自治区、直辖市）开展的调研。

（四）实证结果及分析

基于上述量化数据，对Logit模型进行估计，结果如表5-12所示。由于模型中所涉及变量较多，可能会存在多重共线性问题。为了增强型的模稳健性、科学性和解释能力，本书以个体特征及风险偏好为基准，并在此基础上逐步添加市场特征、制度保障以及区位条件因素，并据此检测估计结果变化和判断其估计质量。虽然在“二值”选择模型中，对于变量的分析主要看概率比，但是为增强研究层次、实证结果的丰富性，本书仍然给出了边际效应的估计结果。其中，模型（1）~模型（2）给出的是个体特征及风险偏好量化因素的几率比和边际效应结果；模型（3）~模型（4）、模型（5）~模型（6）、模型（7）~模型（8）分别给出的是添加市场特征、制度保障以及区位条件量化指标的模型概率比和边际效应估计结果。综合比较来看，在基准模型基础上，引入其他变量后各变量的影响方向并未发生变化，模型总体来说是十分稳健的。从 LR 值来看，分别为 7.03、47.66、68.50、76.55 均在相应的显著性水平下通过检验，而且值的大小也呈现递增态势。说明各模型系数的联合显著性较好、模型拟合度较好、解释能力较好。基于此，本书最终选取模型（7）作为结果分析的依据。

1. 在个体特征与风险偏好方面

各因素的影响效应并不相同。农户受教育程度（Education）对农业价值链金融需求的影响显著为正。随着农户受教育程度的提高，其对于农业价值链金融的需求概率和强度会显著提升。一般来说，受教育程度高的这类农户群体是涉农企业、农民专业合作社等新型农业经营主体重点筛选与甄别对象，两者之间的利益衔接程度也更为密切，新型农业经营主体也更愿意对其进行信用增级。当然，受教育程度高的农户其市场意识、经营水平，尤其是信用水平也更高，也符合金融机构授信条件。风险偏好（Risk）对农业价值链金融需求的影响显著为负。在对风险偏好进行量化时，本书通过选项“如果抛一枚硬币，出现正面，则参加者得 1 万元；如果出现反面，则参加者付出 1 万元：坚决不参加 =1，无所谓 =2，欣然参加 =3”进行量化，可以看出，农户风险类型依次为风险规避者、风险中性者和风险偏好者，可以看出，风险规避者的价值链金融需求量为最大，这也符合理论预期。综合这两个变量来看，这事实上和美国经济学家欧文·费雪（Ivving Fisher，1867 ~1947）提出的“知识和风险反向变动”的研究结论有异曲同工之处。但经营规模（Scale）对农业价值链金融需求的影响并不显著，和理论预期存在一定的背离性。这可能是揭示了当前我国农业适度规模经营发展水平并不高、农地细碎化的特征事实，需要进一步揭示。

2. 在市场特征方面

产品销售渠道（Where）、市场价格稳定性（Price）、协作主体类型（Selection）以及订单农业参与时间（Time）等变量均对农业价值链金融需求影响显著为正。其中，若农户将产品销往外地市场或者国外市场，其对于价值链金融需求概率和强度都会显著增加。随着农业市场化、商品化和产业化的推进，农业价值链金融需求是题中之意和必然选择。从金融机构的角度来看，新时期农业金融创新也转变观念，顺应农业市场化、商品化趋势。农产品市场价格越稳定，农户对于价值链金融需求概率和强度也就越大。维护农产品价格稳定有利于为农业价值链金融创新营造一个平稳、可靠和良性的环境条件。协作主体类型对农业价值链金融需求也存在显著的正向影响，选择产销大户、家庭农场，涉农企业、生产基地以及供销社，村集体经济组织以及农民专业合作社等主体合作后，其农业价值链金融需求会逐步递增。所以，从中也可以看出，在农业价值链发展过程中，应充分地发挥村级集体经济组织和农民专业合作社这些“组织化经营主体”的作用。当然，这和“组织化经营主体”的属性是密不可分的，其主要是农户通过自愿联合、民主管理所形成的互助性组织，其本身就存在一种隐性联保、熟人机制，有助于化解价值链金融服务供给前的逆向选择问题。同时，由于“努力方向”和“努力程度”一致，也有利于化解价值链金融服务供给后的道德风险问题。因此，在农业价值链金融服务供给中应充分发挥农民专业合作社作用，通过担保机制、反担保机制创新，为农户依托价值链融资奠定坚实基础。订单农业参与时间对于农业价值链金融需求的影响也显著为正，这和理论预期一致，农户参与订单农业这一价值链型的时间越长，其依托价值链进行融资的需求也就越强烈。但在市场特征方面，市场距离（Distance）对农业价值链金融需求影响显著为负，距离农产品市场距离越远，交易成本和价值链运营成本较高，农业价值链的发育程度以及稳定性也就比较差，进而会抑制农户依托农业价值链融资需求，进而会对农业适度规模经营和金融服务创新共生演化造成不良影响。

3. 在制度保障方面

争议解决制度（Way）对农业价值链金融需求的影响显著为负，若发生争议后，通过法律解决、第三方协商解决和双方协商解决等方式的影响效应会依次递减。所以，要激发农业价值链金融需求，建立健全农业立法体系，尤其是在现有法律框架范围内，增设农业生产经营主体，尤其是农户权益保护方面的立法，为

农业价值链金融的持续、健康、快速发展奠定坚实的制度基础。政府政策支持（Policy）对农业价值链金融需求的影响显著为正，当地政府对于订单农业发展的各类支持实际上对农户依托价值链进行融资也存在一定的隐性增信机制，也更易被金融机构所接受。因而会对农户的价值链金融需求产生一定的推动作用。

4. 在区位条件方面

其对农业价值链金融需求的影响显著为正，呈现的是平原地区农业价值链金融需求一般要小于丘陵地区和山地地区。一般来说，农业价值链的发育程度主要与特色农业产业、特色农产品有密切关联，其一般具有高经济效益、高附加值、价值链多元等特征，是复合金融机构供给金融服务的基本前提，这是丘陵地区和山地地区的比较优势。而平原地区主要以粮食作物为主，粮食作物的生产经营各环节的贷款是政策性金融机构的主要信贷支持重点，因而以价值链为依托融资的需求也相对较小。所以，从中也可以看出，农业价值链金融会化解丘陵和山地区域农业融资难问题的一种重要路径选择。

综合来看，受教育程度、产品销售渠道、市场价格稳定性、协作主体类型、订单农业参与时间、政府政策支持以及区位条件对农业价值链金融需求有促进作用。这也是当前农业适度规模经营和金融服务在价值链上实现共生演化的重要驱动力。风险偏好、市场距离以及争议解决制度类型会对农业价值链金融需求产生制约作用，也是当前约束农业适度规模经营和金融服务在价值链上共生演化的限制性因子。但值得注意的是，农业经营规模对农业价值链金融需求的影响则并不显著，其中一个可能的解释就是当前我国农业适度规模经营总体水平仍比较低，并未达到量质转化和效应产生的“临界值”。需要运用其他手段对农业经营规模特征的影响效应进行进一步揭示和论证。为此，本书继续运用专门针对截面门槛数据的回归技术，考察在不同门槛值下，农业经营规模对农业价值链金融需求的影响效应变化。为此，在接下来的部分，本书主要借鉴 Hansen（2000）的基本做法，通过 Bootstrap 方法来模拟计算似乎比统计量 LM 值来对是否存在“门槛效应”进行检验。结果见表 5 - 13。同时，为了检验不同 Bootstrap 次数下门槛值检验结果的稳定性，表 5 - 13 中分别给除了 1000 ~ 5000 次 Bootstrap 方法来模拟计算似然比统计量 LM 值。由表 5 - 13 可以清晰看到，在不同的模拟次数下，LM 检验均拒绝“不存在门槛效应”的原假设。说明农业经营规模水平对农业价值链金融需求确实存在一定的“门槛效应”。

表 5 - 12 模型估计结果

变量		(1)	(2)	(3)	(4)	(5)	(6)	(7)	(8)
		概率比	边际效应	概率比	边际效应	概率比	边际效应	概率比	边际效应
个体特征与风险偏好	常数项	-0.46 (-1.54)***		-3.112 (-3.90)***		-2.554 (-2.59)**		-3.038 (-3.01)***	
	Education	0.314 (2.10)**	0.077 (2.10)**	0.32 (2.03)**	0.078 (2.03)**	0.381 (2.31)**	0.092 (2.32)**	0.410 (2.46)**	0.099 (2.46)***
	Risk	-0.268 (-1.76)*	-0.065 (-1.76)*	-0.322 (-2.01)**	-0.078 (-2.01)**	-0.293 (-1.79)*	-0.071 (-1.79)*	-0.326 (-1.96)**	-0.079 (-1.96)**
	Scale	0.135 (1.28)	0.033 (1.28)	0.079 (0.65)	0.019 (0.65)	0.064 (0.58)	0.015 (0.58)	0.076 (0.70)	0.018 (0.70)
市场特征	Where			0.473 (1.90)*	0.115 (1.90)*	0.394 (1.51)*	0.095 (1.51)*	0.439 (1.67)*	0.106 (1.67)*
	Distance			-0.312 (-2.28)**	-0.076 (-2.28)**	-0.30 (-2.04)**	-0.073 (-2.04)**	-0.399 (-2.61)***	-0.096 (-2.62)***
	Price			0.328 (2.45)**	0.080 (2.45)**	0.228 (1.65)*	0.055 (1.65)*	0.227 (1.62)*	0.055 (1.62)*
	Selection			0.430 (3.08)***	0.105 (3.08)**	0.327 (2.28)**	0.079 (2.28)**	0.269 (1.83)*	0.065 (1.83)*
	Time			0.138 (2.73)**	0.034 (2.72)**	0.122 (2.37)**	0.030 (2.37)**	0.132 (2.51)***	0.032 (2.51)***

续表

变量		(1)	(2)	(3)	(4)	(5)	(6)	(7)	(8)
		概率比	边际效应	概率比	边际效应	概率比	边际效应	概率比	边际效应
制度保障	Way					-0.416 (-3.14)***	-0.101 (-3.14)***	-0.525 (-3.73)***	-0.127 (-3.74)***
	Policy					1.008 (2.94)***	0.222 (3.41)***	1.104 (3.16)***	0.239 (3.75)***
区位条件	Location							0.402 (2.79)***	0.097 (2.79)***
LR		7.03*		47.66***		68.50***		76.55***	
Pseudo R^2		0.013		0.09		0.124		0.139	
观测值		406	406	406	406	406	406	406	406

注：***、**、*分别代表1%、5%和10%的显著性水平。

表 5－13　门槛值检验结果

Bootstrap 次数	LM 检验	Bootstrap P 值	门槛值
1000	9. 989	0. 044	0. 222
2000	9. 989	0. 051	0. 222
3000	9. 989	0. 050	0. 222
4000	9. 989	0. 051	0. 222
5000	9. 989	0. 051	0. 222

另外，从表 5－13 还可以看出，在不同的 Bootstrap 次数下，门槛值均为 0. 222，这充分说明了农业经营规模门槛值的稳健性和可靠性。进一步地，图 5－2 给出了门槛值检验的显著性。由图 5－2 可以看到，门槛值在 95% 的显著性水平下通过检验。这也进一步证实了前文的猜想，可以进行不同门槛值下影响效应和影响程度的估计。

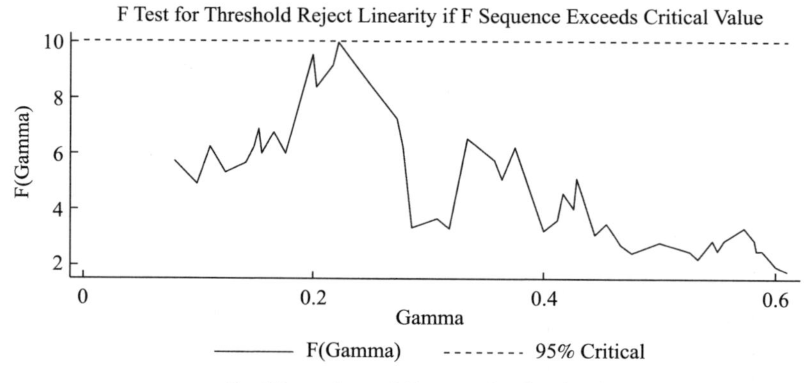

图 5－2　“门槛效应”及门槛值显著性

由于研究中运用的是截面数据，在具体估计中容易存在异方差问题。为此，Hansen（2000）也给出了两种修正方式：一是强制同方差假设；二是运用怀特检验修正异方差。通过这两种方式使回归结果达到无偏性、有效性和一致性。为了更好地体现估计结果的精准性，表5－14同时给出了两种方法的估计结果。通过比较强制同方差假设和运用怀特检验修正异方差的结果可以看到，两种方法下的估计结果并不存在显著差异性。但需要注意的是，运用怀特检验修正异方差结果的 Joint R^2 要大一些，说明模型的总体解释能力也较强。为此，在具体分析中以怀特检验修正异方差结果为准。从中可以看出，当农业经营规模处于 Scale≤0.222 这一区间范围时，其对农业价值链金融需求的边际影响系数为1.988，影响效应显著为正；但当农业经营规模处于 Scale＞0.222 这一区间范围时，其对农业价值链金融需求的边际影响系数为0.015，但并不显著，存在边际递减规律。所以，总体来看，农业经营规模也不是越大其对农业价值链金融需求的影响效应也就越大，恰恰相反，调研样本中所揭示的唯有农业经营规模处于第一个门槛区间范围时，其对农业价值链金融需求的影响显著为正，而且影响程度也最大。这可以从以下几个方面来理解：如果农户生产经营规模较大，其就可以自然进化为专业大户这一新型农业经营主体，其可以直接通过金融机构获得相应金融服务，而不必借助于价值链其他参与主体“信用增级”的方式获取价值链金融服务。而这一点也和价值链金融的使命是一致的，其主要是致力于解决农业价值链参与中的“长尾人群”的融资难问题的，是普惠金融体系的重要组成部分。在实践层面，金融机构在进行农业价值链金融产品创新时，仍应将对象锚定为农业价值链参与中的“长尾人群”，而不应打着农业价值链金融名义向新型农业经营主体偏移，否则也就违背了农业价值链金融创新的初衷。

表5－14　门槛模型估计结果

变量	强制同方差假设		怀特检验修正异方差	
	Scale≤0.222	Scale＞0.222	Scale≤0.222	Scale＞0.222
常数项	0.366 ** [0.301，0.466]	0.449 ** [0.359，1.837]	0.366 ** [0.302，0.43]	0.449 ** [0.359，0.543]
Scale	1.998 [－0.183，4.716]	0.015 [－.1058，0.06]	1.998 ** [0.954，3.248]	0.015 [－0.042，0.073]

续表

变量	强制同方差假设		怀特检验修正异方差	
	Scale≤0.222	Scale＞0.222	Scale≤0.222	Scale＞0.222
观测值	246	160	246	160
自由度	244	158	244	158
误差平方和	56.469	39.664	96.133	39.664
Joint R^2	0.032		0.125	
White 检验 P 值	0.042		0.042	

注：** 代表5%的显著性水平。

（五）小结

本书基于我国微观调研数据，聚焦订单农业这一典型价值链农业类型，从农户视角运用二值选择 Logit 模型以及截面门槛模型探究其对农业价值链金融需求的影响因素，并以此揭示价值链视角下农业适度规模经营和金融服务共生演化的环境动力和约束因子。研究发现，受教育程度、产品销售渠道、市场价格稳定性、协作主体类型、订单农业参与时间，政策支持以及区位条件等因素对农业价值链金融需求有显著的促进作用，是价值链视角下农业适度规模经营共生演化主要推动力。

风险偏好、市场距离和争议解决制度类型会对农业价值链金融需求产生制约作用，是约束农业适度规模经营和金融服务共生演化的阻力因子。农业经营规模对农业价值链金融需求的影响并不显著。但进一步的截面门槛模型估计结果显示，农业经营规模对农业价值链金融需求的影响存在明显的门槛效应，在低门槛区间内，其对农业价值链金融需求的影响显著为正，但跨越到高门槛区间后，其对农业价值链金融需求的影响则并不显著。研究所蕴含的政策含义有三个层面：

1. 在政府层面

政府应支持农村市场体系建设，化解农业价值链创新以及服务供应中的交易成本问题。在新时期可以将“互联网+”行动实施“互联网+流通”计划，将互联网技术融入农村市场体系建设中来，发挥电商等新兴市场主体在农村市场建设的积极作用。同时，应综合运用多种价格调控手段，确保农产品价格尤其是农产品生产资料价格的稳定，减少农户参与价值链农业的运行成本以及增强农业价值链金融可获性。当然，政府应建立健全农业立法体系，尤其是争议解决以及农

民权益保护方面立法，维护农业价值链稳定性和调动金融机构供给价值链金融服务积极性。还应加强对订单农业、农超对接、“公司+农户”“公司+基地+农户”等价值链型农业发展的扶持力度，通过财税手段对开展价值链型农业的新型农业经营主体的培育和扶持，为农业价值链金融的发展创造良好的环境条件和制度保障。

2. 在金融机构层面

应转变传统“点对点”式的金融服务供给模式，进而转向农业价值链金融服务供给模式，通过聚焦特色农业价值链、产业链，减少逆向选择和道德风险，打包供应系统性、综合性金融服务。在实践中，虽然以商业银行为代表的金融机构也逐步开始推行农业价值链金融服务创新，但是其在具体操作实践中，仍以新型农业经营主体为授信对象，在事实上背离了农业价值链金融“普惠金融”的内核本质和根本属性。在精准扶贫和全面小康建设的新时期，金融机构也应转变思路，将满足价值链参与农户的金融服务需求作为农业价值链金融创新的主旨。考虑到现实中，农业价值链的特殊性以及新型农业经营主体的发育程度，单纯依靠新型农业经营主体的信用增级机制也可能无法满足金融机构授信需要，仍需要“银担”合作，建立健全再担保机制，推动农业价值链金融发展迈入新时期、跨上新阶段。

3. 在农户层面

其也应转变观念，顺应新时期农业发展特色化、商品化、价值化发展的新趋势，以特色农业产业、农产品为依托，通过与新型农业经营主体合作方式切入农业价值链，在化解“小农户”和“大市场”困境的同时，通过涉农企业、农民专业合作社等新型农业经营主体的信用增级机制增强金融服务以及其他农业社会化服务的可获性。当然，除新型农业经营主体的外部援助之外，农户也应“内外兼修”，全方位提升自身综合素质，积极进行农业经营管理、生产技术、新型农民培育等方面的培训，提升其人力资本积累，为其参与农业价值链运营和获取农业价值链金融服务提供坚实的前提基础和支撑。

第六章　农业适度规模经营与金融服务共生演化机理

综合农业适度规模经营演化方向和农业金融服务创新演化方向，可以清晰地发现，农业适度规模经营与金融服务在价值链上实现了协同共进、共生共存。为此，在接下来的部分，结合对农业适度规模经营与金融服务共生演化环境条件的解析，有必要结合解释框架，进一步对这一共生演化在现实层面的特征现象以及背后的交互作用机理、微观行为机理进行分析和解释，为新时期锚定政策重点、设计政策主轴提供基础性支撑。反之，若无视这种既定变化，仍停滞于现有既定框架，势必会造成制度背离或陷入政策困境，进而影响全局目标，制约农业适度规模经营和金融服务共生发展。

第一节　农业适度规模经营与金融服务共生演化特征现象

纵览农业适度规模经营与金融服务创新的演化轨迹，可以发现，作为农业适度规模经营新形态的服务规模经营实际上是土地规模经营形态在"农业价值链"上演化的必然结果。农业金融服务的新形态——农业价值链金融服务也是在"自上而下"的金融机构创新陷入发展困境后，金融机构以农业价值链为依托，向分布于农业价值链不同环节的参与主体供给系统性金融服务的约束诱导型创新的体现。总而言之，农业适度规模经营与金融服务创新均沿着"农业价值链"在演化和发展，在演化逻辑和演化方向上存在一致性。或者说，两者通过农业价值链

实现了共生演化，蕴含的特征现象可以概括为以下三点：一是金融创新“机构观”向“功能观”转变，体现的是“外部环境—功能—机构”逻辑内涵；二是单项支撑向双向互动转变，金融支农由“被动行为”转变为“主动行为”；三是个体“排斥”向群体共生转变，“金融排斥”问题迎刃而解。

一、金融创新“机构观”向“功能观”转变

从中国农村金融体系和农村金融创新历程来看，“机构创新观”起着重要的作用，这可以从最新一轮的金融体系改革以及新型金融机构创新范式中探寻到支撑证据寻求到经验支撑。“机构创新观”背后的本质是“结构—功能—行为绩效”的逻辑架构，即通过建立新型金融机构，并赋予其相应的功能来考察机构的运行绩效。银监会在2006年颁布的《关于调整放宽农村地区银行业金融机构准入政策更好支持社会主义新农村建设的若干意见》中明确指出，要进一步放宽金融准入条件，引导境内外的银行资本、产业资本和民间资本到农村地区设立村镇银行、贷款公司、小额信贷公司和资金互助合作社等新型金融中介组织。这一改革逻辑背后的理论支撑就是“机构观”理论的指引。

在这一理念指引下，境内外的银行资本、产业资本和民间资本到农村设立机构的热情确实得到了显著提高，在供给层面丰富了我国农村金融机构类型和体系，在一定程度上解决了我国农村金融机构类型单一、覆盖面狭窄、服务效率低下和竞争不充分的现实困境。随着新型金融机构的发展，与其相关的法律和制度革新却相对滞后，这种金融创新不但没有起到提升金融效率和化解“三农”“金融排斥”的问题，反倒陷入金融机构不断衍生，但在农业融资依旧困难的尴尬境地。而农业价值链金融的出现则化解了这种困境，从整个农业价值链出发，通过“信用捆绑”机制，使农业价值链上的所有参与者与利益相关主体的融资需求都得以满足和实现，不仅化解了“机构创新观”下金融机构成长与农业融资难并存的问题，而且极大地提高了金融服务的运行效率和效能，在农业价值链上实现了金融普惠、风险共担和利益共享的良性格局。农业价值链金融的出现和发展轨迹，体现出金融创新的“机构观”向“功能观”转变的内在逻辑，反映出农业适度规模经营和金融服务创新在价值链上共生演化的特征现象。

二、单向支撑向双向互动转变

长久以来，农业产业在金融政策锚定时都处于劣势地位，相比较其他产业，

农业自身的“弱质性”特征以及生产周期长、收益低的发展现实，使其更容易受到金融“嫌贫爱富”本性的影响。因而农业贷款高且利润低。因此，商业性农业银行扶持的重点是农业龙头企业、扶贫开发、农村城镇建设和农村电网改造和乡镇企业的信贷需求服务（张笑尘，2007），而农村大多存在从事传统的种养业生产的农户和农业中小企业则缺乏银行等金融机构偏好的不动产抵押物、信用水平低以及信息不对称问题，使农业融资难的问题长期困扰农业发展。也是从这个层面，在我国的长期政策取向中一直强调金融对农业发展的支撑作用。受制于农业发展现实，金融服务和农业发展之间的作用往往是单向的关系，并未建立金融服务和农业发展联系纽带和互动机制。

然而，随着农业适度规模经营的发展以及我国宏观决策层面的构建，现代产业体系、生产体系和经营体系战略取向，农业产业化、现代化水平不断提升，农业的生产效益、利润水平显著提高，农业生产函数由单一要素表达向多要素联合驱动发展，农业生产可能性边界被拓展，农业生产的目的也由传统农业下的“自给自足”向“收入最大化”转变，农业基础设施建设、机械化和农业科技发展等农业现代化建设领域都需要大量的资金，金融支农存在的内在驱动力和外在逐利本源。从这个意义上来说，农业适度规模经营改变了金融供给的制度框架和服务动因。此外，就经营主体而言，适度规模经营发展的过程也是农户内部结构性裂变和分化的过程，以专业大户、家庭农场、土地合作社和工商企业为代表的多元化新型农业经营主体不但金融服务需求强烈、需求类型多样而且更能满足金融机构供给金融服务的“抵押物”偏好，金融支农存在盈利和风险分担的客观条件和现实基础。综上所述，农业适度规模经营发展与金融服务创新的“价值链”上的协同演化，改变了政策引导下的单向行为，形成了两者相互影响、相互作用的双向因果关系。

三、个体“排斥”向群体共生转变

考察我国正规信贷市场，我们会发现其存在的特殊性，即农村金融市场信贷配给较为严重，信贷供给方要么给借款申请者少于其申请金融的贷款，要么直接拒绝某些借款者（刘西川、陈立辉等，2014）。因而，在这种情况下，农户和中小农业企业由于财务能力弱、信用水平低和缺乏相应的抵押担保，往往成为正规金融“排斥”对象且长期处于“金融排斥”状态。长此以往，农户在借款渠道选择上仍是亲戚朋友，对正规金融机构存在怀疑的态度，陷入“自我排斥”的

恶性循环，农村金融生态水平长久以来得不到改善。如金融需求调研部分，本书就发现重庆市农户在农业生产过程中资金的筹集渠道仍主要是来自亲戚和朋友，仅有35.6%的农户通过金融机构获得贷款，足以印证以上事实。但随着适度规模经营发展以及构建新型农业经营体系的政策导向下，“公司+农户”“公司+合作社+农户”“农超对接”等“价值链”主导型新型农业适度规模经营形态，也使农户与新型经营主体的融资额度增大、期限延长且通过“价值链”相互交织和牵制，单一经营主体或单一产业环节的融资问题将直接钳制整个农业产业。在价值链纽带的相互作用下，农户的个体融资难问题将直接上升至全局高度、系统层面，成为木桶“短板”。面临新形势，站在农业“价值链”全局，进行价值链金融创新以满足价值链各参与主体多层次金融需求是必然。农业价值链金融不仅根治了交易成本高、信息不对称和“金融排斥”的传统顽疾，而且也实现了农业价值链增值、合作剩余创造，之前的金融排斥性得以完全化解。因此，个体“排斥”向群体共生发展是农业适度规模经营与金融服务共生演化的重要特征现象。

第二节　农业适度规模经营与金融服务共生演化的交互作用机理

如果说特征现象是农业适度规模经营与金融创新协同演化的外在表征，那么有必要对其中隐含的深层次原因进行剖析。这就涉及两者协同演化的机制。总体来说，农业适度规模经营与金融服务创新协同演化格局的形成体现的是农业适度规模经营主体、金融中介组织与环境嵌套、互适和融合的事实，是组织行为、产业环境和制度因素不断作用的必然结果。按照演化经济学的分析范式，解析农业适度规模经营与金融创新演化机制主要是从演化的互动机制、学习机制、变异和选择机制三个维度展开，力争全面、系统地揭示两者协同演化格局形成的原因。

一、互动机制

互动机制揭示的是组织行为的变迁、调整既受到环境的约束，又能在其与环境的互动中实现行为调整进而改变环境。当然，这种互动性并不是组织本身所具有的固有属性，是在与环境的互动中产生的。从这个维度来讲，互动机制是实现共生同演化的前提和不可或缺的基础性条件。那么，在农业适度规模经营和金融服务共生演化中，金融中介组织是如何与环境互动的呢？本书认为，这主要得益于在农业价值链上，农业适度规模经营主体（包括农户和新型农业经营主体）与金融中介组织间实现了信息对称和共享，并由此改善了农业信用环境和制度环境。长久以来，农村金融信用环境的相对落后使农业金融支持相关的制度安排无法实施。或者说，推广农业金融支持的制度成本极高（张瑞怀、张强，2007）。

换言之，不良的信用环境使金融中介组织与农业经营主体间存在严重的信息不对称现象。随着农业适度规模经营的价值链演化，农业产前、产中和产后的农业生产经营主体通过价值链纽带连为一个整体，并通过“公司＋农户”“公司＋基地＋农户”“公司＋合作社＋农户”等形成协作共赢的“利益共同体”。这种农业生产与经营的高度“组织化”所引致的直接后果就是将原本离散化、碎片化的信息转化为农业价值链整体信息、转变为新型农业经营主体与农户的交易信息、合作信息，并在农业价值链环节内部以及上下游之间实现了信息共享。

当然，这也有利于农业价值链外部的金融中介组织的共享信息，有效地化解了金融中介组织和农业经营个体间的信息不对称问题，改善了农业金融服务供给的信用环境。此外，通过农业价值链所形成的“利益共同体”也改变了家庭经营农户无法满足金融中介组织抵押物偏好的现象，通过农业价值链上的与“核心企业”的“信用捆绑”机制或者达成的各类型市场契约，分布于农业价值链前端、后端的“长尾主体”同样可以从金融机构那里得到信贷支持。更为重要的是，农业价值链上下游间新型农业经营主体为农户提供的各类“商业信用”也满足了农户生产经营过程中对于资金的需求。通过银行信用与商业信用互动、联合发力，拓展了金融服务范畴，进一步优化了金融创新、资金运作的制度环境。

二、学习机制

学习机制揭示的是金融中介组织与环境互动中不断调整其行为和实现利益联结的过程。从这个层面来讲，农业适度规模经营与金融服务共生演化的学习机制考察的就是金融机构自身如何实现其行为调整以及金融机构同农户、新型农业经营主体如何实现共生的过程。可以从以下两个方面来解释：

一是农业产业化推进、现代农业经营体系的建立健全，农业产业链环节不断拓展、主体合作频繁密切，农业产前、产中和产后纵向关联度越发密切、分工越

发精细和迂回化，产中环节的农业生产者与产前和产后的新型农业经营主体存在协作削减交易成本、实现利益共赢的可能性和动机，这也推动农业由弱质性产业向特色性、经济性产业转变、农业经营主体的谈判能力显著提升。金融服务供给主体基于不对称信息独占垄断利润的“稳态”被打破并被经过多方博弈形成的获取对称剩余权力、合理分享合作剩余的“新稳态”取代，“嗅觉灵敏”的金融机构介入就存在相应的动力机制。

二是在农业价值链上金融服务内涵边界被拓展，形成正规金融与非正规金融并存的多元化格局。如果相应制度安排及时跟进，农业价值链上的新型农业生产经营主体也可能是潜在金融服务提供者和成长并演变为农村金融体系的重要组成部分。加之，随着目前我国农村金融体系的建立健全以及农村金融机构准入门槛的降低，金融机构的业务竞争、市场竞争不断加剧，而竞争机制可以降低金融机构服务供给的边际成本，为追求自身利益最大化，传统金融服务供给主体势必通过“学习机制”寻找其与农业适度规模经营主体在价值链上的新结合点、围绕价值链进行金融创新以形成共生演化格局。

三、变异和选择机制

变异和选择机制强调的是共生演化过程中既定特征的变化和系统内新事物的创造和产生，解读的是当环境发生变化后，组织被迫寻找新技术和新的组织形态。发生变异后，组织的行为模式也会发生变化。从这个角度来讲，变异后形成的“多样性”格局是选择机制能够运行的必然条件。农业适度规模经营和金融服务创新共生演化的变异和选择机制揭示和反映的是金融技术创新节约了交易成本、提高了交易效率，系统内新金融产品的产生和金融中介组织行为的变革。

一般而言，金融技术创新主要包含交易手段、交易方法甚至物质条件的变化。但本书认为，农业适度规模经营和金融服务创新共生演化新“格局”的产生可以从交易手段和交易方法的变革中得到解答。目前，抵押贷款和担保贷款是当前我国农业贷款的主要形态，抵押和担保也是贷款的必备条件和增信机制，这也是长久以来制约农业经营主体贷款可得性和加剧涉农金融机构不确定性的重要因素（王曙光，2009；王曙光、王东宾，2011）。但在农业适度规模经营发展所引致的制度框架重构催促下，这样的问题通过抵押品范围拓展、信息不对称性化解和信用传递机制就可以得到迎刃而解。

随着农业适度规模经营发展，土地经营权、林权和仓单等不具有传统抵押物属性的物品在政策指引和相关配套设计的带动下，具备了“抵押品”的特性，拓展了抵押品的范畴和增强了农业经营主体的金融可得性。同时，随着多种形式的农业适度规模经营的发展，农户与新型农业经营主体通过“价值链”纽带形成了分工协作、相互监督、利益共享和风险分担的利益共同体以及基于产业环节的各类契约所形成的社会信任网络及社会资本形态。这实质上起到了有效替代担保物的风险防范作用，增强了信息透明度、缓解了农户贷款信息不对称程度，降低了贷前的甄别、审核和贷后的管理成本，并在组织框架内生成筛选和匹配机制，自动规避逆向选择和道德风险行为，抑制了信贷配给和排除现象（韩喜平、金运，2014）。同时，引领金融创新新方向的互联网金融机构也纷纷推出“互联网＋价值链金融”的创新战略，通过运用大数据、人工智能、云计算等前沿技术，也起到了充分信息、化解逆向选择和道德风险的作用。

此外，在农业产业化的带动下，传统分散经营的农户组织性显著增强，而且更为重要和值得关注的是，其单个生产行为直接关系到整个价值链的价值创造和农业产业链的成长，新型农业经营主体与农户连为一个整体并相互牵制、相互影响，新型农业经营主体存在为农户担保的外在驱动和内在需求的作用。农村新型经济组织将单个农户与金融机构建立起联系（汪险生、郭忠兴，2014），实现了信用共享与传递。这样变异后所形成的多样化格局直接导致了价值链金融形态的产生，依托农业价值链供给金融服务是农业适度规模经营与金融服务共生演化的必然。

第三节　农业适度规模经营与金融服务共生演化的行为机理

在上述部分，宏观层面揭示了农业适度规模经营与金融服务共生演化的机理，而在微观层面，农业适度规模经营与金融服务共生演化的表现就是农业经营主体和金融机构之间行为的变化。研究有必要继续在微观层面深入揭示农业适度规模经营主体和金融服务主体实现共生的微观行为机理。由于农业的特殊性以及基础性地位，政府在农业适度规模经营发展中的作用是不容忽视的且是至关重要的。为了进行比较和体现研究完整性，本书分别考虑没有政府介入和有政府介入

时的两种情境下的行为机理。

一、基本假设及说明

虽然随着新型农业经营体系的构建，新型农业经营主体类型繁多、布局于不同的农业价值链环节，但从总体来说，在相当长的时间内农户仍是我国新型经营体系构建中的主体和不可忽视的重要环节。一般来说，现行新型农业经营主体主要包括专业大户、家庭农场、龙头企业和农民专业合作社。按照上述分析，在价值链视角下农业适度规模经营和金融服务共生演化的在金融端所体现的就是农业价值链金融的出现。农业价值链金融类型多样，基本上可以概括为核心企业担保型、存货质押型、应收账款质押型、仓单质押型和订单质押型等。因此，提供农业价值链金融服务仍以商业银行占主导。在本书中，将提供农业价值链金融服务的金融机构界定为商业银行。当然，如果从融资类型的角度来看，农业价值链金融可以进一步凝练为农业价值链直接融资和农业价值链间接融资两种类型。在实践中，金融机构的贷款一般是由金融机构直接打到龙头企业的账户，由龙头企业负责向农户发放贷款。这实际上就是农业价值链金融中的直接融资模式。因此，考虑到在构建新型农业经营体系中，由于新型经营主体财务能力和谈判能力的提升以及农户独自向银行借贷中所面临的“金融排斥”问题，因此，在实践中，和农户关系最为密切、交易最为频繁和向农户提供金融服务概率最大的仍是涉农企业。

为此，在本书中，主要聚焦“公司+农户”这一价值链类型。在该形式中，公司（涉农企业）直接与农户进行联结，通过签订一个规范化的、双方权责明确的农产品远期交易合同，使企业和分散经营农户形成利益共同体，实现产业链的纵向协作。企业相当于“龙头”，它通过联合广大农户，在农产品产业链条上实现了产供销“一条龙”式的经营。农户与企业通过规范化的购销合同，按照合同约定的价格、质量和数量买卖农产品，形成了一定的利润共享、风险共担机制，因此，双方从中获得的收益都较为稳定。同时，一些农业企业还会向参与订单的农户提供包括生产资料和技术指导在内的专业服务以提高农户的生产水平。“公司+农户”组织形式不仅有利于解决农户的产品销路问题，而且稳定了农业企业的原材料来源，是农户进行适度规模经营的一个非常重要的途径，是衔接小农户和农业现代化的重要形式。

政府也是重要参与主体，是保证家庭农场从事农业适度规模经营、农业价值链运行和金融机构提供金融服务的重要外部条件。一方面，政府为家庭农场从事农业适度规模经营提供必要的基础设施支撑和优惠政策支持；另一方面也可以为金融机构提供金融服务夯实环境条件保障、扶持政策。同时，为凸显政府在农业价值链运行、农业适度规模经营发展以及农业价值链金融创新中的主要作用和角色定位，本书通过从没有政府介入和有政府介入两种情境下讨论适度规模经营主体在从事适度规模经营过程中同金融机构的关系变化以及政府对于调和两者之间关系所起到的重要作用。

二、情境一：没有政府介入时

在这一情境下，只涉及规模经营农户和涉农企业。假定农户在从事农业适度规模经营过程中所需总资本单位为1。其中，自有资本为 c，则满足条件 $c<1$。因此，农户要满足适度规模经营的资本需求，涉农企业可以依托其与农户之间所形成的价值链向农户提供一定的资金支持 $l=1-c$。如果规模农户从事农业适度规模经营的净收益为 r，从事农业适度规模经营所适用的平均税率为 t，则税前收益就可以表达为$\frac{r}{1-t}$。一般来说，抛开外在市场条件和环境条件约束，农户从事适度规模经营实现最终收益的概率就主要取决于三个因素：一是农户的不可观测的努力水平（s）；二是农户自有资本积累（c）；三是涉农企业依托价值链向农户借入的资金（l）。其中，$s\in[0,1]$，$c\in[0,1)$。写成函数形式就可以表达为式（6-1）。

$$p=f(s,c,l)=f(s,c,1-c)=p(s,c) \tag{6-1}$$

如果假定函数 p（s，c）为凹函数并且满足以下条件：一是$\frac{\partial p}{\partial s}>0$，$\frac{\partial^2 p}{\partial s^2}<0$；二是$\frac{\partial p}{\partial c}>0$，$\frac{\partial^2 p}{\partial c^2}<0$；三是$\frac{\partial}{\partial s}\left(\frac{\partial p}{\partial c}\right)=\frac{\partial^2 p}{\partial s\partial c}>0$；四是$p(0,c)=p(s,0)=0$。其中，$\frac{\partial p}{\partial s}>0$，$\frac{\partial^2 p}{\partial s^2}<0$揭示的经济学含义是农户从事适度规模经营中的努力程度越高，其从事适度规模经营取得收益的概率也就越大，但存在边际递减特征。这也和现实相符，因为受我国资源条件限制，人均耕地面积有限，无法选择像美国那样的机械化、大农场经营模式，只能根据区域资源禀赋条件，选择适宜当地特色的农业适度规模经营之路。这也是在政策层面，国家一直强调多种形式适度规模经营的重要原因，在这样的条件下，农业适度规模经营势必存在边际递减效应。

$\frac{\partial p}{\partial c}>0$，$\frac{\partial^2 p}{\partial c^2}<0$ 蕴含的是农户自有资金投入越多，其从事农业适度规模经营效果也就越好，而且自有资金的投入力度也从侧面反映了农户从事农业适度规模经营的理性预期，起到了“信号功能”的作用。同时，$\frac{\partial p}{\partial c}>0$ 可以等价于 $\frac{\partial p}{\partial c}>\frac{\partial p}{\partial l}$，即与涉农企业所提供的借入资金相比，自有资金的边际效益更高。因为，自有资金主要在农户从事适度规模经营的初期阶段投入，风险较大。涉农企业所提供的借入资金在实践中一般都要求农户有一定的前期运作经验、资产专用性约束、从事农业适度规模经营所具备的业务能力以及其他各类担保条件，其所涉足的环节、介入阶段的风险则相对较低。因此，如果从贡献度的层面来看，自有资金对于农户从事适度规模经营的贡献要显著大于涉农企业所提供的借入资金，因而自由资金的边际效用要高于借入资金。

$\frac{\partial}{\partial s}\left(\frac{\partial p}{\partial c}\right)=\frac{\partial^2 p}{\partial s\partial c}>0$ 刻画的是农户的努力程度和自有资金两者之间存在互促关系和激励机制。具体来说，自有资金越多，农户从事适度规模经营参与度、积极性、内在驱动也就越高，进而形成内在激励机制促进其努力程度提升。同时，农户在从事农业适度规模经营中的努力程度越大，也会提升自有资金的投入力度，从事农业适度规模经营的取得收益也就会越好。

$p(0, c)=p(s, 0)=0$ 反映的是农户在从事农业适度规模经营的过程中，自有资本和努力程度两者缺一不可，具有不可替代性。这实质上也是对上一假设的进一步拓展。虽然努力程度有一定的不可替代性，但是也会带来一定的负面效应、不良影响。因为农产品市场虽然是一个完全竞争市场，但是其产前的生产资料供应、生产工具供给以及产后的运输、配送、销售等环节则由涉农企业完全垄断，农户缺少“讨价还价”能力。也就是说，在“公司 + 农户”这一价值链中，涉农企业一般会同农户就利益分享问题签订相应的收益分享的“不平等”合约。如果在价值链参与中，农户与涉农企业合作，参与其中所获的收益份额为 m，则剩余部分 1 - m 就归涉农企业所有。继续假定，努力投入的货币成本函数为 $g(s)$，也为凸函数，并且满足 $g'(s)>0$，$g''(s)>0$，$g(0)=0$，$g'(0)=0$，$g'(\infty)=\infty$。涉农企业风险偏好为中性。进一步地，可以明确的是，决定收益分享比例的一个重要因素是通过价值链连接所生产的产品市场和生产经营投资市场的竞争程度。由于在价值链型农业下，产品市场和投资市场均是完全垄断市场。

因此，在对价值链收益进行分享时，涉农企业作为农户借贷资金的提供方，其将完全剥夺价值链参与农户的劳动剩余，使农户从事农业适度规模经营中的收益正好等于“留存收益”。因此，在合约的谈判中，涉农企业能否向农户提供信贷资金服务的关键是要确定最优的收益分享合约。以满足从事农业适度规模经营农户在参与约束和激励约束两种条件下期望效用的最大化。为此，存在以下条件：

$$\max_{m}(1-m)p(e,\ c)R-(1-c)$$

$$s.t\quad s^{*}=\max_{s}mp(s,\ m)R-g(s)-c$$

$$mp(s,\ c)R-g(s)-c\geqslant 0 \tag{6-2}$$

对于式（6－2）可以利用逆向归纳法进行求解。在界定的收益分享合约以及“公司＋农户”这一价值链形态下，农户在从事适度规模经营中需要确定一个最优努力水平 s*，使其期望收益实现最大化，其满足的一阶条件应为：

$$mR\cdot\partial p(s,c)/\partial s=g'(s) \tag{6-3}$$

利用一阶条件可以求出最优努力水平 s* 的通解为：

$$s^{*}=s^{*}(c,\ m,\ R) \tag{6-4}$$

由于 p（s，c）为凹函数，且 g（s）为凸函数，故 $s^{*}=s^{*}(c,\ m,\ R)$将是式（6－3）的唯一性。将 $e^{*}=e^{*}$（m，s，R）代入式（6－3）可得：$mR\dfrac{\partial p[s^{*}(s,m,R),c]}{\partial s^{*}}=g'[s^{*}(c,m,R)]$，然后，对 c、m 和 R 求导可以得到：

$$\frac{\partial s^{*}}{\partial c}=\frac{mR\cdot\partial^{2}p/\partial s^{*}\partial c}{g''(s^{*})-mR\cdot\partial^{2}p/\partial s^{*2}}>0 \tag{6-5}$$

$$\frac{\partial s^{*}}{\partial m}=\frac{R\cdot\partial p/\partial s^{*}}{g''(s^{*})-mR\cdot\partial^{2}p/\partial s^{*2}}>0 \tag{6-6}$$

$$\frac{\partial s^{*}}{\partial R}=\frac{m\cdot\partial p/\partial s^{*}}{g''(s^{*})-mR\cdot\partial^{2}p/\partial s^{*2}}>0 \tag{6-7}$$

综合式（6－5）至式（6－7）可得：在“公司＋农户”这一价值链下，农户从事农业适度规模经营的努力程度与其自有资本、收益分享合约中所占份额以及价值链运行预期是正向关系。具体来说，因为自由资本在收益获取之前更多体现的是“沉没成本”，为避免从事农业适度规模经营中的风险和损失，保证农业适度规模经营达成预期目标、取得预期收益，势必要提升农民的努力程度和水平。同时，自有资金投入力度对于涉农企业来说，由于自有资金在很大程度上有一定的“资产专用性”，同时还有一定的“担保功能”。还需要注意的是，如果

在利益分享合约中，一旦提升农户的利益分享比例，其边际努力投入所获取的边际收益也就更高。因此，确保农户在“公司+农户”价值链下的利益得到有效保护是农业适度规模经营取得预期效果的关键。同时，按照上述假设，作为资本的供给方，涉农企业在利益分享谈判中占据主导地位、拥有完全讨价还价能力。因此，要维持价值链稳定运行，农户只能获取保留收益，其他全部劳动剩余将被涉农企业所占据。可以看出，农户在整体价值链参与中的约束必然“紧绷”。也就是说：

$$mR \cdot p[s^*(c, m, R), c] - g[s^*(c, m, R)] - c = 0 \tag{6-8}$$

由此可以求解出在“公司+农户”这一价值链下，农户从事适度规模经营所获取的收益份额为 $m = m(c, R)$，然后将其代入式(6-8)可得：

$$m(c, R)R \cdot p[s^*(c, m(c, R), R), c] - g[s^*(c, m(c, R), R)] - c = 0 \tag{6-9}$$

对式(6-9)中 m 进行求导可得，并利用式(6-3)对其进行化简：

$$\frac{\partial m}{\partial c} = \frac{1 + [g'(s^*) - mR \cdot \partial p/\partial s^*]\partial s^*/\partial c - mR \cdot \partial p/\partial c}{Rp + [mR \cdot \partial p/\partial s^* - g'(s^*)]\partial s^*/\partial c} = \frac{1 - mR \cdot \partial p/\partial c}{RP} \tag{6-10}$$

同理，进一步对式(6-10)化简后的结果关于 R 求导可得：

$$\frac{\partial m}{\partial R} = \frac{-m}{R} < 0 \tag{6-11}$$

然后，将 $m = m(c, R)$ 代入式(6-3)就可以求出在“公司+农户”价值链中，农户从事农业适度规模经营的最优努力水平以及涉农企业的期望净收益，分别见式(6-12)和式(6-13)。

$$s^* = s^*(c, R) \tag{6-12}$$

$$E\pi(c, R) = [1 - m(c, R)]R \cdot p[s^*(c, R), c] - (1 - c) \tag{6-13}$$

综合来看，只有当 $E\pi(c, R) \geqslant 0$ 时，涉农企业才会提升其对农户的信贷资金比重。但本书认为，自有资本投入也存在一个临界值 c^*，只有当 $c \geqslant c^*$ 时，农户才有可能对农业适度规模经营进行投资。为什么呢？其背后所蕴含的经济学含义如下：在“公司+农户”这一价值链下，涉农企业作为农户在提供信贷资金时，由于存在信息不对称的问题，其所面临的逆向选择问题特别突出。也就是说，其对于参与农业适度规模经营的农户的努力程度、农业适度规模经营所取得最终成效均一无所知、无法甄别。从这个角度来说，其也势必会要求农户运用多种方式、途径对其进行担保。如在连云港所推出的“五方联动”模式中，担保的方式就是农户联保。虽然随着“三权分置”在实践中的推进，农户依托土地经营权抵押融资已开始试点，但毕竟无法大面积推广。因此，从总体来看，农户可用于抵押担保的资产范畴还十分有限和稀缺。在无法满足这一条件下，农户自有资金无疑充当了抵押物的“替代品”和发挥了隐性担保功能。但如果担保品价值不足，涉农企业向农户提供资金借贷的行为就不会发生。因为，从农户的角度来看，一旦农业适度规模经营无法达到预期，自有资金无疑就直接演变为“沉没成本”。可以说，在严格的资产专用性下，自有资金投入可以有效保证农户层面努力程度的发挥、提升农业适度规模经营质量和达到预期效果。因此，唯有自有资金大于等于其临界值 c^* 时，涉农企业才会通过价值链向参与农户提供价值链金融服务。换言之，站在农户角度，要提升价值链金融服务的可获性，充足的自有资金投入和保证严格的资产专用性是必需的。

三、情境二：有政府介入时

在上述分析中，本书已经揭示了在“公司 + 农户”这一价值链下，涉农企业向农户提供金融服务的行为机制。然而，由于受制于多重因素以及农业价值链的特殊性影响，因此，农业价值链的稳定运行需要政府介入并提供制度保障。这不光是维持农业价值链稳定性的需要，更是保障涉农企业向农户稳健提供金融服务的需要。为此，有必要进一步考虑在政府参与条件下，各方行为的变化及其激励相容基本条件和内在均衡。按照上述分析，如果农户在从事农业适度规模经营中的自有资金无法触及临界值时，这时政府所提供的财政支持就是保证各方利益均衡的必要条件。这也符合现实情况，各地为了促进适度规模经营发展往往会对从事适度规模经营的各类项目给予财政支持。为此，假设农户从事农业适度规模经营所需的资金总量为 n，其中，来自农户的自有资金投入为 n_1，则 $n_1 < n$，其中政府财政支持的部分 $n_2 = n - n_1$。一般来说，政府对于农业帮扶主要是从兼顾公平、维护社会稳定的角度出发，有一定无偿性、公益性和社会性特征。因此，在收益分享合约中，可以把政府资助部分和涉农企业提供的资金看成一个整体，因而在政府参与条件下，农户从事农业适度规模经营的约束和激励约束可以分别表示为式（6-14）和式（6-15）。

$$s_1^* = \max_{s_1} m_1 p(s_1,\ m)R - g(s_1) - (n - n_2) \qquad (6-14)$$

$$m_1p(s_1, n)R - g(s_1) - n \geqslant 0 \tag{6-15}$$

按照上面的基本假设，在此处的激励相容约束属性也是紧绷的。为此，在政府财政支持下，农户从事农业适度规模经营的最佳努力水平以及利益分享比例就可以表示为 $s_1^*(n, R)$ 和 $m_1(n, R)$，并由式(6-16)和式(6-17)联合决定：

$$m_1R\frac{\partial p[s_1^*(n, m_1, R), n]}{\partial s_1^*} = g'[s_1^*(n, m_1, R)] \tag{6-16}$$

$$m_1R \cdot p[s_1^*(n, m_1, R), n] - g[s_1^*(n, m_1, R)] - n = 0 \tag{6-17}$$

式(6-16)是激励约束的一阶条件。由于利益分享合约规定农户享有的收益份额为 m_1，则涉农企业的享有收益份额 $m_2 = 1 - m_1$。需要注意的是，m_1 部分则由农户和政府共同占有。如果在此时政府通过财政资金进行资助时所要求的收益分享份额为 $\alpha \in (0, 1)$，则农户从事农业适度规模经营实际上获得的收益份额比例就下降为 βm_1，其中 $\beta = 1 - \frac{\alpha}{m_1}$。这其中隐含的条件是 $\alpha < m_1$。否则 $1 - \frac{\alpha}{m_1} < 0$，即 $\beta < 0$。在这种情况下，农户在从事农业适度规模经营的过程中就宁愿不得到政府的资助。为此，假定 $0 < \beta < 1$。以此为基础，农户从事农业适度规模经营行为决策的目标就是要确立最优努力水平 s_1^*，使其期望收益最大化：

$$\max_{s_1} \beta m_1 p(s_1, m)R - g(s_1) - (n - n_2) \tag{6-18}$$

根据其一阶条件可以得到：

$$\beta m_1 R \cdot \frac{\partial p(s_1, m)}{\partial s_1} = g'(s_1) \tag{6-19}$$

对其求解可得：$s_1^* = s_1^*(n, m_1, \beta, R)$，将其代入式(6-19)可得：

$$\beta m_1 R\frac{\partial p[s_1^*(n, m_1, \beta, R), n]}{\partial s_1^*} = g'[s_1^*(n, m_1, \beta, R)] \tag{6-20}$$

对式(6-20)两边同时关于 β 求导可得：

$$\frac{\partial s_1^*}{\partial \beta} = \frac{m_1R \cdot \partial p/\partial s_1^*}{g''(s_1^*) - \beta m_1 R \cdot \partial p^2/\partial s_1^{*2}} > 0 \tag{6-21}$$

由式(6-21)可以清晰地看到，在“公司+农户”这一价值链下，农户从事适度规模经营中所获取的收益份额越高，收益分享合约的激励作用也就越强，农户的努力程度也就越高。因而，同理可得：$\frac{\partial s_1^*}{\partial n} > 0$，$\frac{\partial s_1^*}{\partial m_1} > 0$，$\frac{\partial s_1^*}{\partial R} > 0$。同时，在利益讨价还价和合约谈判的过程中，由于涉农企业在产前和产后处于垄断状态，其会攫取农户从事农业适度规模经营的全部剩余，从而使农户和政府的参与约束紧绷：

$$m_1R \cdot p[s_1^*(n, m_1, \beta, R), n] - g[s_1^*(n, m_1, \beta, R)] - n = 0 \qquad (6-22)$$

根据式(6－22)就可以求出适度规模经营农户和政府的利益分享比例：$m_1 = m_1(n, \beta, R)$，将其代入式(6－19)，就可以求出农户在价值链中从事适度规模经营的最优努力水平 $s_1^* = s_1^*(n, \beta, R)$，然后将其代入式(6－22)中，并对 β 进行求导可得：

$$\frac{\partial m_1(n, \beta, R)}{\partial \beta} = -\frac{[m_1R \cdot \partial p/\partial s_1^* - g'(s_1^*)] \cdot \partial s_1^*/\partial \beta}{Rp + [m_1R \cdot \partial p/\partial s_1^* - g'(s_1^*)] \cdot \partial s_1^*/\partial m_1} \qquad (6-23)$$

由式(6－20)可知，必然存在 $m_1R \cdot \frac{\partial p}{\partial s_1^*} - g'(s_1^*) > 0$ 的关系，因此可知：

$$\frac{\partial m_1(n, \beta, R)}{\partial \beta} < 0 \qquad (6-24)$$

式(6－24)所揭示的是，当 β 越大时，农户从事农业适度规模经营的努力水平越大、期望收益也就越高，从而满足农户参与约束所需要的收益分享比例也就越低。当然，如果农户在从事农业适度规模经营中接受的政府资助是有偿的，还应满足下列约束条件：

$$\beta m_1 p(s_1^*, n)R - g(s_1^*) - n_1 \geqslant 0 \qquad (6-25)$$

如果这笔财政资金对于农户从事农业适度规模经营是必需的，则该约束条件也势必是紧绷的。因此，农户所要求的最低收益分享比例 β 还应满足下列条件：

$$\beta m_1 p(s_1^*, n)R - g(s_1^*) - n_1 = 0 \qquad (6-26)$$

然后，将式(6－22)减去式(6－26)可得：

$$(1-\beta)m_1 pR = n - n_1 \qquad (6-27)$$

从中可以看出，当政府对农户从事农业适度规模经营进行有偿资助时，政府从中所获取的收益份额不能超过其资助的总额，否则农户宁愿不接受这种资助。因为这种索取会降低农户在从事农业适度规模经营中的努力程度，致使其期望收益下降。在这样的情形下，涉农企业必须给予农户更高的收益分配比率才能实现均衡。从这个角度来看，涉农企业的收益会较无偿资助时减少，进而会对农户从事适度规模经营的自有资本投入更高、加重农户从事农业适度规模经营的成本。另外，如果政府并不要求按比例分享价值链运行收益，只要求获取固定回报，若将其标记为 θ，也会导致结论发生显著变化。为此，假设政府在获取固定回报有

偿资助方式下，最优合约的规划问题由式 6－28 决定：

$$\max_{m_3}(1-m_3)p(s_3,\ n)R-(1-n)$$

$$s.t.\quad s_3^*=\max_{s_3} m_3 p(s_3,\ n)R-g(s_3)-n+(n_2-\theta)$$

$$m_3 p(s_3,\ n)R-g(s_3)-n\geqslant 0 \tag{6-28}$$

与此同时，在“公司＋农户”这一价值链下，农户在从事适度规模经营中是否接受政府财政支持还需要满足以下条件：

$$m_3 p(s_3,\ n)R-g(s_3)-n_1-\theta\geqslant 0 \tag{6-29}$$

由式(6－29)可知，如果政府在有偿方式中仅要求获取固定回报，则在有偿资助方式下，势必存在 $s_3^*=s_1^*$，$m_3=m_1$，$n_3^*=n_1^*$，$\theta>0$。可以看出，如果政府仅要求获得固定回报的有偿资助，其激励方式是中性的，并不会对农户从事适度规模经营效率和预期收益造成影响，只是在利益分配中有固定部分转移至政府手中。虽然债务资本仅要求固定回报，但由于农业的基础性、公益性特征以及农户抵押资产不足，其参与积极性也较低。如果政府牵头成立专门的担保基金，这一问题就可以迎刃而解。而且从政府层面来说，担保是市场化运作方式，而且可以有效地解决政府对于农业适度规模经营支持的财政负担。从具体实践运用层面来看，在未来农业价值链金融创新中，政府的作用需要进一步激发。这也是提升和促进农业适度规模经营发展的关键。

四、综合结论

上述分析中，本书分别揭示了在没有政府介入和有政府介入时候的，涉农企业能否通过农业价值链向农户提供金融服务主要源于农户自有资金投入力度以及政府的财政支持力度。在没有政府介入的情况下，农户跨越涉农企业所要求的自有资金投入“门槛”是涉农企业向农户提供金融服务至关重要的因素。还需要注意的是，自有资金存在显著的“门槛效应”，要实现农户和涉农企业在价值链上的有效衔接，农户所提供的自有资金的投入力度应该跨越临界值，否则也不会实现兼顾农户从事农业适度规模经营的努力程度、预期收益及其分享份额之间的有效均衡。

农户在从事农业适度规模经营中自有资金的投入力度，反映的往往是农户切入价值链的综合实力。同时，由于在价值链上农户和涉农企业之间已经形成了相互联系、相互制约的物流、人流和信息流关系。所以，在价值链上农户自有资金兼具资产专用性特质，农业价值链将自有资金“锁定”在特定用途、专用性质上。如果将其分离或者进行让渡，农户将在面临整体福利损失的同时，负担更多交易成本。但资产专用性越强，所需的知识与技能要求也就越高，锁定效应也就越强。所以，这也进一步证实了上述理论推导部分所提出的基本结论。解释了在“公司+农户”价值链下，涉农企业一般都要求农户有足够的要素投入，如涉农公司一般都要求签订订单的农户有专门的投入（如大棚、畜社等）或预付保障金的重要原因。综合而言，在没有政府介入的情况下，农户从事农业适度规模经营自有资金的投入既是维持整个农业价值链运行的保障，也是涉农企业向农户提供金融服务的关键。

在有政府介入的情况下，如果政府对从事农业适度规模经营的农户进行有偿资助时，政府对其进行资助的收益份额不能超过其资助的总额，否则农户宁愿选择拒绝接受资助。并因此降低其从事农业适度规模经营的努力程度，进而降低期望收益。在这种情形下，涉农企业必须给予农户更高的利益分配比率才能实现价值链均衡。可以发现，涉农企业的收益在有偿资助时的收益会较无偿资助时的收益会减少，进而降低其通过价值链向农户提供价值链金融服务的积极性。换言之，要提升涉农企业向农户提供金融服务的积极性，政府可以通过成立专门的担保基金，对农户从事农业适度规模经营的金融需求进行担保，也可以实现农户努力程度和涉农企业利益均衡之间的一致性。

唯有如此，才能在激发涉农企业向农户提供金融服务的积极性时，为农户依托农业价值链进行间接融资创造前提条件。可以说，在农业价值链上，涉农企业向农户提供直接价值链融资服务是基本前提，决定着商业银行等金融机构提供间接价值链融资服务的成效以及预期目标。综合而言，农业价值链金融创新的过程是涉农企业主导的直接融资模式和商业银行主导的间接融资模式协同并进、互为条件的系统性演化过程，而不单单是涉农企业和金融机构的个体行为。因此，当新时期商业银行进行农业价值链创新时，应充分发挥涉农企业和政府作用，不应各自为政，应通力合作、形成合力，依托农业价值链，全面化解农户从事农业适度规模经营的融资难、融资贵、融资少问题。

第七章　农业适度规模经营与金融服务共生模式及其选择

立足农业适度规模经营与金融服务通过农业价值链实现了共生演化这一特征事实，虽然本书从交互作用机理和微观行为机理两个层面对农业适度规模经营和金融服务共生演化的机理进行了解析，但是农业适度规模经营与金融服务沿着农业价值链的共生演化所生成的农业价值链金融新业态是否已经对农业适度规模经营产生了显著促进作用？各微观主体是否达到了互惠互利的状态？这种状态能否持续下去？这些都有待于进一步通过农业适度规模经营和金融服务共生模式的判断给出进一步的解答，并以此明确新时期农业适度规模经营和金融服务共生模式选择的主要思路、主要路径。

第一节　价值链金融服务对农业适度规模经营的影响评估

在前面已经揭示农业适度规模经营和金融服务创新共生演化在金融服务端所呈现的变化就是农业价值链金融的出现。因而要判断农业适度规模经营与金融服务共生模式至关重要的一步就是要评判两者共生结果——农业价值链金融对于农业适度规模经营的影响效应。为此，在此部分，继续以第五章中的农业价值链金融需求及影响在因素实证中所涉及的实证结果为基础，运用倾向匹配得分法评判价值链金融服务对农业适度规模经营的影响效应。

一、评估方法说明

评估项目产生效应是经济学中一个非常重要的组成部分，一般这类研究在经济学中被称为“项目效应评估”，有时被称为“处置效应”。参与项目的全体被归入“实验组”或者“处置组”，未参加的项目个体被归入“控制组”或者“对照组”。然而，由于处置组和对照组的初始条件并不完全，评估中存在显著的“选择偏差”。为此，Rubin（1974）提出了“反事实框架”。虚拟变量 $D_i=\{0,1\}$ 表示个体是否参与此项目，如果参加，则 $D_i=1$，若不参加，则 $D_i=0$。把 D_i 可以看成是“处置变量”。结合本书的实际，$D_i=1$ 表示获取农业价值链金融服务农户；$D_i=0$ 表示没有获取农业价值链金融服务农户。如果将这两类农户能否从事农业适度规模经营的结果标记为 s，那么 D_i 能否对 s 有因果作用？对于农户 i 来说，其能否从事农业适度规模经营的可能性，取决于是否获取农业价值链金融服务，即：

$$s_i=\begin{cases}s_{1i}, & D_i=1\\ s_{0i}, & D_i=0\end{cases} \tag{7-1}$$

式中，s_{1i}表示农户获取价值链金融服务后从事农业适度规模的状况，s_{0i}表示农户未获取农业价值链金融服务后从事农业适度规模经营的状况。但事实上，如果农户 i 获取农业价值链金融服务，则可以观测到 s_{1i}，但是无法观测到 s_{0i}。相反，如果农户 i 没有获取农业价值链金融服务，也只能观测到 s_{0i}，而无法观测到 s_{1i}。这事实上面临着“数据缺失”的问题。如果将式(7-1)改写成分段函数，则更为简洁的表达方式为：

$$s_i=(1-D_i)s_{0i}+D_is_{1i}=D_is_{1i}+\underbrace{(s_{1i}-s_{0i})}_{\text{处理效应}}D_i \tag{7-2}$$

式(7-2)中的$(s_{1i}-s_{0i})$为农户 i 获取农业价值链金融服务的因果效应或者处理效应。显然不同的是，农户获取农业价值链金融服务的处理效应是不同的。因此，可以将(s_{1i}, s_{0i}, D_i)视为三维向量(s_1, s_0, D)总体的随机抽样。如果假设样本总体为 iid，对于任何 $i\neq j$，(s_{1i}, s_{0i}, D_i)的概率分布与(s_1, s_0, D)的概率分布是一样的。因而两者之间是独立的，这就意味着不存在溢出效应。换言之，农户 i 是否获取价值链金融服务并不影响其他农户，这个假定被称为“个体处理效应稳定假设”。由于处理效应$(s_{1i}-s_{0i})$为随机变量，因此，应比较关心其期望值，即平均处理效应(ATE)，可以表达为：

$$ATE = E(s_{1i} - s_{0i}) \tag{7-3}$$

平均处理效应的经济学内涵是从总体中随机抽取个体的期望处理效应，无论农户是否获取农业价值链金融服务。虽然有学者批评其过于宽泛，因为有些农户根本没有资格获取价值链金融服务。但 *ATE* 依然十分有用，因为其重新界定了总体而将无资格农户排除在外。同时，另外一个概念也十分重要，那就是获取农业价值链金融服务农户的平均处理效应，就是“参与者平均处理效应”或者“参与者处理效应”(*ATT*)，可以表达为：

$$ATT = E(s_{1i} - s_{0i} | D_i = 1) \tag{7-4}$$

对于政策制定者来说，在评估农业价值链金融服务的影响效应时，*ATT* 指标更为重要。因为其反映的是获取农业价值链金融服务农户的从事农业适度规模经营的净收益。在特殊情况下，*ATE* 和 *ATT* 可能相等。但一般情况下，两者并不相等。由于不能同时观测到 s_{0i} 和 s_{1i}，因此，应该如何估计 *ATE* 和 *ATT* 呢？如果简单地比较获取价值链金融服务农户和未获取价值链金融服务农户在从事农业适度规模经营情况，就会直接导致选择偏差。因为：

$$\underbrace{E(s_{1i} | D_i = 1) - E(s_{0i} | D_i = 0)}_{\text{参与者与未参与者的平均差异}} = \underbrace{E(s_{1i} | D_i = 1) - E(s_{0i} | D_i = 1)}_{ATT} + \underbrace{E(s_{0i} | D_i = 1) - E(s_{1i} | D_i = 0)}_{\text{选择偏差}} \tag{7-5}$$

由式(7－5)可知，参与者与为参与者的平均差异可以被分解为“参与者处理效应”(*ATT*)和选择偏差两部分。如果选择偏差够大，则 $E(s_{0i} | D_i = 1) < E(s_{1i} | D_i = 0)$，出现未获取价值链金融服务农户从事农业适度规模经营反倒高于获取价值链金融服务的情况。进一步地，定义“非参与者平均处理效应”(*ATU*)，由于农户会根据其参加项目的预期收益 $E(s_{1i} - s_{0i})$ 而自我选择是否参与项目，进而会对估计平均处理效应带来困难，因此，这些被称为“选择难题”。解决这一问题有两种方法：一是个体依可测变量选择是否参加项目；二是个体依不可测变量选择是否参加项目。在本书中，主要基于第一种方式进行匹配估计。其基本思想是：

找到一组没有获取农业价值链金融服务的农户作为控制组，这组农户，除了是否获农业价值链金融服务与对应的处理组有区别之外，能够影响农业适度规模经营的其他因素与获取价值链金融服务的农户相同。这样就可以直接考虑农业价值链金融服务对农业适度规模经营的影响，而不会受到其他因素的影响。假定农户在接受农业价值链服务之前的特征变量如下：

$$P_r(X_i) = P_r(D_i = 1 \mid X_i) = E(D_i \mid X_i) \tag{7-6}$$

式(7-6)中，P_r 表示农户从事农业适度规模经营概率，X_i 表示影响农户从事农业适度规模经营的因素或者匹配变量。本书使用 Logit 命令计算倾向得分。在匹配过程中，还要满足共同性假设与平衡性假设。所谓共同性假设，是指处理组与控制组有相同的倾向指数范围，而平衡性假设是指在两组中匹配变量是没有差异的。对于平衡性假设是否满足，根据 Smith 和 Todd（2005）的观点，有两条判定标准：第一，匹配后标准偏差的绝对值应小于 20%（Rosenbaum 和 Rubin，1985），标准偏差越小，说明样本的匹配效果越好；反之，则说明两组农户并未具有相似的特征，两组农户从事农业适度规模经营的差异并不可靠；第二，根据 T 检验判断呈显著性差异。

二、变量选取及处理

在评估价值链金融服务对农业适度规模经营影响时，所涉及的主要变量包括农业适度规模经营（Scale），在对其进行量化时候仍以典型的土地适度规模经营模式为例进行展开。如果农户通过土地经营权流转从事适度规模经营，则用虚拟变量 1 来表示；如果没有通过土地经营权流转从事适度规模经营，则用虚拟变量 0 来表示。农业价值链金融服务（Vfin）是“处理变量”，在量化时聚焦订单农业这一价值链，对如果签订订单后，新型农业经营主体是否满足您家的相关融资担保需求”选项进行量化。选“是”，则赋值为 1；选“否”，则赋值为 0。参照上文研究，在此部分选取的匹配变量主要包括：农户受教育程度（Education）、风险偏好（Risk）、市场距离（Distance）、农产品市场价格（Price）、市场协作主体选择（Selection）、资产专用性（Asset）以及政策支持（Policy），具体量化方式同上文一致。

三、实证结果及分析

采用倾向匹配得分法首先至关重要的步骤就是要对匹配变量进行平衡性检验。见表 7-1。由结果可以看出，匹配后所有变量的标准偏差都小于 20%。只有农产品市场价格（Price）这一变量的匹配后标准偏差的绝对值为 20.7，但似乎可以接受。而且从 T 检验结果可知，大部分匹配变量的检验结果无法拒绝处理组和控制组无系统差异的假设。当然，受教育程度（Education）、风险偏好（Risk）、农产品市场价格（Price）等变量除外。

表 7-1　匹配变量的平衡性检验

变量	处理	均值		标准偏差	标准偏差或减少幅度	T 统计量	伴随概率
		处理组	控制组				
Education	匹配前	1.804	1.685	16.1	-23	1.61	0.108
	匹配后	1.802	1.657	19.8		1.78	0.076
Risk	匹配前	1.584	1.647	-8.4	-113.1	-0.84	0.400
	匹配后	1.587	1.454	17.9		1.67	0.096
Distance	匹配前	1.711	1.944	-27.2	97.5	-2.62	0.009
	匹配后	1.715	1.721	-0.7		-0.08	0.935
Price	匹配前	2.960	2.724	28.8	28.41	2.89	0.004
	匹配后	2.954	3.122	-20.7		-2.01	0.045
Selection	匹配前	2.023	1.668	45.3	96.7	4.53	0.000
	匹配后	2.017	2.006	1.5		0.14	0.891
Asset	匹配前	0.532	0.099	104.9	93.3	10.83	0.000
	匹配后	0.529	0.500	7.0		0.54	0.591
Policy	匹配前	0.919	0.750	46.6	96.6	4.50	0.000
	匹配后	0.919	0.924	-1.6		-0.20	0.842

当然，表 7-1 中给出的是各变量匹配前后绝对值的分布特征，各变量标准化偏差的匹配前后变化，可以继续从图 7-1 中得到进一步佐证。可以看出，大部分变量的标准化偏误在匹配后都缩小了。

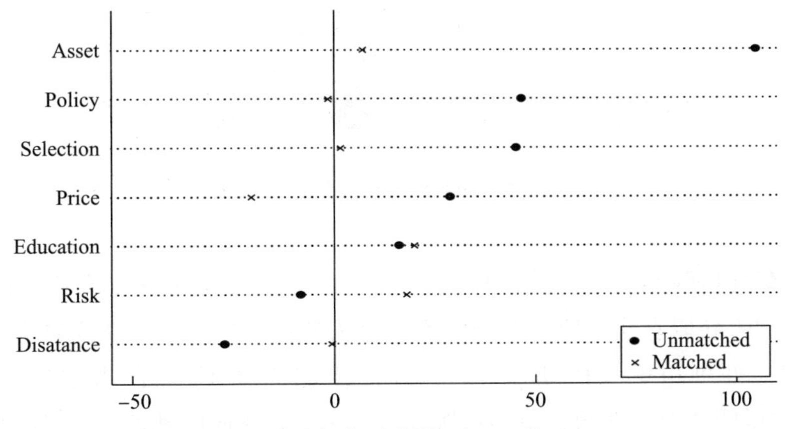

图 7-1　各变量匹配前后标准化偏差变化

除此之外，匹配变量还必须满足共同假设。检验结果见表 7 – 2。由结果可知，观测中共有 4 个不在共同取值范围内，处理组中共有 4 个值不在共同取值范围内，其余的 401 个值均在共同取值范围内。当然，这一点也可以由图 7 – 2 可以得到更为直观的表达。从中可以看出，大多数观测值均在共同取值范围内，所以在倾向得分匹配时仅会损失少量的样本。

表 7 – 2　共同假设检验

类别	不在共同取值范围	在共同取值范围	合计
控制组	0	232	232
处理组	4	169	173
合计	4	401	405

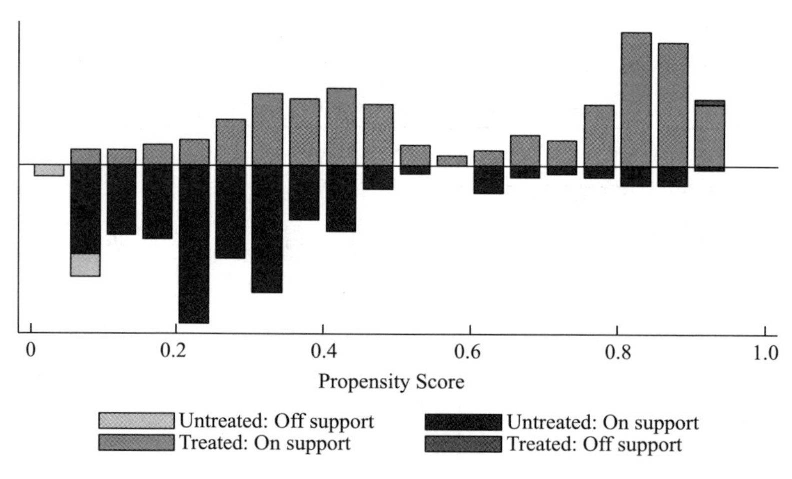

图 7 – 2　倾向得分的共同取值范围

以平衡性检验和共同假设为基础，表 7 – 3 继续给出了获取农业价值链金融服务农户和未获取农业价值链金融服务农户从事农业适度规模经营的差异。从中可以看出，处理组的 ATT 是 0. 535，控制组的为 0. 412，两者之间的差异为 0. 123，这说明获取农业价值链金融服务农户从事农业适度规模经营概率与控制组之间的差异是 0. 123，这可以看出，价值链金融对农业适度规模经营确实有一定的促进作用。但从其显著性来看，其 T 值为 1. 56，小于 1. 96 的临界值，故不显著。

这可能与农业价值链金融创新处于前期阶段、各类制度建设和风险防范措施不健全有一定的关系。这也进一步说明，当前的农业价值链金融创新与农业适度规模经营并未实现理论预期的共生关系。进一步解析当前农业价值链金融与农业适度规模经营之间的共生关系，明确未来共生模式选择，是亟待解决的重要问题。

表 7－3 回归结果分析

变量	估计结果		差异	T 值
	处理组	控制组		
Unmatched	0.538	0.409	0.128	2.57
ATT	0.535	0.412	0.123	1.56
ATU	0.417	0.434	0.017	
ATE			0.063	

第二节 农业适度规模经营与金融服务共生模式：重庆价值链金融案例

一、农业价值链金融创新的主要模式

在上述分析中，通过评估发现当前作为农业价值链金融服务创新新模式的农业价值链金融与农业适度规模经营之间并未形成理论预期目标。有必要进一步对现行农业适度规模经营与金融服务共生模式进行解构，并以此为基础揭示其面临的主要问题及困境，明确新时期两者共生模式选择的基本依据。为此，在本书选取重庆市为研究案例样本，聚焦主要涉农银行的农业价值链金融产品创新实践，通过对重庆市农业价值链金融创新模式的归纳，剖析现行的农业适度规模经营与金融服务创新共生模式。根据《重庆市银行业三农金融服务手册》中所涉及的涉农银行的农业价值链金融产品创新实践，将重庆市商业银行进行农业价值链金融服务创新的基本情况梳理成表 7－4。为了更好地对农业价值链金融创新模式进行解读，进一步对其进行划分。为此，在结构层面，一般可以将农业价值链金

融创新划分为横向价值链金融创新和纵向价值链金融创新两大类。其中，横向价值链金融创新主要通过产业环节内部新型农业经营主体、农户联保机制实现，多以各类联保贷款形式出现。纵向价值链金融创新一般通过跨价值链参与主体间的信用增级机制来实现。在农业价值链上，一般主要是指农户通过新型农业经营主体实现信用增级。随着价值链参与主体间相互投资增加、资产专用性提高以及龙头企业为主导的新型农业经营主体"品牌效应"的形成，新型农业经营主体和农户利益相互连接、信用共享、责任连带，提升了农户金融服务可获性程度。为此，可以将重庆市农业价值链金融创新划分为经营主体联保模式、政府主导型模式、核心企业担保模式、保理和账户质押模式、存货质押和订单融资模式、其他模式等典型类型。

表7-4 重庆市农业价值链金融创新实践

类别 银行名称	产品名称	产品特色	适用对象	贷款期限	贷款限额	贷款方式
中国农业银行重庆市分行	农业产业化集群客户融信宝业务	满足优质农业产业化龙头企业的下游产业链金融需求	保险公司投保国际贸易险的、在该行AA级及以上的国家级产业化龙头企业的核心经销商	最长不超过360天且不超过保险公司向核心经销商出具保单中约定的保险期限	不超过核心经销商与零售商交易发票金额的80%且不超过保单赔付的90%	
中国邮政储蓄银行重庆分行	农户联保小额贷款	用于满足其农业种植、养殖与其他农村经济发展有关的生产经营活动的资金贷款	农户、农企、其他各类经济组织	最长不超过2年	15万元	保证担保
	烟农小额贷款	向与烟草公司签订《烟草种植收购合同》的资信良好的烟农发放用于购置烟苗在移栽大田时所需基肥、地膜及所需燃料等烟草种植相关用途的贷款	农户、农企、其他各类经济组织	最长不超过1年	10万元	保证担保

续表

类别 银行名称	产品名称	产品特色	适用对象	贷款期限	贷款限额	贷款方式
重庆农村商业银行	农户联保贷款	手续简便、贷款期限长	农户	最长不超过3年	最高5万元	保证担保
	农村场镇个人信用贷款和联保贷款	贷款期限长、信用额度大	场镇居民、从事生产活动的农户	最长不超过3年	联保单户最高15万元	信用、保证担保
	重庆农村商业银行铜梁支行核桃联保贷款	信用额度大、手续简便	从事核桃收购、加工、贩运和销售的自然人	最长不超过1年	最高300万元	抵押担保、保证担保
	农民专业合作社贷款	使用范围广、担保方式多	依法登记、规范运作、合法合规、经营正常的农民专业合作社、合作社社员、发起成立合作社的企业	流动资金贷款原则上不超过3年、项目贷款最长不超过5年	根据借款人合理资金需求、偿还能力和生产规模确定	信用、保证担保、抵押担保
重庆璧山工商银行村镇银行	保理业务	有正常的应收账款就可融资、担保方式简单	农业企业、其他各类经济组织	最长不超过6个月	1000万元	应收款质押
	"公司+农户"贷款	担保简化、统一办理、效率高、利率低	为当地龙头公司提供经营或服务的农户	一般不超过1年	300万元，一般不超过50万元	由农业龙头公司提供保证担保
重庆巴南浦发银行村镇银行	信用村农户小额贷款	成本低、效率高、无须担保、方式灵活	被人民银行重庆营管部、巴南区人民政府联合评定为信用村的村民	一般为1年，最长不超过3年	一般情况为5万元以内，最高不超过10万元	信用

续表

类别 银行名称	产品名称	产品特色	适用对象	贷款期限	贷款限额	贷款方式
重庆大足汇丰银行村镇银行	“公司＋农户”/中间商贷款	针对与企业合作密切的上下游客户给予较高额度的无抵押贷款	与企业关系密切的农户、中间商	1年	需将企业、农户/中间商看成是一个相关方集团，总授信额度不超过800万元，单户不超过400万元	
	合作社联保贷款	针对合作社社员给予较高额度联保贷款	合作社社员	1年	单户70万元以下，将联保所有社员看成是一个相关方集团，总授信额度不超过800万元	
重庆丰都汇丰银行村镇银行	“公司＋农户”/中间商贷款	以农户、中间商/经销商为借款主体，直接贷款支持公司项目下的农户及其供应链中间商（泛指农业行业）以及有合作关系的经销商（非农业行业）	农户、中间商/经销商	1年	450万元	保证担保
	合作社联保贷款	以合作社社员为借款主体并相互联保，直接支持合作社下的社员	合作社社员	1年	450万元	合作社保证担保
重庆开县泰业村镇银行	财政补贴账户质押贷款	以财政补贴账户作为质押	农户、农企、其他各类经济组织	1年	—	质押担保
	租金收入账户质押贷款	以租金收入作为质押	农户、农企、其他各类经济组织	一般为1年，最长不超过3年	—	质押担保

续表

类别 银行名称	产品名称	产品特色	适用对象	贷款期限	贷款限额	贷款方式
潼南民生银行村镇银行	中小企业联保	无抵押品的企业，3户以上组成联保	农企、其他各类经济组织	1年	单户不超过500万元	保证
	银担合作	无抵质押物、担保公司认可的对象	农户、农企	1年	500万元	保证
重庆酉阳融兴村镇银行	农户联保贷款	3～5户农户联保、无抵债担保、放款时间段	农户	1～3年	500万元内	无抵押
重庆云阳恒丰村镇银行	“公司＋农民种、养殖户”	方便、灵活、快捷	农户、农企	1～3年	1万～500万元	抵押担保
	“公司＋法人”、股东连带责任担保	方便、灵活、快捷	农企	1～3年	1万～500万元	保证担保
	“公司＋基地＋农户”	方便、灵活、快捷	农企业	1～3年	1万～500万元	抵押担保
	“存货＋订单质押＋交易方保证”	方便、灵活、快捷	农企业	1～3年	1万～500万元	抵押担保

注：根据《重庆市银行业“三农”金融服务手册》相关内容整理汇总。

（一）经营主体联保模式

经营主体联保模式又可以分为农户联保模式和新型农业经营主体联保模式，其中农户联保模式主要是为了满足农户的融资需求；新型农业经营主体联保模式主要是为了满足合作社、涉农企业、家庭农场以及专业大户等新型农业经营主体的融资需求。对照来看，表7－4中的“农户联保贷款”“合作社联保贷款”“涉农中小企业联保贷款”“公司＋法人、股东连带责任担保贷款”就属于经营主体联保贷款模式。分析来看，该模式同传统小额信贷有一定类似性，都是借助农业价值链环节内部参与主体间的信用增级机制来化解逆向选择和道德风险，因而有一定的普惠性、包容性，而且该模式一般与特色农业产业、特定产业环节相挂钩，体现的是产业链、价值链主体在生产经营环节上的互动关系和相互作用，符合价值链金融的内涵界定和服务实体经济初衷。从创新主体来看，中国邮政储蓄银行重庆分行、重庆农村商业银行、重庆大足汇丰村镇银行、潼南民生村镇银行、重庆酉阳融兴村镇银行、重庆云阳恒丰村镇银行等商业银行都有经营主体联保贷款产品。从机构类型属性来看，除邮政储蓄银行、重庆农村商业银行属于全国性金融机构之外，其他均为村镇银行。从中可以看出，新型农村金融机构是进行经营主体联保模式创新的主力。

从贷款适用对象来看，除重庆农村商业银行推出的农户联保贷款、农村场镇个人信用贷款和联保贷款，重庆酉阳融兴村镇银行推出的农户联保贷款明确规定适用对象是农户之外，其他的经营主体联保贷款所涉及的对象都比较“泛化”，既适用于农户，也适用于农企、其他各类经济组织。由于农户与新型经营主体在财务实力、谈判能力以及风险承受能力等方面存在的先天劣势，在利润最大化机制驱使下，这种适用范围的“宽泛性”能否缓解、在多大程度上缓解农户的融资需求刚性就存在不确定性。另外，从历史源头和国际经验来看，这种模式也并未有向涉农企业、农民专业合作社贷款的先例，这种目标锚定逻辑是否会造成并加剧“使命偏离”悖论，也需要进一步考察和运用技术手段进行评估。

从贷款期限和贷款额度来看，重庆市商业银行推出的农户联保贷款的最短期限为 1 年，最长为 3 年。新型农业经营主体联保贷款一般以农民专业合作社贷款、专业大户贷款居多，最低期限、最长期限也分别是 1 年和 3 年。由于新型农业经营主体融资期限、融资额度一般较长，金融机构为了适应这一趋势，还推出了针对农业特色产业相关联的项目贷款。例如，在重庆市农村商业银行创设的农民合作社贷款中，若是项目贷款，其最长期限可以达到 5 年。从贷款额度来看，农户联保贷款的最低授信额度为 5 万元，最高为 15 万元；新型农业经营主体最低授信额度为 15 万元，最高授信额度为 800 万元，基本上能满足新型农业经营主体和农户的融资需求。

（二）政府主导型模式

政府主导型模式也就是“政府 + 信用村（镇） + 农户”模式。见表 7 - 4 中重庆巴南浦发村镇银行所推出的信用村农户小额贷款。其适用的主要对象是被人民银行重庆营管部、巴南人民政府联合评定为信用村的村民。从期限来看，贷款年限一般为 1 年，但最长不超过 3 年。从授信额度来看，一般为 5 万元，最高不

超过10万元。为什么要将其纳入农业价值链金融模式中呢？因为，从一般意义上来说，实际上可以把“信用村”看成是政府力量主导形成的“增信集团”，体现的是政府和农户的“信用捆绑”。在农业商品化程度比较低、市场化发育缓慢、分工不完善、专业化程度较低的地区，这种互动关系、资源配置方式，体现的就是农业价值链发展、利润创造的最初形态。因此，可以把这种模式纳入农业价值链金融创新中，并将其看成是模式构成之一。

从操作流程来看，在政府主导型模式下，如何评定“信用村”就成为承上启下的关键。表7－5给出了重庆市《巴南区信用村、信用镇（街）评定暂行办法》。在该办法中，对于信用村、信用镇评定给出了细致操作标准、评定指标。总体来看，对于信用村的评价标准是多维的、多层的，涵盖经济、社会发展各个层面。具体来说，经济层面体现的是政府参与程度、综合治理能力，涵盖内容主要包括政府对于经济发展整体规划、产业结构合理程度、村级治理能力、财务能力、村民遵纪守法情况、协助金融机构开展信贷调查的能力以及涉农不良贷款发生率等。在社会影响层面，涵盖信用村的宣传情况、社会治安治理等内容。另外，信用镇的评比也基本上涉及上述评定标准、操作指标。但在评定方法上，明确了“全镇信用村站辖区行政村比例不超过60%”的准入门槛条款，这事实上明确了信用村评比临界值和最大范围，因此，也无法在大范围、大区域内实现金融普惠、覆盖更多“长尾人群”。

表7－5　重庆市巴南区信用村、信用镇（街）评定暂行办法

类型	创建条件
信用村	（一）全村现有涉农贷款余额中的不良贷款低于3%，年度新增不良贷款不超过1%； （二）村“两委”会领导积极协助金融机构开展不良贷款清收工作，当年不良贷款清收笔数或金额不低于80%； （三）全村产业结构较为合理，有明晰的经济发展思路和规划，整体工作在本镇、街处于先进位次； （四）村级财务管理状况较好，村委会及相关经济组织与各单位（企业）和个人无任何债务纠纷； （五）村民诚实守信，遵守国家法律法规。村“两委”会领导班子团结、务实、威信高，凝聚力、责任心和工作能力强，能够大力支持农村信用体系建设工作，协助收集农户基本信息，以及帮助金融机构开展信贷调查等工作。同时，村“两委”会领导班子能带头诚实守信，无恶意拖欠贷款行为，以及能及时制止和纠正村民冒领死亡亲属养老保险、骗取社会救助金等违法违规行为； （六）诚信宣传工作情况较好，设有村级诚信宣传专栏； （七）全村社会治安综合治理情况较好

续表

类型	创建条件
信用镇	（一）全镇（街）信用村占辖区内行政村的比例超过60%； （二）全镇（街）现有涉农贷款余额中的不良贷款占比不超过3%，年度新增不良贷款不超过1%； （三）镇（街）干部协助涉农金融机构清收不良贷款，清收笔数或金额不低于80%； （四）镇（街）政府重视诚信建设，积极支持农村信用体系建设工作，带头诚实守信，无恶意拖欠贷款行为； （五）镇（街）政府及相关经济组织与各单位（企业）和个人无任何债务纠纷； （六）在镇（街）政府所在地设立诚信宣传栏

资料来源：《重庆市巴南区信用村、信用镇（街）评定办法》（巴南府办发〔2015〕42号）。

（三）核心企业（合作社）担保模式

核心企业担保模式是实践中最为典型、最具代表性的农业价值链金融构成。通过价值链上的核心企业向分布于其前端和后端的参与主体提供信用增级进而助其获取金融服务。由于农业价值链和工业价值链在属性、特征以及创造流程方面存在差异性，农业价值链和工业价值链中的核心企业属性也并不一致。一般而言，受农业现代化发展水平限制，农业价值链一般环节较少、主体稀疏，充当“核心企业”角色的一般是涉农企业和农民专业合作社。从其在价值链环节中的作用来看，涉农企业、农民专业合作社一般都在农业价值链的产前和产中环节发挥作用，起到连接“小农户”和“大市场”的作用，是衔接小农户和农业现代化的主要引领力量。对应表7－4，核心企业担保型模式就包括“公司＋农户”贷款、“公司＋中间商”贷款、“合作社＋农户”贷款、“公司＋基地＋农户”贷款等。需要注意的是，“合作社＋农户”贷款同上述的“合作社联保贷款”是不同的。两者最主要区别就是担保方式。前者主要是以农民专业社整体名义向入社农户提供担保，后者是入社农户间的相互担保。

从该模式的创新主体来看，中国农业银行重庆市分行、重庆璧山工银村镇银行、重庆大足汇丰村镇银行、重庆丰都汇丰村镇银行、重庆云阳恒丰村镇银行等都是核心企业担保型模式的主要创新力量。在分析各机构属性时可以看出，除中国农业银行为大型商业银行之外，其他商业银行均属于农村新型金融机构—村镇银行。从适用对象来看，除重庆璧山工银村镇银行明确规定适用对象是农户，中国农业银行、重庆云阳恒丰村镇银行的“公司＋基地＋农户”贷款明确规定适用对象是企业之外，其他机构的适用对象均是农户、农企。从期限来看，仍以短期为主，最长不超过3年。

从贷款额度来看，除中国农业银行重庆分行明确了“不超过核心经销商与零售商交易发票金额的80%且不超过保单赔付的90%”的限额之外，其他商业银行均对授信额度做了具体规定。如重庆璧山工银村镇银行确定的授信额度为300万元，一般不超过50万元；重庆大足汇丰村镇银行将企业、农户/中间商看成一个相关集团方阵，总授信额度不超过800万元，单户不超过400万元。重庆丰都汇丰村镇银行所确定的授信额度为450万元，重庆云阳恒丰村镇银行所推出的相关产品都介于1万~500万元。总体来说，授信额度较大。

（四）保理和账户质押模式

保理和账户质押模式也是农业价值链金融典型代表模式。在提到保理业务之前，不可回避的要提到应收账款质押融资。按照《中华人民共和国物权法》第232条规定，债务人或者第三人将其合法拥有的应收账款出质给债权人。当债务人不履行债务，质权人就该收回应收账款及其他收益优先受偿。从实质上来看，保理就是应收账款转让。其本身就是一种融资方式。商业发票融资、福费廷也属于应收账款转让范畴。但其与应收账款质押融资是不同的。一是法律性质不同。应收账款质押融资适用于《物权法》和《应收账款质押登记办法》，保理业务则适用于《合同法》。二是生效条件不同。在保理中，债权人转让权利时应当通知债务人。若未经通知，该转让行为就对债务人失效。而在应收账款抵押融资中，在质权自征信机构办理出质登记时就已设立。除此之外，保理和应收账款质押融资在质权人和受让人的法律效力、债务人法律效力、运行机制、适用范围等方面也存在显著不同。由此可以看出，保理的主要适用对象主要应是资金需求较大的各类新型农业经营主体。如重庆璧山工商银行村镇银行推出的保理业务，其适用对象就是农业企业和其他各类经济组织、授信额度为1000万元。从期限来看，一般也以短期融资为主，期限最长不超过6个月。

账户质押则主要是指债务人或第三人以其银行账户所表彰的财产权利为标的向债权人出质以担保其债权实现的方式，债权人依此担保方式所取得的担保物权。由于账户本身不具备价值和交换价值，因此，账户质押融资的实质是账户内资金存量以及与此相关的现金流。虽然，我国现行法律对于浮动担保制度尚未明确，但是账户质押协议对于贷款银行和融资主体是有效的。因此，在实践中，也被广泛运用、推广。在表7-4中，典型的案例是“重庆开县泰业村镇银行”所推出的财政补贴账户质押贷款和租金收入账户贷款两种。从其适用范围来看，这两种类型的适用对象主要是涵盖农户、农企、其他各类的经济组织。从借款期限来看，财政补贴账户质押贷款和租金收入账户质押贷款的贷款期限均为1年，但租金收入账户质押贷款明确了不超过3年的上限。

（五）存货质押和订单融资模式

从质物的角度来看，除应收账款和账户可以作为质押物之外，在金融机制创新中存货和订单也可以被看成是重要的担保物范畴。因此，存货质押和订单融资也是农业价值链金融的重要模式。其中，存货质押模式主要是指农业经营主体将存货作为质物向贷款人借款。为了实现质押物所有权的转移，贷款人一般会委托物流公司、资产管理公司对质物进行存储和监管。订单融资根植的主要场景是订单农业，是农业经营主体凭借其与买方稳定、可信牢固的产品订单，在成熟技术和有效产能的保障下，由银行提供专项贷款供农业生产经营主体组织生产、购置农业生产资料，农业经营主体用销售货款向贷款人偿还贷款的融资模式。

由于农业产业化发育程度较低、制度保障体系不完善。在实践中，一般会将这两种模式结合起来运用。由表7－4可知，“重庆云阳恒丰村镇银行”所创设的“存货＋订单质押＋交易方保证”这一模式实质上就是两者的结合体，主要适用于农业企业，贷款期限为1～3年，授信额度最低为1万元，最高为500万元，可以满足新型农业经营主体多样化金融服务需求。随着农业产业化、特色化、商品化发展深化，农村物流体系的不断完善，存货质押、订单融资两种模式发展会更为成熟、普惠性更强，对解决农业融资难问题的带动作用也会更强。

（六）其他模式

在一个完整农业价值链中，物流、信息流、人流以及资金流是同步的，各要素是一个协同“工作组”。因此，农业价值链发展也会在外部形成各种信息链、物流链以及金融链。因而，在其他模式中，一个主要的模式就是金融价值链模式。而这种最为典型的代表就是“银担合作”。该模式通过融资担保向“三农”提供金融服务，在农业价值链外部实现了金融机构的联动、配合了协同支农格局。从这个层面来看，可以把该模式看成是农业价值链金融创新内涵的延伸和拓展，对于解决农业融资难、融资贵问题提供了一种新思路，对于稳增长、调结构、惠民生有重要促进作用，在实践中，受到商业银行等金融机构的推崇。

从表7－4可以看出，潼南民生村镇银行所推出的“银担合作”就属于这一类型。其所适用的对象范围主要是无抵押担保物、被担保公司认可的农户和农

企。融资期限一般为1年，但贷款额度较大，一般为500万元，对于解决新型农业经营主体融资需求、化解“金融排斥”、实现农业价值链与金融价值链的协同交互有着重要的推动作用。

二、农业价值链金融创新的评判

基于重庆市农业价值链金融创新模式创新主体、适用对象、期限、额度等介绍，可以发现，农业价值链金融对于解决农业经营主体的融资需求有先天比较优势和特色，为新时期金融创新指引了方向。但不同模式适应“场景”是不同的，能否有效反映农业价值链金融核心内涵和创设初衷需要进一步评判。

一是农业经营主体联保模式更多体现的是从事特色农业产业的农户内部、新型农业经营主体内部的互动关系。因而，这一模式更多聚焦的是单一价值链环节，并未体现不同主体之间、不同环节之间的互动性。从我国现行政策逻辑来看，推动“小农与农业现代化有效衔接”是政策主基调、大方向，新型农业经营主体和农户合作共赢、利益分享是必然路径选择。这种依托农业经营主体相互担保、提供金融服务、实现风险分担的模式，在一定程度上并未考虑农户和新型经营主体之间的有机联系，仍根植于传统小额信贷的制度框架，与农业价值链金融的本质初衷、核心内涵有一定偏离。

二是政府主导型模式在一定程度上解决金融服务供给中的信息不对称问题，扫清了制度性障碍。值得肯定的是，通过政府信用的介入，确实也解决了农户因为抵押物缺失、不足等原因，无法获取正规金融机构青睐的困境，为正规金融机构支农、实现乡村振兴以及实施金融创新提供了一个全新思路、强有力保障。可以说，在这一模式下，一方面，政府、金融机构和农户实现了有效互动，推动了农业价值链发展；另一方面，该模式由于依托的是政府信用“背书”，很难在大范围、大区域内推广。当然，作为这一模式关键的“信用村”“信用镇”的评价指标也在一定程度上存在主观性，量化标准无法真实有效，仍存在一定的改进空间。

三是核心企业担保型模式通过整体授信、信用传递与增级等农业价值链内生机制，有效地解决了分布于核心企业前端、后端农业经营主体的融资需求，体现了新型农业经营主体与农户之间、新型农业主体之间以及农业价值链环节之间的互动性、衔接性。需要注意的是，农业价值链运行的特殊性决定新型农业经营主体和农户都有违约可能性。如在“公司+农户”这一价值链下，公司和农户都存在违约的可能性。当市场价格高于农户和公司所确定的合约价格时，农户就有可能违约。如果合约价格高于市场价格，涉农公司违约概率就会增加。从中也可以看出，核心企业担保型模式无法分散农业价值链运行中的自然风险、市场风险以及委托代理风险，可能会产生不良影响。

四是保理和账户质押融资模式期限较短，基本上可以满足农业经营主体，尤其是新型农业经营主体的短期性融资需求。随着农业价值链环节的拓展，新型农业经营主体之间会形成积聚大量应收账款，保理模式对涉农企业、农民专业合作社、家庭农场等新型农业经营主体有较大适用性、运用价值。随着新型农业主体偏向的财政补贴、支农体系建立，财政补贴账户质押融资将获得新发展、迈入新阶段。除此之外，租金收入账户质押融资的发展前景也比较乐观，会成为流转土地、从事农业适度规模经营专业大户的重要融资模式选择。

五是存货质押和订单融资模式在一定程度上充分利用、拓展了价值链参与主体抵押物范畴，一方面，保障了“一单一贷，汇款结算”，保障了农业价值链的有效运行以及参与主体的融资需求；另一方面，综合比较发现，无论是存货质押融资还是订单融资模式，面临最大的问题就仍是信息资源不充分、存货监管以及农业订单真实性、稳定性问题，无疑会限制其效应发挥。这也从侧面反映出要推动这两种模式发展，靠农业价值链内生增信机制仍是不够的，需要制度条件保证以及政府政策支持。如政府为存货质押和订单融资模式创新提供基础设施、监管条件以及制度建设方面的财政支持等，为满足农业经营主体的融资需求提供强有力的保障。

六是在其他模式方面，由于商业银行和担保机构缺少内在合作动力，该模式在很大程度上陷入了“零和博弈”的怪圈，资金供给成本事实上转嫁给了农业经营主体。从长远来看，对于农业价值链的持续、健康、快速发展的影响效应需要实践检验。同时，由于农业弱质性、多重风险交织的复杂性特征，若完全依托市场机制进行资源配置，势必会产生市场失灵问题，政府的介入是必然的。该模式显然并未体现政府在农业经营主体融资中的重要作用，这一点需要在后续创新中予以改进和深化。

三、农业价值链金融创新主要现实困境

综上所述，作为农业价值链金融创新主要模式构成，经营主体联保模式、政府主导型模式、核心企业担保模式、保理和账户质押模式以及其他模式的适用场

景、本质属性、适用对象都有很大差异，基于典型案例解构、归纳分析，就可以发现农业价值链金融创新存在的现实困境、目标偏离，以指引新时期农业价值链金融创新方向。经过进一步提炼与模式解构，现行农业价值链金融创新存在目标对象锚定存在一定偏差；聚焦价值链环节“哑铃化”塌陷；纵向增信机制缺失，未发挥新型农业经营主体对农户的增信效应；政府角色缺位，并未对创新风险进行分散与补偿；金融机构类型单一、存在资金不足的现实困境。

（一）目标对象锚定存在一定偏差

农业价值链金融创新主要是为了满足农业“长尾群体”的融资需求。从我国农业经营体系构成来看，这些群体主要是新型农业经营主体和农户。随着新型金融机构的发展、非正式金融机构的力量补充，新型农业经营主体的融资难、融资贵、融资少的问题已得到极大缓解。加之新型农业经营体系的建立健全、财政支持政策也逐步向新型农业经营主体倾斜、“三权分置”的土地改革深化，新型农业经营主体在很大程度上已经符合金融机构信贷供给的抵押物偏好、财产条件，金融机构存在向新型农业经营主体提供金融服务的内生驱动和利益诉求。因而，从这个角度来讲，农业价值链金融创新的主要目标锚定应是农户，这也是我国农业现代化发展阶段、产业化现实约束以及实现“小农户和农业现代化衔接”现代化路径下的必然选择，更符合农业价值链金融“普惠性”金融的本质内涵。然而，纵览现有农业价值链创新实践，现行模式的目标选择大部分仍聚焦的是涉农企业、农民专业合作社等新型农业经营主体，在对象锚定与我国“三农”发展的现实约束、实际发展存在一定偏差，并未体现农业价值链金融与传统金融的本质差异。

（二）聚焦价值链环节存在“哑铃式”塌陷

农业价值链和工业价值链存在较大不同，决定农业价值链运行的关键是产中环节。因此，农业价值链金融创新的关键是要满足生产环节的资金需求，而工业价值链金融创新聚焦的是产前、产后环节，主要目的是满足分布于产前、产后的中小企业的融资需求。一般而言，农业价值链环节较少、产业发展的特殊性决定产中环节是价值链金融产品设计的关键。是否以产中环节为重点，进行农业价值链金融创新将直接影响全局和预期目标。但从案例中所涉及主要模式的锚定对象来看，现行农业价值链金融创新关注较多的仍是产前、产后环节，与农业价值链金融创新理论预期存在一定的背离性，仍是将发端于工业领域的供应链金融创新理念的照搬照抄，并未体现农业价值链运行特色、“三农”发展现实约束以及乡村振兴的核心内涵，造成农业价值链运行中生产环节的金融服务需求陷入“哑铃式”塌陷困境。

（三）纵向增信机制缺失，未发挥新型农业经营主体对农户的增信效应

从现实国情、农业经营体系构建脉络和农村“一二三”产业融合发展的实现路径来看，新型农业经营主体和农户依托农业价值链深度合作、互惠共生是必然选择。这其中连接的纽带就是农业社会化服务。在农业价值链上，新型农业经营主体向农户所提供的社会化服务既应包括农业生产资料的供应服务、生产技术推广及运用、销售与物流运输服务等典型农业社会化服务类型，还应包括金融服务。从这个角度来说，新型农业经营主体依托农业价值链向参与农户提供担保服务也是实现“利益捆绑”、推动农业适度规模经营模式完善的必然要求。但从农业价值链创新实践来看，农户获取价值链金融服务依托的仍是农户联保、担保机构等增信机制，新型农业经营主体尤其是涉农企业向农户提供信用担保的案例并不多见。也正因此，在价值链型农业开展过程中，造成新型农业经营主体和农户之间努力程度、目标函数并不一致，这也是当下利益连接松散、委托—代理成本高昂、分配机制不完善的主要原因。

（四）政府角色缺位，并未对创新风险进行分散与补偿

农业价值链本身属性的差异性、特色性决定政府是重要参与者、政策保证者以及风险补偿者。但从上述案例中发现，政府除了在政府主导型模式中发挥了重要作用之外，在其他任何一种农业价值链创新模式中，都很少看见政府踪迹以及相应政策扶持。新型农业经营主体、农户合作形成抵押、联保机制完全依靠市场引领下进行农业价值链金融创新的范式能否持续、健康、稳定就有待进一步检验实践。因为，在价值链上新型农业经营主体和农户之间本身就存在多重委托—代理关系。如果不能根除这一问题，金融机构将承受过多外溢风险，进行农业价值链金融创新的积极性、主动性就会严重受挫，农业融资难、融资贵的困境仍然会步履艰难、雪上加霜。当然，农业自身发展特性、风险多重交织性以及农业价值链运行的不稳定性等因素也决定着政府需要实现角色“补位”，并对农业价值链金融创新与发展提供财税、制度乃至法律方面的支持，以调动金融机构从事农业价值链金融创新的积极性，更好地为“三农”发展服务。

（五）金融机构类型单一、存在资金不足困境

基于案例分析，在供给层面，现阶段从事农业价值链金融创新的金融机构仍以新型金融机构——村镇银行为主。随着新型金融机构改革的深入推进，村镇银

行在产品类型、服务方式创新等方面有较大发展和市场成长空间。而且村镇银行一般与大型商业银行存在密切联系，在客户获取、产品营销乃至人员配置等方面也有便利性。因此，村镇银行从事农业价值链金融创新可以充分发挥村镇银行的“近距离”支农优势，利于冲减交易成本和提升服务效率。由于农业价值链金融中涉及参与主体繁多、资金需求多样、风险集中度高，单靠村镇银行单一类型的金融机构在后续发展中势必会存在资金不足、持续性支农受限等问题，进而制约农业价值链金融发展。在信贷资金供应层面，大型商业银行有绝对优势。有鉴于此，在新时期农业价值链金融创新中，应充分发挥好村镇银行的“近距离”支农优势以及大型商业银行的资金优势，建立新型金融机构和大型商业银行之间的互动合作机制，逐步化解农业价值链金融创新中的支农资金不足问题。

第三节　农业适度规模经营与金融服务共生模式评判与选择

一、农业适度规模经营与金融服务共生模式评判

回顾一下，在分析框架部分，我们已经揭示共生模式一般分为寄生共生、偏利共生和互惠共生三种。其中，互惠共生又可以分为对称性互惠共生和非对称性互惠共生。在传统的金融创新范式下，农业适度规模经营主体和金融服务供给主体间因为存在普遍的“金融排斥”现象，农业经营主体的融资需求长期得不到满足。因此，如果从共生模式的角度来看，可以把农业适度规模经营主体与金融机构之间的共生关系看成是寄生模式或者偏利共生模式。

由于我国普遍存在的二元制结构形态，农业部门长期以来是我国工业化的附属部门和原材料的供给“基地”，但在“剪刀差”机制的作用下，农业部门事实上处于被压制和输出状态；农村金融服务供给也更是如此。农村金融机构在很长时间内充当了农村资金向城市、非农产业转移的“代言人”，陷入农村储蓄率高昂但融资需求刚性无法逆转的两难境地。因而农业经营主体和金融机构、农业和金融业之间的关系可以看成是一种寄生模式或者偏利共生关系。

结合价值链金融对农业适度规模经营影响效应的评估结果及案例分析中的现

行农业价值链金融创新的现实困境解析，作为农业适度规模经营和金融服务共生演化直接结果的——农业价值链金融，虽然在很大程度上实现了农业适度规模经营主体和金融机构之间的共生并解决了“金融排斥”问题。但是就本质而言，现行农业适度规模经营和金融服务在价值链上的共生模式仍处于非对称性互惠共生模式阶段。在很大程度上利于金融机构和新型农业经营主体，农户的金融需求及其权益保障有待进一步提升。由于是新型农业经营主体和农户在农业价值链上并未形成稳定的、多维度的合作关系，现行增信机制体现的仍是价值链环节内部的农户横向增信机制。纵向增信机制缺失，新型农业经营主体并未通过其在农业价值链中的地位优势、财务能力、引领作用为农户提供增信服务、融资服务。农业价值链上涉农企业等新型农业经营主体直接融资模式发展不足，也是造成当前商业银行价值链金融服务影响效应不显著的关键和主要原因。加之，政府角色的缺失，现行农业适度规模经营与金融服务在价值链上的共生模式仍然是一种非对称性互惠共生模式。

二、农业适度规模经营与金融服务共生模式选择

从共生模式的划分以及演化趋势来看，对称性互惠共生模式是必然结果和最终选择。农业适度规模经营和金融服务在价值链上演化的最终趋势是向“对称性互惠共生”模式转变。因此，农业适度规模经营与金融服务共生模式也应选择“对称性互惠共生”模式，应该是农户、新型农业经营主体等农业适度规模经营主体、金融机构以及政府之间实现互动，进而实现对称性互惠共生格局。新模式运作流程具体见图 7 - 3。这其中，农户、新型农业经营主体和新型金融机构三者的对称性互惠共生关系是系统的核心，其他为辅助条件。

（一）农户、新型农业经营主体和新型金融机构的对称性互惠共生关系

在这一状态下，新型农业经营主体为农户提供担保，并为价值链参与农户提供生产资料、技术指导、直接价值链金融服务以及后续的产品销售服务。如果是新型金融机构主导的价值链金融创新，新型农业经营主体应承担后续贷款收回工作。值得关注的是，由于新型农业经营主体和农户通过农业价值链形成了稳健、长期的合作关系，因此，其对农户的资信能力是最为了解、熟知的，这些软性指标也使新型农业经营主体还应承担对价值链参与农户的筛选职能，在某种程度上也可以降低农业价值链金融风险。

价值链参与农户主要负责产品生产、将产品销售给新型农业经营主体并从中

获取农业经营净收益。为化解农户和新型农业经营主体之间的委托代理关系和目标不一致问题，农户可以通过土地经营向新型农业经营主体提供反担保。金融机构则据此向农户提供价值链金融服务。在担保机制和反担保机制的作用下，农户和新型农业经营主体在努力程度和目标函数上存在一致性，利于化解两者之间存在的委托—代理关系。虽然，在农业价值链金融创新范式部分和重庆市案例分析中，现行也存在担保机制，但是，那种担保机制仅限于农户在价值链内部的横向联保。新型农业经营主体并未向农户提供担保服务、农户也并未向新型农业经营主体进行反担保，因此，两者之间在价值链上的互动关系并不强、利益连接机制也比较微弱，对农业价值链的成长以及金融机构依托价值链进行金融创新的不良影响十分严重。通过引入新型农业经营主体担保机制以及农户的反担保机制就可以有效地化解这一问题，形成三者之间稳定的、健康的、对称的互惠共生关系，形成商业信用和银行信用互动的良性格局，促进农业价值链金融创新持续、健康和稳定发展。

（二）其他对称性互惠共生关系

农户、新型农业经营主体和新型金融机构对称性互惠关系的形成还需要其他外在条件保驾护航和提供外在支撑。这其中涉及的主体主要包括政府、政策性保险机构、风险补偿基金以及传统大型机构等主要价值链参与主体。在政府方面，其主要的职责主要有成立风险补偿基金、为新型金融机构进行农业价值链金融创新提供财税政策支持、为农户和新型农业经营主体提供农业补贴等。

其中，风险补偿基金主要是出现违约事件后能对从事农业价值链金融创新的新型金融机构提供风险补偿。通过这粒“定神丸”扫清新型金融机构进行价值链金融创新的后顾之忧，让其全身心投入农业价值链金融创新大潮中。当然，由于农业价值链金融创新有一定的普惠性和正外部性，政府也应构建财政支持体系，为新型金融机构从事农业价值链金融创新活动提供引导和支持。

除此之外，政府还应从区域禀赋条件出发、在农业价值链能力建设方面，应建立“官产学”密切配合、协同共建的合作机制。这其中，政府通过产业规划、基础设施配套、制度保障以及政策支持等途径对农业价值链运行提供支持。尤其是在农业产业规划方面，要确保特色产业、特色产品的发展规划间的联动性、一致性，通过制度建设来赋予农业产业规划法律效力，有效消除“任期影响”，确保“一张蓝图干到底”，增强农业发展后劲和农业价值链运行稳定性。

政策性保险机构主要为农户提供政策性保险产品。虽然通过新型农业经营主体的担保机制、农户反担保机制以及政府风险补偿基金的介入降低了事情、事中和事后的各类金融风险，但事实上，除此之外，农业价值链运行中的自然风险并没有得到有效化解。农业生产受自然灾害影响十分巨大，尤其是极端恶劣环境更会使农业生产受到“灭顶之灾”。一般来说，进行产业化运营的农业产品一般都是特色化、商品化农业类型，若受到自然灾害影响，经济价值损失会更大。也就是说，向农业价值链供给保险产品是必需的。可以规避除金融风险之外的自然风险。

传统大型金融机构主要通过批发贷款机制给新型金融机构提供信贷资金支持。新型金融机构作为农业价值链创新的主力军，在服务效率和服务方式上更为灵活，但受限于发展时间较短，可贷资金相对不足的困境，可能会限制其进行农业价值链金融服务创新的持续性和动力。如果要保证新型金融机构在创新农业价值链金融中的持续性，传统大型金融机构就必须有所作为，通过批发贷款机制向新型金融机构提供信贷资金支持，并由新型金融机构向农业适度规模经营主体以零售方式提供信贷资金支持，化解当前新型金融机构进行农业价值链金融创新时所面临的基本困境，同时，促使传统大型金融机构和新型金融机构的互动、共生。

综上所述，要实现对称性互惠共生的关键就是要实现农户、新型农业经营主体和新型金融机构、政府、传统大型金融机构、政策性保险机构等农业适度规模经营主体、金融服务供给主体的互动、共生。唯有如此，才能保障农业价值链稳步运行、促进农业价值链金融创新和推动农业适度规模经营发展，全面化解农业适度规模经营中的融资难、融资贵和融资少问题（见图 7－3）。

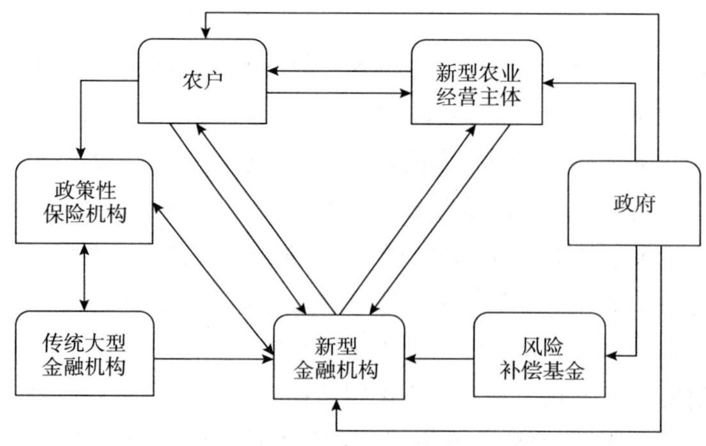

图 7－3　农业适度规模经营与金融服务对称性互惠共生模式

第八章　农业适度规模经营与金融服务共生发展的条件保障与政策建议

农业适度规模经营与金融服务在价值链上实现共生演化是发展的必然趋势，但其能否实现理论预期和按照自身演化轨迹运行在很大程度上会受到外在条件的干扰。因此，在新时期要实现农业适度规模经营与金融服务对称性互惠共生目标，就应创造相应的条件保障和出台系列政策。唯有如此，才能实现理论预期和达到既定目标。

第一节　条件保障

基于对农业适度规模经营与金融服务共生演化机理的分析以及相应的案例辅证，本书认为主要条件保障包括拓展农业价值链、构建新型农业经营体系、健全风险防范机制以及加大财政支持力度四个方面。其中，拓展农业价值链是农业适度规模经营和金融服务共生发展的基本条件；构建新型农业经营体系是农业适度规模经营和金融服务共生发展的组织条件；健全风险防范机制是农业适度规模经营和金融服务共生发展的稳定条件；完善财政支持体系是农业适度规模经营和金融服务共生发展的支撑条件。

一、拓展农业价值链

拓展农业价值链是农业适度规模经营和金融服务共生的基本条件和载体。农业适度规模经营和金融服务创新所形成的共生格局所依托的主要载体就是价值链。因此，若农业价值链缺失或者发展不成熟，两者共生局面也就不会出现。在金融服务端，因为共生演化所形成的农业价值链金融及其业态创新也就会受到很大的限制和约束。从这个角度来看，要巩固两者之间的共生关系，拓展农业价值链尤为重要。新时期要为农业适度规模经营和金融服务共生创造条件提供保障。在拓展农业价值链方面应该促进农村“一二三”产业融合发展、壮大农业新产业新业态和切实推进“互联网+农业”行动。

（一）促进农村“一二三”产业融合发展

农业价值链是产业之间分工密切与融合发展的直接原因和必然结果，这也是农业适度规模经营和金融服务实现共生的纽带、农业价值链创新的前提基础。因此，综合考虑现行农业价值链金融创新的主要模式及其基本特征，在促进农村“一二三”产业融合发展中具体应从以下几个方面入手：

一是强化农村市场建设，实现农产品价值增值。农村市场的发育程度是实现“一二三”产业融合发展的空间媒介和作用场所，直接决定着农村“一二三”产业融合的运行绩效和作用效果。为此，应科学规划、完善功能，强化农村市场建设，化解农产品交易过程中的交易成本，实现农产品价值增值。

二是发展农业产品加工业，提升农产品附加值。在实践中，加工业是同农产品生产最为密切的产业环节，也是加工企业同农户联系最为密切、最为频繁的融合形态，对于农业价值链金融创新的重要性不言而喻。但现阶段农村加工业普遍存在着小、散、弱的特点，鼓励农产品加工业通过兼并重组等方式做大做强，增强其市场竞争力、信用水平以及财务能力，在提升农产品附加值的同时为参与农户提供增信服务。

三是完善农村仓储物流体系，健全农产品产销稳定衔接机制。针对新时期的消费特点、需求特征，完善农村仓储物流体系，尤其是加快建立现代农产品冷链仓储物流体系，引导新型物流企业将其营业网点延伸至乡村，在实现农产品流通现代化的同时，也为金融机构在实施农业价值链金融创新中仓单质押模式提供支撑条件。

（二）壮大农业新产业新业态

拓展农业价值链与农业新产业、新业态的发展有着重要关系，两者之间存在显著的互动关系。一般来说，一个地区农业新产业、新业态发展越好，农业价值链环节也就越丰富、运行状态也就越稳定。当然，要拓展新的价值链，也势必要求发展农业新产业、新业态。两者事实上就是同一事物的不同侧面。只是一个代

表价值流，另一个代表产品流，核心内涵并无本质差异。当然，这一点也可以从实践中得到经验佐证。从案例中发现，现行农业价值链金融创新的主要领域大多是农业特色化、商品化以及市场化发展比较突出的农业新产业、新业态。因此，壮大农业新产业、新业态是拓展农业价值链的题中之意和必然要求。

一是发挥比较优势，确立区域特色产业。我国地域广阔、各地特色不一，尤其是特色农业资源更是千差万别的。因此，各地要充分挖掘特色农业资源，通过市场化运作、产业化经营、技术普及化示范以及管理组织化体制，将特色农业资源社会化、产业化、货币化、增值化，提升农业资源利用效率、产品附加值以及市场竞争力，培育形成农业新产业，增强对金融要素的聚合能力以及金融机构的吸引力。

二是优化空间布局，合理规划区域发展特色。继续推进“一村一品”“一镇一品”工程，错位发展、特色集聚、凸显优势，增强区域核心竞争力，为农业适度规模经营发展和金融服务共生发展提供产业根植土壤。

三是实施农业精品工程，强化品牌建设。农业品牌背后所蕴含的是农业发展实力和竞争力，映射到微观农业适度经营主体层面就是信用水平的提升，对农业价值链金融创新有显著的带动作用，进而有效地满足金融机构信贷供给偏好。更为重要的是，品牌化涉农企业、家庭农场以及农民专业合作社等新型农业经营主体一般有较强的财务能力、谈判能力和市场领导力，对于带动农业价值链参与主体实现“信用增级”有较大的促进作用，同时，对推动金融普惠也有重要作用。

（三）切实推进“互联网＋农业”行动

新时期农业价值链发展呈现新变化、涌现新特征。其中一个显著特征和新趋势就是农业产业与互联网的拥抱与融合。“互联网＋农业”成为当前我国农业发展中最为重要的业态形式。“互联网＋农业”将互联网技术与农业生产、加工和销售等产业链环节相结合，实现了农业发展的科技化、智能化、信息化。不仅如此，“互联网＋农业”发展也使我国乡村振兴出现了新的变化。例如，现实中快速涌现的“淘宝村”。按照阿里研究院和阿里乡村研究中心共同发布的《中国淘宝村研究报告（2016）》中的数据显示，截至2016年淘宝村已经超过1000个，达到1311个，淘宝镇超过100个，达到135个。

相比较传统型农业价值链类型，电商主导型的农业价值链交易成本更低、效率更快、增值空间也更大。从农业价值链拓展的角度来说，电商主导的农业价值链将是未来农业价值链发展的重要内容和构成。运用互联网技术改造传统农业、发挥电商的示范作用将是推动“互联网＋农业”行动的重要内容。具体来说：一是通过政策引导，加快建立新型农业经营主体、流通企业和电商企业的多维合作机制，实现线下和线上协同发展。二是支持电商平台和乡村服务点建设，推进电商下乡、物流下乡，在拓展农业价值链的同时，可以依托电商平台的综合实力，创新融资模式，为农业适度规模经营发展和金融服务共生奠定坚实的保障条件。

二、构建新型农业经营体系

构建新型农业经营体系是实现农业适度规模经营和金融服务共生发展的组织条件。农业适度规模经营的本质反映的就是新型农业经营主体培育以及经营模式转变。可以说，现代农业经营模式是我国农业经营体系转变的必然结果。金融服务作为服务农业发展的先行要素，也由“点对点”模式向“价值链金融”模式转变，是新型农业经营体系转变、农业发展新特点，金融机构调整行为、转变思路，实施创新的必然选择。而且从结构层面来看，农业价值链金融创新的内涵实质上也是增强新型农业经营主体和农户之间的相互联系，并在此基础上构建价值分享机制。这与构建新型农业经营体系在内容以及战略目的上存在一致性。构建新型农业经营体系也是实现农业适度规模经营和金融服务共生的保障条件。其中，确保农业家庭经营主体地位是前提条件，培育新型农业经营主体是主要抓手，强化合作、增强小农户与农业现代化衔接是主要内容。

（一）确保农业家庭经营主体地位是前提基础

家庭联产承包责任制是我国农村的基本经济制度，是符合我国农业农村经济社会发展规律的一项制度安排，在促进农业生产力解放、提高农民生产积极性等方面都产生了重大的作用。但也有学者对家庭联产承包责任制与农业现代化“兼容性”产生质疑，认为其是造成土地细碎化、生产经营规模狭小的“制度源头”。然而，事实并非如此。农业生产经营规模狭小产生是“人多地少”的自然条件约束，非人力所能为之，与家庭联产承包责任制并无必然关系。当然，这也由发达国家农业现代化一般规律所佐证：虽然美国、日本和法国农业现代化模式不同、道路不同，但均是建立在家庭经营基础之上的，家庭经营与农业适度规模经营并不冲突。家庭经营既适应于生产力水平低下传统农业需要，也适应技术和生产手段先进的现代化农业的需要。

在生产力水平较低、自给自足的封闭经济条件下，家庭经营的实质是一种低

水平的“稳态均衡”，这也是为什么以小规模生产经营长期存在的重要原因。同样，在技术和生产手段先进的现代化农业中，家庭经营也同样可以实现“稳态均衡”。在土地要素和流转市场发育较好情况下，随着劳动力转移速度加快，土地要素就可以在农户间自由流转，农户就可以实现横向分工，实现规模化经营，此时家庭经营就可以向专业生产大户、家庭农场等新型农业生产经营主体转化。

同时，参照发达国家农业现代化经验：如果产前、产中和产后环节的农业专业化市场化水平和发育程度较好、交易效率较高，农户同样可以在家庭经营基础上参与纵向分工，实现农业规模经济及动态均衡。确保家庭经营的是构建新型农业经营体系始终不变且必须恪守的制度底线。同时，从我国现行经营主体构成来看，分散经营农户占据较大比重，农业适度规模经营路径选择、农业价值链金融创新也必须立足这一现实约束，否则将出现预期背离和引发诸多矛盾。

（二）培育新型农业经营主体是主要抓手

在坚持家庭经营的基础上，我国新型农业经营体系构建的主要抓手就是培育新型农业经营主体。通过分布于农业产前和产后的新型农业经营主体带动产中环节的分散农户融入农业价值链和提供健全的农业社会化服务。按照宏观政策的基本界定，现行新型农业经营主体主要包括专业大户、家庭农场、龙头企业和农民专业合作社等。

一是选取特色明显、规模显著、示范效应好的主导农业产业、产品或“捆绑”几种农业产业品种，统一规划，组建新的龙头企业，在龙头企业的带动下，实现特色农业或者产品规模化，增强农业效益和整体竞争力；发挥国有商贸企业在农业营销、流通和人才服务方面的优势，通过引入市场机制来实现其机制转换，将其打造和培育成为地区性甚至区域性的龙头企业；引入先进技术、管理经验，实现体制创新，对传统农产品加工企业改造，推进其由简单粗加工向精细化、深加工转变，推动其转型升级，提升农业附加值和经济效益，切实发挥新型龙头企业在农业价值链金融服务直接供给以及纵向维度的“信用增级”作用。

二是培育生产合作社、流通合作社、信用合作社等农民专业合作社及其他合作经济组织，在完善农民专业合作社功能、瞄准发展定位上，建立农民专业合作社长效发展机制。同时，积极探索农民专业合作社模式创新，引导同质农民专业合作社间的联合、重组等，延伸产业链条、拓展市场版图与空间，通过联合经营克服农民专业合作社发展中存在的“小、散、弱”问题，增强农民专业合作社的综合竞争力。当然，这也可以发挥农民专业合作社在横向和纵向维度对于农业价值链参与农户的金融服务供给和信用增级作用。

三是重点培育专业大户和家庭农场。在现行约束条件下，培育专业大户和家庭农场在实践层面更有价值。因为专业大户和家庭农场实际上是农户内生发展和自然演变而来，在产业联系、资源禀赋条件和分布环节上与农户也最为接近，带动作用也越强，是构建新型农业经营体系的重要抓手。而且在现实层面，专业大户和家庭农场也是农户联系最为紧密、合作最为全面的新型农业经营主体。培育专业大户和家庭农场的过程，也是小农户蜕变、成长的过程。这一过程本身也利于增强农户金融服务可获性和改善金融服务需求环境。

（三）强化合作，增强小农户与农业现代化衔接是主要内容

除上述之外，构建新型农业经营体系还应实现经营体系中农户和新型农业经营主体的互动和衔接。目前，我国现行新型农业经营主体培育已经到了新阶段，主体涌现速度、发展类型以及涉足领域都发生了显著变化。构建新型农业经营体系也不应流于表面，更应注重“内容建设”。这其中的核心就是要强化合作，通过价值链纽带，建立小农户与新型农业经营主体的合作与利益分享机制。这其中主要可以从内部和外部两个维度进行解读。

在内部，通过多重政策引领农户内部合作实现横向规模经营，并以保护小农权益为导向，深化推进农村“三变”改革，逐步将小农户培育成专业大户和家庭农场等新型经营主体和从事农业适度规模经营，通过内生化发展，缩短小农户和现代农业发展的距离，提高小农户融入价值链、创造利润、分享剩余收益的能力，通过农户的“自我实现”增强其融资能力。

在外部，要改变传统模式下分散经营农户“单兵作战”的格局，强化适度规模经营主体的引领、带动和示范作用。一般而言，相比较分散经营农户，新型农业经营主体在产业开拓、市场引领、绿色发展方面享有绝对优势，是农业产业化的主要推动力量和农业社会化服务的主要供给者和服务主体。因此，在外部应以农业产业化发展为纽带，建立农户和新型农业经营主体纵向合作机制、农业社会化服务新机制以及风险共担、利益共享的利益连接机制。通过新型农业经营主体的外部引领实现纵向规模经营，并以新型农业经营主体在价值链上的信用能力为农户获取价值链金融服务“增信”，为农业适度规模经营和金融服务共生发展提供条件支撑。

三、健全风险防范机制

健全风险防范机制是农业适度规模经营和金融服务共生发展的稳定条件。在金融端，农业适度规模经营和金融服务共生演化的结果就是促进了农业价值链金融的发展。相比传统农业金融服务模式，农业价值链金融实现了系统化、整合化以及差异化的统一，通过农业价值链上的内在增信机制有效地解决了农业价值链参与主体尤其是生产环节中小农户的金融服务需求。这一转变在引起新变化、开拓新方向的同时，也对现行农业金融创新范式带来了新的挑战，改变了传统金融风险生成条件和内在机理。基于单一主体、单一环节的风险评估体系需要实现由点到线、由线及面的整条价值链风险评估体系的转变。进一步地，从典型案例分析发现，现行农业价值链创新中大部分依托的仍是农户内部联保或者政府引导下的担保机制来分散和化解金融风险。从实际上来说，这种风险分散方式并未实现主要农业价值链参与主体，尤其是农户和新型农业经营主体的互动和协调，限制了农业价值链金融创新的步伐。在新时期应强化农业价值链风险评估、建立风险共担机制和加快发展农业政策性保险。

（一）强化农业价值链金融风险评估

长久以来，农业经营主体的信用能力是供给金融服务的主要前提和根本立足点，金融机构在供给金融服务之前往往需要对农业经营主体的信用水平进行评价。一般来说，在对农业经营主体进行信用评价时主要考虑身份、履约、历史、人脉以及行为等主要经营和交易数据，进而确定授信额度。可以看出，其考察的是个体行为特征及其财务能力。但是，农业价值链金融则并不如此。其主要是金融机构通过农业价值链打包供应金融服务的整体授信行为，考察的往往是个体间、个体内部信用水平的“合力”或者说是整条农业价值链综合信用情况。

但在此前本书也提道：农业价值链和工业价值链的属性及其稳定性是不同的。农业价值链的自然再生产和社会再生产的交织属性决定其运行过程中往往具有不稳定性、脆弱性以及主体利益连接的随机性。因此，要转变风险评估思路，建立针对农业价值链的金融风险评估体系。这里有几点需要注意：

一是在评估内容上，针对农业价值链的特殊性以及差异性，评估指标体系设计应重点考虑新型农业经营主体和价值链参与农户之间的互动性、利益分享机制、合作时间、履约情况以及政府政策支持情况等“软性”因素。唯有如此，才能确保这一农业价值链的稳定性和持续性。而这恰恰是农业价值链金融服务创新的根本前提。

二是在评估方法上，要实现个体评估和整体评估相结合。个体评估应重点向新型农业经营主体倾斜，这是管理农业价值链金融风险的关键和基本立足点；系统性评估则侧重对农业价值链整体信用评估，侧重新型农业经营主体和农户互动关系的考察。通过个体和总体相结合、分散与系统相结合，精确反映农业价值链整体信用水平，为推动农业价值链金融创新提供前提支撑，为推动农业适度规模经营和金融服务创新共生发展迈上新台阶，进入新阶段。

（二）建立风险共担机制

在健全风险防范机制中，风险共担机制是主要构成内容。结合农业价值链金融创新实际，在风险共担机制构建中着重考虑担保机制、反担保机制和风险补偿机制三方面内容。

一是担保机制是建立风险共担机制的关键。由案例可知，现行农业价值链金融创新中的风险共担机制仍依托的是担保机构，这在某种程度上和传统金融创新范式并无本质区别。实质上是背离了农业价值链金融创新机制设计、制度保障初衷，陷入“使命偏离”困境。深刻剖析，这其中一个非常重要的原因就是新型农业经营主体和农户之间并未形成担保关系。这形成的直接后果就是农业价值链两大参与主体——新型农业经营主体和农户之间并未形成有效互动和内在激励机制。进而使农业价值链的“信息流”“物流”“人流”三流与资金流脱节，以至于农业价值链并未形成完整“闭环”。因此，新时期应建立新型经营主体对农户的担保机制。在发挥新型农业经营主体产业、带动市场引领和价值创造等基本功能的同时，发挥其对农户从事农业适度规模经营监督、充分发挥信息的辅助功能，通过担保机制的内生激励功能，为农户依托价值链融资、从事农业适度规模经营提供条件支撑。

二是反担保机制是建立风险共担机制的补充。当前新型农业经营主体不愿意为农户担保的主要原因仍在于其对农业发展前景以及农业价值链不稳定性的担忧。若为农户从事农业适度规模经营提供担保其自身所面临的风险也较大。因而其积极性不高、担保意愿不强。因此，建立风险共担机制的关键就是新型农业经营主体对农户担保的风险进行分散。为此，可以通过引入反担保机制来解决这一问题。农户对新型农业经营主体进行反担保就可以保障新型农业经营主体的主要利益起到化解新型农业经营主体风险的作用。

在实践层面，“三权分置”改革扫清农地担保融资的制度障碍后，农户依托

土地经营权向新型农业经营主体进行反担保的制度条件已经成熟。同时，随着农民权益保障机制的建立健全、发展完善，农民依托土地经营权进行反担保的风险也被扼杀在萌芽状态。如果说，新型农业经营主体为农户从事适度规模经营提供担保服务是在“新型经营主体端”实现了两者互动的话，那么农户对新型经营主体进行反担保就是在“农户端”实现了两者的互动。综合而言，担保机制和反担保机制的引入可以实现新型农业经营主体和农户的互动和协同，利于分散农业价值链金融创新风险，调动金融机构进行农业价值链金融创新的积极性，为农业适度规模经营发展所需资金开辟新渠道。

三是补偿机制是建立风险共担机制的保障。无论是担保机制还是反担保机制，从实质上来看，主要是利用农业经营主体在农业价值链上相互联系、相互作用所形成的内生化风险分散机制，但在上述分析中，也揭示了农业价值链运行特质使政府必须介入其中、发挥作用并给予财政政策支持。这其中，建立补偿机制就是政府参与农业价值链的最佳选择和路径选择。这一点在揭示农业适度规模经营和金融服务共生演化的行为机理部分，已经给予了理论支撑。

通过建立补偿机制，一方面，可以形成政府、新型农业经营主体和金融机构之间互惠共赢的格局；另一方面，也可以有效分散农业价值链整体运营风险，而且政府的介入还可以为金融机构创新农业价值链金融产品提供重要保障，起到“稳定剂”的作用。按照行为机理中所刻画的基本条件，在实践层面，政府应出资设立政策性担保基金，对金融机构从事农业价值链金融创新的风险进行分散和补偿，以调动金融机构从事农业价值链金融创新的热情和积极性，为农业适度规模经营提供强系统、全面的金融服务。

（三）加快发展农业政策性保险

受农业价值链属性影响，担保机制和反担保机制在某种程度上只能用分散来自农业价值链运行中的信用风险、市场风险等主要风险类型。但除此之外，农业价值链能否实现价值创造、利润分配和形成社会预期，在很大程度上仍受到不可抗力的影响。这其中一个最为明显的因素就是自然风险。要促进农业价值链稳定运行和持续发展，农业价值链金融创新需要化解自然风险影响。若不能解决这一问题，农业价值链就无法稳健运行、持续发展。金融机构从事农业价值链金融创新的热情就会受挫。

从农业产业链环节来看，农业价值链运行风险也主要来源于产中环节以及产后环节两个阶段。由于在产后环节，新型农业经营主体和农户之间通过担保机制降低了双方因为自然灾害而产生的违约风险。因此，在这样的条件下，农业价值链遭受自然风险的就集中于农业生产环节。有鉴于此，应大力加快发展农业政策保险，为农业生产环节“保驾护航”，确保农户参与农业价值链不会“因灾减收”“因灾致贫”“因灾返贫”，为农户从事农业适度规模经营和依托农业价值链实现融资创造坚实条件。

四、完善财政支持体系

完善财政支持体系是农业适度规模经营和金融服务共生发展的支撑条件。政府在两者共生发展中发挥着重要作用并需要有所作为、大有作为。政府介入农业价值链、促进农业适度规模经营和金融服务创新的主要方式就是运用财政政策对农业价值链参与主体实施财政政策扶持。因此，在促进农业适度规模经营和金融服务共生发展中，应完善财政支持体系以便为两者实现共生创造保障条件。具体来说：应强化对农业生产经营主体的补助体系、完善财政金融协调体系以及对新型金融机构实施优惠税收政策。

一是建立健全农业生产经营主体的补贴体系。目前，虽然我国已经将农民直接补贴、农作物良种补贴和农资综合补贴合并为农业支持保护补贴，并将政策目标调整为支持耕地地力保护和粮食适度规模经营，但是仍应将农资综合补贴作为一个重要支持方向与聚焦领域。为此，可以通过统筹整合的方式进行，以解决补贴资金“零碎化”的问题。如在一些地方实践中，一般将 80% 的农资综合补贴存量资金加上直接补贴资金和良种补贴资金，统筹整合为耕地地力保护补贴资金，支持耕地地力保护；将 20% 的农资综合补贴资金和农业“三项补贴”增量资金统筹用于支持粮食适度规模经营。

在补贴对象方面，虽然最新的补贴政策已经明确了重点向种粮大户、家庭农场、农民合作社和农业社会化服务组织等新型经营主体和服务主体倾斜。但从现阶段我国农业经营体系来看，农户仍是我国农业经营体系的重要组成部分和粮食生产主体，其亦应是农业保护补贴政策重点支持对象。可以说，新时期农业生产经营主体的补贴体系应兼顾农户和新型农业经营主体之间的平衡、促进多种形式适度规模经营发展的新型补贴体系。

二是完善财政金融协调体系。农业价值链良性发展、健康稳定的一个重要条件就是政府财政支持和金融机构的信贷资金达到协同促进、动态均衡的状态。因此，完善财政支持体系的一个重要内容就是应该完善财政金融协调体系。应完善

调度资金运行体系，充分利用好调度资金和提升调度资金运行效率，在具体实践中可以采取和运用调动资金贷款的方式，充分调动政府参与农业价值链，有效地实现财政政策和金融政策的良性互动、协调，为农业适度规模经营和金融服务创新通过价值链实现共生创造有利条件。

政府应围绕当地农业特色产业、特色项目、特色产品，设立股权投资基金与银行、社会资本合作，提升金融机构从事农业价值链金融创新的积极性和持续性。对于农业产业化、市场化比较发达区域，还可以采用财政按比例匹配或者奖励资金等方式，通过财政杠杆，调动金融机构从事农业价值链创新积极性和持续性。除此之外，政府还可以设立风险补偿基金、发挥财政资金的主动性、主动力，对于金融机构从事农业价值链金融创新中的风险进行补偿和分散，通过财政金融协同，调动更多金融机构从事农业价值链金融创新和化解农业融资难、融资贵、融资少问题。

三是强化对新型金融机构的税收政策支持。从目前从事农业价值链金融创新的机构来看，新型金融机构中的村镇银行占据较大比重，并已经成为农业价值链金融创新的“生力军”。当然，这和新型金融机构的“支农效率”的比较优势是密不可分的。新型金融机构服务方式的灵活、服务效率的高效性、服务内容的多样性等特征是传统金融机构无法比拟的。同时，新型金融机构的地缘性特征、根植农村区域的“熟人网络”也决定着其在支农、支小方面所具有的先天性优势。所以，从两个维度来看，未来应鼓励更多的新型金融机构从事农业价值链金融创新。

但从实际运行来看，新型金融机构在发展时间、成长土壤以及现实特征等方面都滞后于传统金融机构。相比较传统大型金融机构来说，其所面临的运行成本也较高、经营困境十分突出。因此，在政府角度来说，应继续构建减负增效政策体系，对新型金融机构开展农业价值链金融创新落实优惠税收政策、在“营改增”的大背景下，政府应将新型金融机构纳入“营改增”范畴予以重点考虑，全面减缓新型金融机构从事农业价值链金融创新成本、激发其创新积极性和热情，在供给侧拓展农户价值链融资中选择渠道，增强价值链参与农户获取金融服务的便捷性。

第二节 主要政策建议

条件保障是农业适度规模经营与金融服务共生的前提条件。以此为基础，农业价值链金融的主要参与主体还应明确定位、发挥职能，采取具体举措促进农业适度规模经营和金融服务共生发展。本书从政府、金融机构、新型农业经营主体以及农户四个层面提出促进农业适度规模经营和金融服务共生发展的主要对策建议。其中，在政府层面，应立足比较优势，编制农业产业化发展规划；强化市场建设、监督，化解交易成本；强化改革，扫清发展障碍。在金融机构层面，应转变思路，将农业价值链金融作为创新重点选择；回归初衷，明确新型金融机构定位；明确分工，建立农业金融创新合作机制。在新型农业经营主体层面，应强化整体意识，建立合作机制；提升市场竞争力，增强对农户带动能力；完善社会化服务新机制，向农户供给全过程服务。在农户层面，应培育新型农民，从事农业适度规模经营；强化人力资本积累，提升价值链参与谈判能力；“抱团取暖”，建立农户内部合作机制。

一、政府层面

（一）立足比较优势，编制农业产业化发展规划

农业适度规模经营与金融服务共生演化从本质上来看是农业分工精细化、复杂化以及比较优势凸显后的必然结果。我国地域辽阔、农业资源丰富，尤其是特色效益农产品资源千差万别。但从市场效果来看，我国农业资源并未得到有效开发，分布零散、发展无序、布局雷同，缺乏有效整合。区域特色效益与整体效益并未实现有效联动。这其中一个重要原因就是缺乏总体性、区域性和地域性的农业产业化发展规划。从国家层面基于农业自然条件、区域比较优势系统方面来编制农业产业化总体、专项和区域性规划就显得必要和迫切。

一是在制定我国农业产业化发展规划时应从全局性、系统性、整体性层面出发，科学合理地确定我国每个区域主导产业以及主导农产品，力争错位发展、合力共赢，但一定要遵循比较优势原则，切记“大而全”。如粮食主产区在确定主导产业、优势产品与特色商品时，就应将粮食纳入主要农业产业化范畴。相反，

如果一个区域经济作物比较优势显著，就应重点发展经济作物。

二是从产业链整合出发，科学合理确定产前、产中和产后各环节农业产业化、一体化组织数量和规模，形成分工明确、特色突出和联动共赢的互动协调局面。我国在农业产业化发展规划编制中要采用多重措施疏导新型农业经营主体的社会化服务定位，在保证农业产业化持续、快速发展的同时，为促进农业适度规模经营发展、选择价值链金融创新提供新路径。

（二）强化市场建设、监管，化解交易成本

农业价值链是市场机制配置农业资源的重要体现。因此，农业市场运行情况、发育程度、运行特征体现的不仅是农业价值链的稳定与否，更表现的是农业适度规模经营实践效果以及金融服务介入和金融产品创新的初始条件。若市场缺位、发育不健全以及运行不稳定，将会使农业适度规模经营和金融服务创新产生巨大交易成本，进而会导致市场机制在配置农业资源中作用失效。在这样的条件下，政府就需要介入其中和实现“补位”。政府应支持农村市场体系建设，化解农业价值链金融创新以及服务供应中的交易成本问题。

在新时期可以将“互联网＋”行动融入农业发展实践。通过实施“互联网＋流通”计划，将互联网技术融入农村市场体系建设中来，发挥电商等新兴市场主体在农村市场建设的积极作用。同时，应综合运用多种价格调控手段，确保农产品价格尤其是农产品生产资料价格的稳定，减少农户参与价值链农业的运行成本以及增强农业价值链金融可获性。当然，政府应建立健全农业立法体系，尤其是在解决争议以及农民权益保护方面立法，维护农业价值链稳定性和调动金融机构供给价值链金融服务积极性。还应加强对订单农业、农超对接、“公司＋农户”“公司＋基地＋农户”等价值链型农业发展的扶持力度，优化农业适度规模经营和金融服务共生发展的外部环境条件和化解交易成本。

（三）强化改革，扫清发展障碍

除上述两个方面之外，政府还应强化改革，扫清农业适度规模经营和金融服务创新共生发展中的制度屏障。

一是强化农村土地产权制度改革。实地调研、多方动员，逐步摸清农村房屋、农村建设用地、承包土地的实际面积和情况，做好确权登记，并颁发产权证，使资产“制度化”，切实发挥市场机制对农村资产配置作用，建立“归属清晰、权责明确、保护严格、流转顺畅”农村土地产权制度体系，为农户获取农业价值链金融服务创造制度条件。健全“三权分置”农村土地产权制度，在明确土地所有权集体所有的情况下，将农村土地承包经营权分离为承包权和经营权，承包权在长期内稳定不变，激活承包权“财产”属性，保证农民土地财产权益，经营权流转为抵押融资和从事农业适度规模经营创造条件。

二是推动农业流通、融通体制改革。在农业流通体制改革方面，要以特色为依托，强化区域合作，统筹农产品市场流通网络布局，建设一批区域性农产品产地批发市场，形成多层次、多类型、相互配合协调的农产品批发市场体系，促进农产品在区域间、省际间、城乡间的流通互通。要培育多层次、多元化的农产品市场流通主体，培育壮大一批特色农产品龙头企业、专业协会、产销服务队、农民专业合作社、专业流通大户，形成带动示范效应。要强化农商信息服务，发展农产品电子商务，建立联通全国、跨时空的农产品电子商务网络，推进农业流通。在农业融通体制改革方面，要积极探索农村“三权”抵押新机制，激活存量、优化增量，拓展抵押物范畴，形成农村金融信用基础，夯实农业信贷担保体系。

二、金融机构层面

（一）转变思路，将农业价值链金融作为创新重点选择

农业适度规模经营与金融服务共生演化的直接结果就是催生了农业价值链金融。农业价值链金融是金融创新“功能观”直接体现，代表着新趋势、新方向。因此，在金融机构层面，应转变传统的“点对点”式的金融服务供给模式和授信方式，进而转向农业价值链金融服务供给模式，通过聚焦特色农业价值链、产业链、产品链来减少逆向选择和道德风险，打包供应系统性、综合性金融服务。在实践中，以商业银行为代表的金融机构也逐步开始推行农业价值链金融服务创新，但是其在具体操作实践中，仍以新型农业经营主体为授信对象，在事实上背离了农业价值链金融“普惠金融”的内核本质和根本属性。

在农业价值链金融模式适应对象方面，要明确区分新型农业经营主体和农户的适用范围。如新型农业经营主体更适合保理和账户质押、存货质押等模式，农户适用于核心企业担保型、订单融资等模式。同时，在对象锚定和聚焦价值链环节方面，金融机构在精准扶贫和全面建成小康的新时期也应转变思路，将满足价值链参与农户、价值链环节中的产中环节金融服务需求作为农业价值链金融创新的主旨。唯有如此，才能充分发挥农业价值链金融“产业金融”的带动效应和在农业价值链上实现金融普惠。这一农业价值链创新目的、发展初衷必须始终坚

持，并一以贯之。

（二）回归初衷，明确新型金融机构定位

从实际操作前沿来看，目前从事农业价值链创新的主体主要是村镇银行所主导的新型金融机构，这一点和我国当时进行新型金融机构改革的初衷是一致的。但从实际发展情况来看，新型金融机构发展存在诸多困境，这些矛盾问题集中表现在市场定位不清和经营理念模糊两方面。其中，在市场定位上面，在国家政策驱动下，农村金融机构竞争越发激烈，尤其是大型商业银行中的农行重归服务“三农”的发展定位，这些对村镇银行为主导的新型金融机构的冲击较大。

同时，村镇银行在业务开展和产品创新上受制于发起行，业务主动性和服务能力有待进一步加强。村镇银行发展之初，主要是在政府政策指引下获得了巨大发展并明确了服务“三农”的发展定位，但随着政府补贴减少，村镇银行发展的市场定位也出现了一定偏离，承担了与既定发展定位不符的业务类型，“使命漂移”问题表现十分突出。再者，在经营理念上，村镇银行也面临着治理机制不健全、揽储能力不足、融资主体对其满意度不断下降等问题也越发涌现，同时，制约了其可持续发展能力。

因此，在新时期，村镇银行应继续明确其服务“三农”的发展定位，针对新时期农业发展形式、农村发展新特点、以农业价值链金融创新为突破口，错位发展、回归初衷、坚持发展定位、壮大自身实力和市场竞争力，走出一条特色支农、支小路径。要更新发展理念，创新价值链金融产品，优化信贷结构，探索存货、仓单、订单和应收账款质押贷款，重点服务农户、新型农业经营主体，在甄别农业价值链类型的基础上，对农业价值链统一授信、集中管理、整体推进，做成特色、形成优势、储存赶超能量，全力解决农业适度规模经营主体的融资需求，为农业价值链运行、农业适度规模经营发展以及我国普惠金融体改改革提供支撑。

（三）明确分工，建立农业金融创新合作机制

农业价值链能力建设是农业价值链金融创新的关键，在源头上决定着农业价值链金融创新的广度、深度。因此，农业价值链金融创新也并非金融机构的“独舞”。现行依托新型金融机构进行农业价值链金融创新显然离目标预期还有一定的距离。农业价值链金融创新的持续性受到挑战。新时期要促进农业价值链金融创新持续、健康发展，应明确分工，并建立农业价值链及金融创新合作机制。具体来说，在农业价值链能力建设方面，应建立“官产学”密切配合、协同共建

的合作机制，发挥科研机构发挥技术引领、技术推广以及研发优势，在产前的良种供应、产中的技术推广和绿色发展乃至产后的要素管理等方面充分发挥技术对要素的聚合作用，提升农业价值链运行质量。

以此为基础，农业价值链金融创新还应充分发挥我国多层次金融体系以及金融机构的联合作用，建立不同类型金融机构的合作机制。这其中，正规金融服务主要有村镇银行、资金互助社、农业贷款公司等新型金融机构提供；非正规农业价值链金融服务可以由龙头企业、农民专业合作社等新型农业经营主体提供。大型商业银行和新型金融机构之间应明确分工、建立合作机制。这里可以借鉴国外的“批发贷款机制”，将大型商业银行的资金优势、新型金融机构的近距离服务农业经营主体的网络优势有机整合，满足农业适度规模经营中农户和新型农业经营主体的资金需求。对于农业价值链的长期性资金需求，可以在综合考量前提下，以农业价值链金融为基础，引入项目贷款、银团贷款机制以便更好地满足具有中远期社会经济效益的农业产业发展的资金需求。当然，除此之外，还可以建立“银担合作机制”“银保合作机制”，形成农业价值链金融创新合力，实现预期目标。

三、新型农业经营主体层面

（一）强化整体意识，建立合作机制

随着市场化改革和农业分工的深化，“公司＋农户”“公司＋合作社＋农户”“农超对接”等“价值链”主导型的现代农业“新业态”在成为推进农业现代化具体实践途径的同时，也使农户与新型经营主体的融资额度增大、期限延长且通过“价值链”相互交织和牵制，单一经营主体或单一产业环节的融资问题将直接钳制整个农业产业。从这个意义上来说，在农业价值链上农户和新型农业经营主体早已形成“你中有我、我中有你”，相互作用、相互联系、相互交融的融合发展格局。

因此，只有新型农业经营主体和农户在努力函数上实现一致性，才能确保农业价值链运行的稳定性以及最终利润分配的共赢性。新时期，站在新型农业经营主体的角度来说，其应强化整体意识，建立合作机制，通过合作机制探索、合作方式创新、合作内容深化，形成新型农业经营主体和农户相互联系、相互信任、相互帮扶的互动格局。以此改变在当前情况下，农户被动选择、被动适应的松散的联系格局，全面提升新型农业经营主体和农户的合作层级、合作内容，让新型

农业经营主体和农户通过价值链实现利益连接、价值分享以及共生发展。以此为"踏板"，促使农业价值链稳健运行、健康发展，让其成为链接农业适度规模经营和金融服务创新连接纽带、交流桥梁以及共生平台。

（二）提升市场竞争力，增强对农户带动能力

在农业价值链上，农户在从事农业适度规模经营中获取金融服务的关键取决于其与在新型农业经营主体交易中新型农业经营主体的带动能力、综合实力尤其是财务能力。从这个角度来说，金融机构在供给农业价值链金融服务、进行农业价值链金融产品创新时，就应考察农业价值链的整体运行情况及其稳健程度。站在金融机构的角度来看，其对农业价值链进行授信时关注更多的仍是农业价值链上的核心主体——新型农业经营主体的财务能力。这也就直接关乎农业价值链整体授信额度以及农户能否通过农业价值链获得融资以满足农业适度规模经营发展需要。因此，新型农业经营主体必须练内功、有作为和做贡献，通过提升市场竞争力、产业引领力，增强对农户的带动作用和辐射效应。

一是鼓励新型农业经营主体进行供应链管理，逐步增强其社会责任意识、品牌经营意识，促使其成为价值链中心环节，成为最具活力、最具规模创新能力和产业化运作能力的领导者，产业链、价值链、供应链运行的领导者、组织者和"布道者"，形成利益共享、风险共担、互惠共赢的良性格局。

二是鼓励新型农业经营主体之间建立合作机制，实现强强联合。无论是龙头企业、农民专业合作社，还是专业大户、家庭农场，发展到一定阶段后往往面临着属性同质化、功能弱化、资源聚合分散化等问题。因此，有必要引导各新型经营主体之间实现强强联合，促使其实现分类协同、分层衔接、优势互补，发挥各自比较优势，形成带动农户强大网络连接、资源聚合关系，通过乘数作用，缩短小农户和农业现代化发展衔接距离。

（三）完善社会化服务新机制，向农户供给全过程服务

新型农业经营主体与农户之间相互作用、联系的主要纽带是通过农业社会化服务机制来实现的。可以说，农业社会化服务机制是否完善、内容是否丰富、类型是否多样、方式是否新颖在很大程度上直接决定着新型农业经营主体和农户之间的利益连接紧密关系与否、整个农业价值链是否健康运行。因此，在新时期应完善农业社会化服务新机制，向农户提供全过程社会化服务。

一是顺应新型农业经营主体以及构建现代农业生产体系、产业体系和经营体系建设的基本趋势，适度规模化、标准化、质量化、品牌化的发展方向，强化信

息农业经营主体服务体系和服务能力建设，破除其农业社会化服务供给过程中所面临制度屏障，走出当前我国农业社会化服务对象单一、服务主体缺位、服务方式僵化的现实困境。

二是拓展服务内涵维度、基于产业环节供给全过程服务。在事前环节，新型农业经营主体应向从事农业适度规模经营的农户提供农业生产过程中所需要的基础设施、生产工具建设、生产资料供给、种苗等服务；在事中环节，应对农户从事农业生产所需要的生产技术指导和推广服务，在事后环节应向农户提供销售、物流、运输等服务。但需要注意的是，新时期尤其是在农业价值链全环节中，新型农业经营主体还应依托农业价值链向农户提供信贷、担保等各类金融服务，以满足农户生产经营过程中的融资需求。

三是创新模式，发展农业生产托管。在典型地区试点的基础上，逐步普及农业生产托管模式，拓展形成单环节托管、多环节托管、关键环节综合托管以及全过程托管的生产托管体系。通过服务规模经营发展带动农业适度规模经营发展和为金融服务创新提供新路径、新契机、新选择。

四、农户层面

（一）培育新型农民，从事农业适度规模经营

随着农业分工细化、复杂化，以及经营函数由安全最大化向收入最大化转变，小农分散经营模式在现代经营体系下难以为继。分散经营农户也应转变思路、实现“蜕变”，成长为专业大户或者注册成为家庭农场等新型农业经营主体，从事农业适度规模经营，寻求新时期农业规模化、特色化、差异化经营出路。

一是引导分散经营农户流入土地，从事土地适度规模经营，将其培育成专业大户或者家庭农场，从农业经营体系内部形成强有力带动作用，把我国经营体系发展逐步向“渐进式”、稳健转变。

二是切实发挥“返乡”农民工在新型农民培育中的作用。“返乡”农民工是一个特殊群体：他们素质较高、思想先进、对新技术和新技能感知能力以及市场开拓能力较好，不仅对于农业现代化技术开发、推广与运用，先进管理经验与服务经验的传播的认知与采纳速度较快；而且在城市文明的“洗礼”下，对于新事物、新模式的认知速度也较普通农户要高。从某种意义上来说，其自身就是新型农民，具有较高的人力资本积累，可以称为推动农业适度规模经营发展的新

生力。

为此，一方面，他们可以发挥“示范作用”，以其自身优势，对直接从事农业适度规模经营的农民进行咨询与培训，改善新时期农业适度规模经营劳动力整体素质、业务操作技能。另一方面，“返乡”农民工可以进行创业，将自己转变成为微型企业主、小企业主或乡村企业主、家庭农场主，吸纳带动农村劳动力就业，带动农业产业化、适度规模化经营、加快形成农业价值链、供应链和产业链，为农业适度规模经营发展和金融服务创新夯实基础。

（二）强化人力资本积累，提升价值链参与谈判能力

农业价值链是新型农业经营主体与农户交易的主要平台，其实质是新型农业经营主体和农户通过谈判所实现的利益均衡的重要体现。但从现实发展来看，农户往往在价值链谈判中处于弱势地位，自身合法权益无法得到保障，利益诉求无法得到回应，处于被动选择、被动接受“旋涡”中。若对其进行探究，一个非常重要的原因就是农户人力资本积累能力的不足。因此，在新时期农户应提升价值链参与能力与谈判能力。

一是发挥基础教育与培训作用，提升农民科学素质与技能。农村基础教育是农民技能和素质提高的起点，是人力资本积累的“地基”，要从针对性、实用性、对接性、普及性等层面贯彻农村基础教育发展的大政方针，奠定农民素质与技能提高的基础。

二是强化对农民科学素质培养，提升农民从业技能。利用大众媒体以及新兴媒体资源宣传科技文化知识，引导农民树立科技兴农、科技致富观念，提升农民科学素养；在培训内容方面应转变培训重点，重点针对从事农业或者农业生产经营服务的专业农民，实施面向产前、产中和产后各环节的农业新品种普及运用、新技术培训与推广、农机操作、节水灌溉、病虫害防治以及农产品加工等实用技术的培训，提升农民的农业专业化从业技能；对于一些文化素质高、基础好的高素质农民，可以采用相关政策扶持与培训，引导其成为农民专业合作社、家庭农场等新型农业经营主体“领办人”或引导其成为专业大户，形成“示范效应”，在助力农业适度规模经营发展的同时，增强其价值链金融服务的可获性。

（三）“抱团取暖”，建立农户内部合作机制

农户从事农业适度规模经营和获取价值链金融服务除了依靠“外力”之外，还需要内外兼修，修炼内功、提升内力。通过构建农户横向合作机制，实现“抱团取暖”。这其中，就是要引导农户在从事农业适度规模经营中组建农民专业合

作社，通过发挥农民专业合作社在生产和经营方面的双重职能，逐步让合作社成为沟通当龙头企业，聚合农户的连接纽带。当然，从我国当前发展实际来看，农民专业合作社一般都是龙头企业发起成立的，在属性上与农民合作性质有一定的背离和“变异”。因此，未来农民专业合作社应回归合作本源，更好地发挥其作用。

同时，要优化合作社的治理结构。合作社本身应明确自身法人地位，积极按照市场规律建立组织，政府应转变职能、做好服务，不能过度干涉其组织形式；按照“三权分立”的组织结构，明确社员的权利和义务，制定完善的合作社章程；设立和改进入会、退会机制以及奖惩机制，督促社员参与合作社日常经营管理活动。

此外，还需要值得一提的是，在新时期应继续加强对合作社人才的培养。一方面，通过外部聘请专家的模式，对合作社内部参与农业价值链，从事农业生产、物流、营销等重要环节的农户进行专业化培训。另一方面，合作社内部要建立长期的学习交流机制，让熟悉农业适度规模经营农户对不熟悉农业适度规模经营农户进行培训，提升合作社内生发展能力，为农户从事农业适度规模经营和进行价值链融资提供坚实保障。

第九章　研究结论与展望

第一节　研究结论

推动农业现代化建设是经济新常态下的重要任务与关键变量。但囿于超小家庭经营规模，我国农业现代化成效并不显著，仍是“四化”的“短腿”，这也得到政界与学界的普遍认同。在宏观政策顶层设计与群众智慧发生因应下多种形式适度规模经营不断衍生。但窥其实质，基本上可概括为以土地流转集中为内涵特征的土地规模经营模式和以社会化服务为主导内核的服务规模经营模式两种。其中，以社会化服务引领的服务规模经营模式通过供料供肥、农机作业、生产管理和产品销售的“几统一”，“串联”了产前、产中和产后等不同农业价值链环节，在现行制度范畴约束下找到了“小农”与适度规模经营的“交集”且兼顾了土地规模经济性，逐步成为农业适度规模经营新模式、引领新方向。虽然服务规模经营新模式所需社会化服务层次错落、复合立体，但占据核心地位的始终是金融服务。随着农业价值链整体延伸与高度融合，以小农和单一生产环节为对象的既有金融服务供给模式也逐步向以市场为导向基于农业价值链及其参与主体打包供应金融服务的现代产业金融新模式——农业价值链金融模式转变。该模式拓展了金融服务供给视野与思路，有效地化解了小农信息不对称、交易成本高和抵押物缺失而形成“金融排斥”顽疾并实现了农业价值链增值与合作剩余创造，逐步演化成为金融机构在中央政府政策引导下创新金融服务的新途径与新思路。

一言以蔽之，纵览两者演化轨迹可以发现：农业适度规模经营与金融服务通过价值链纽带实现了共生演化，其中蕴含着诸多亟待探知的规律性问题与新政策操作启示。为此，本书从视角框架、分析框架和解释框架三个层面搭建理论分析框架，分析农业适度规模经营演化趋势、金融服务需求特征、新趋势以及两者在农业价值上形成共生发展的特征事实、环境条件，然后揭示农业适度规模经营与金融服务共生演化特征现象、交互作用机理以及微观行为机理，并以此为基础进一步解构当前农业适度规模经营和金融服务共生演化模式，明确新时期农业适度规模经营和金融服务共生发展的模式选择、条件保障以及政策建议，为推动农业适度规模经营发展和农业价值链金融服务创新提供坚实理论支撑和实证证据。本书主要结论如下：

（一）在农业价值链上农户整体福利水平主要取决于新型农业经营主体的态度与行为

本书从结构化操作思路，将视角框架分解为视角框架、分析框架和解释框架三个层面，分别用以反映研究逻辑前提、逻辑层次、逻辑脉络。研究发现，在价值链视角框架，我国农业经营制度和金融服务制度改革方向存在一致性和协同性，农业适度规模经营和金融服务创新两者通过农业价值链实现了共生演化。如果将其“嵌入”至共生理论框架，这种共生格局的产生是共生环境、共生单元和共生模式共同作用的结果。进一步的解释框架表明，在社会收入假定、农户与新型经营主体之间存在紧密的利益联结的基本假设条件下，农户所面临的社会环境对他收入的影响越大，其整体福利水平就取决于新型农业经营主体的态度和行为，而不是他自身的收入水平。因此，在家庭经营制度框架下，作为农业适度规模经营主体的农户和新型农业经营主体不应各自为政，而应寻求合作和利益共赢。同时，应利用多种手段改变长久以来金融机构所形成的“金融排斥”困境，以实现共生和整体福利水平的最大化。

（二）价值链主导型的农业适度规模经营模式是未来发展趋势和发展方向

从目前实际情况来看，分散式、小农户的家庭经营模式在短期内彻底“裂变”是不现实的。我们推进农业适度规模经营也应立足于这一现实发展约束，在小农家庭经营框架约束下，探寻农业适度规模经营的中国特色式道路。一方面，在价值链内部层面，分散经营农户可以以特色产业或者特色产品为纽带，立足家庭承包经营的制度框架，同质性农产品的生产者通过自愿联合、民主管理结成农民专业合作社，形成资源共享、互助提高的发展愿景。另一方面，在农业价值链外部，如果农业产前、产中和产后环节的农业专业化市场水平和发育程度较好、交易效率较高，农户同样可以在家庭经营基础上参与纵向分工，在农业产前、产中和产后等产业环节提供规划指导、生产资料购置、排水灌溉、病虫害防治、除草、收割、仓储、加工乃至销售等服务，以“公司+农户”“公司+合作社+农户”等价值链形态形成利益连接体，也可以在现行家庭经营的框架下实现农业的适度规模经营，逐步成为我国小农基础上农业适度规模经营新模式、引领着未来农业适度规模经营发展与演化方向。这一点也由农业适度规模经营主要途径效果评价结果予以实证支撑。

（三）农业价值链金融创新范式势会成为农业金融服务创新的方向

政府主导的“自上而下”型模式无法适应新形势下的新要求，无法改变金融机构支农积极性疲软的特征事实。农业价值链金融创新所代表的“自下而上”型范式势必会成为农业金融服务创新的方向。一方面，当小农家庭经营内嵌至社会化分工，其效率空间与农业生产经营边界被打破并沿着农业价值链向外部扩展，农业生产函数类型由传统土地要素单一表达形态向多元化、异质性的现代要素联合表达的复合形态演变，农户、新型农生产经营主体与金融服务供给主体存在通过协作削减交易成本和实现利益共赢的可能性与动机，金融服务供给主体基于不对称信息独占垄断利润的稳态被打破并被经过多方博弈形成的获取对称剩余权力、合理分享合作剩余的共生演化新稳态取代，新型经营主体与农户在农业价值链上所形成的物流、商流、信息流和资金流“四流”统一，为价值链金融服务的切入带来了新契机。另一方面，在价值链上金融服务内涵边界被拓展，形成正规金融与非正规金融、直接融资与间接融资并存的多元化金融体系和融资模式。农业价值链金融创新不是商业银行所主导的正规金融机构的“独舞”。如果相应制度安排及时跟进，农业价值链上的新型农业生产经营主体也可能是潜在金融服务提供者和成长并演变为农村金融体系的重要组成部分，且这也是正规金融服务创新的先决条件和要素。

（四）农业适度规模经营与金融服务在价值链上实现了协同共进、共生共存

综合农业适度规模经营演化方向和农业金融服务创新演化方向，可以清晰发现，农业适度规模经营和金融服务在价值链上实现了协同共进、共生共存。其中，所蕴含的特征现象可以概括为以下三点：一是“机构创新观”向“功能创新观”转变，体现的是“外部环境—功能—机构”逻辑内涵，是金融和农业产业融合发展的直接体现；二是单项支撑向双向互动转变，金融支农由“被动行

为”转变为“主动行为”，改变了政策引导下的单向行为，使两者之间的关系转变为相互影响、相互作用的双向因果关系；三是个体“排斥”向群体共生转变，尤其是作为两者共生演化直接的农业价值链金融，根治了交易成本高、信息不对称和“金融排斥”的传统顽疾，而且实现了农业价值链增值、合作剩余创造，之前的金融排斥性得以完全化解。

（五）农业适度规模经营与金融服务共生格局是互动机制、学习机制、变异和选择机制联合推动的

农业适度规模经营与金融服务共生格局的形成体现的是农业适度规模经营主体、金融中介组织与环境嵌套、互适和融合的事实，是组织行为、产业环境和制度因素不断作用的必然结果。按照演化经济学的分析范式，这种共生格局的形成是互动机制、学习机制、变异和选择机制共同作用的结果。具体来说，农业适度规模经营与金融服务共生演化的互动机制的形成主要因为在农业价值链上，农业适度规模经营主体（包括农户和新型农业经营主体）与金融中介组织间实现了信息对称和共享，并由此改善了农业信用环境和制度环境所形成的。农业适度规模经营与金融服务共生演化学习机制的形成与金融服务供给主体基于不对称信息独占垄断利润的“稳态”被打破并被经过多方博弈形成的获取对称剩余权力、合理分享合作剩余的“新稳态”取代；农业价值链上金融服务内涵边界被拓展，形成正规金融与非正规金融并存的多元化格局两方面的原因共同推动的。农业适度规模经营与金融服务共生演化的变异和选择机制是金融技术创新节约了交易成本、提高了交易效率，系统内新金融产品（农业价值链金融）的产生和金融中介组织行为变革的直接体现。

（六）农户能否通过农业价值链获取金融服务取决于自有资金投入以及政府支持力度

在没有政府介入的情况下，农户从事农业适度规模经营自有资金的投入既是维持整个农业价值链运行的保障，也是涉农企业向农户提供直接价值链金融服务的关键。还需要注意的是，自有资金存在显著的“门槛效应”。否则，也不会实现农户从事农业适度规模经营的努力程度、预期收益及其分享份额三者之间的有效均衡。在有政府介入的情况下，如果政府对从事农业适度规模经营的农户进行有偿资助时，政府的收益份额不能超过其资助的总额，否则农户宁愿选择拒绝接受资助，并因此降低其从事农业适度规模经营的努力程度、减少期望收益。要提升涉农企业向农户提供直接价值链金融服务的积极性，政府可以采用担保机构对

农户进行担保，也可以实现农户努力程度、涉农企业利益均衡之间的一致性。这也是金融机构供给正规金融服务的前提。因此，新时期农业价值链金融创新应实现涉农企业和正规金融机构的互促共进、直接价值链金融和间接间接价值链金融协同，充分发挥政府作用。

（七）价值链金融对农业适度规模经营确实有一定的促进作用但不显著，现行农业适度规模经营与金融服务共生模式仍然是一种非对称性的互惠共生关系

农业适度规模经营和金融服务创新共生演化在“金融服务端”所呈现的变化就是农业价值链金融的出现。本书采用倾向匹配得分法评估农业价值链金融对农业适度规模经营的影响效应。研究发现，虽然价值链金融对农业适度规模经营确实有一定的促进作用，但并不显著。一方面，与我国农业价值链金融创新处于前期阶段、各类制度建设和风险防范措施不健全有一定的关系。另一方面，也可能说明当前我国农业适度规模经营与金融服务共生模式并未达到理论所预期的高级阶段。重庆市农业价值链金融创新模式的案例辅证也进一步说明，现行共生关系仍是非对称性共生关系，新型农业经营主体和农户之间并未形成稳定的、多维度的合作关系，仍体现农户内部的相互关系互动所实现的增信机制，新型农业经营主体并未通过其在农业价值链中所处的地位优势以及信用优势向农户提供增信服务。加之政府角色的缺失，现行农业适度规模经营与金融服务共生模式仍然是一种非对称性互惠共生关系。

（八）对称性互惠共生模式是新时期农业适度规模经营和金融服务共生的必然结果和最终选择

要实现对称性互惠共生的关键就是要实现农户、新型农业经营主体和新型金融机构、政府、传统大型金融机构、政策性保险机构等农业适度规模经营主体、金融服务供给主体以及政府的互动和共生。但对称性互惠共生模式需要具备相应的条件保障。本书认为，应从拓展农业价值链、构建新型农业经营体系、健全风险防范机制以及加大财政支持力度四个方面予以条件保障。其中，拓展农业价值链是农业适度规模经营和金融服务共生发展的基本条件；构建新型农业经营体系是农业适度规模经营和金融服务共生发展的组织条件；健全风险防范机制是农业适度规模经营和金融服务共生发展的稳定条件；完善财政支持体系是农业适度规模经营和金融服务共生发展的支撑条件。

第二节 研究展望

随着农业供给侧结构性改革推进，我国“三农”发展也迈入新常态、迎来新机遇：新型农业经营体系、多种适度规模经营形态重塑农业发展新格局，产业链、价值链拓展引领农民与经营主体协作新方向，产业融合发展注入农村内生发展新动能。在宏观环境和微观生态都发生显著变化的前提下，农业新型农业经营主体和农户以各类农业产业新业态为依托，寻求产业链上纵向协作、共生发展和利益共赢。

在这样的大背景下，农户和新型农业经营主体共同构成维系产业链运作的主体，利益联结越发紧密、协作方式日趋多样、效果越发凸显。“公司＋农户”“公司＋合作社＋农户”“农超对接”等“价值链”主导型的现代农业新业态，在产业示范、绿色发展和技术推广等方面有重要引用作用，推动了物流、商流、信息流和资金流的循环流转并形成了农业价值链。通过农产品价值链使农场生产由农村生活方式转变为农业商业部门并使农业产业在对价值链增值机会不断开发中获得丰厚利润和持续发展。可以说，新时期“价值链”农业将是引领我国农业发展、促使模式创新和实现产业融合的新动力。

新发展机遇也使我国农业发展面临诸多挑战，一个突出的问题就是金融支持问题。“金融活，经济活”。农业产业发展新业态的健康发展也就更离不开金融服务的有效支撑与保驾护航。2017 年金融工作会议也明确提出了：“积极发展普惠金融，大力支持小微企业、‘三农’和精准脱贫等经济社会发展薄弱环节，着力解决融资难融资贵问题”，奠定了新时期金融支农的总体基调。

但在新形势下，金融服务需求所根植的大环境也发生了较大的变化。“价值链”主导型的现代农业“业态”在成为推进农业现代化具体实践途径的同时，也使农户与新型经营主体的融资额度增大、期限延长且通过“价值链”相互交织和牵制，单一经营主体或单一产业环节的融资问题将直接钳制整个农业产业。在这样的形势下，创新金融服务供给模式就显得比较迫切和急需。为此，国外前车经验和我国金融创新实践都不约而同地将破解途径指向了农业价值链金融，主张站在农业“价值链”全局供应系统性金融服务上。农业价值链金融也成为实

践层面重要的新金融业态，引领新方向。

农业适度规模经营和金融服务共生演化特征事实是本书立足的理论逻辑和根本出发点。这一转变不仅对农业适度规模经营发展和金融服务创新带来了重要影响，对于构建新型农业产业体系、生产体系和经营体系以及实现乡村振兴的现实外溢效应也比较明显。在金融创新层面，新时期金融创新的总体基调是服务实体经济、防范系统性金融风险。

农业适度规模经营和金融服务创新共生演化的直接结果将是促进农业价值链金融创新发展。农业价值链金融本身就是产业金融新业态、是金融服务实体经济的直接体现，会成为新时期推动农业适度规模经营、促进农业价值链发展的重要金融路径。从这个角度上来说，本书所搭建的理论框架、逻辑思路、研究方法等可以为学术界同仁开展同类研究提供经验借鉴，本书中所提出的主要对策建议可以为政府调整现行支农政策、金融机构创新产品提供直接参考，以促使其理性决策和进行机制优化。但本书也存在诸多有待完善之处，有些问题仍需要进一步拓展空间。

在理论框架部分，本书主要从视角框架、分析框架以及解释框架三个层面是进行搭建。在解释框架部分，本书有一个非常重要的假设，那就是农户和新型农业经营主体之间已经建立起紧密的、稳定的、长期的利益连接和价值分享关系。这一假设也是揭示农业适度规模经营和金融服务共生在理论层面形成机理的重要理论立足点，但在实践发展中，这一理论假设的普遍性、一般性、典型特征仍不足，与当地农业产业化发展程度、市场成熟程度以及政策完善程度有密切关系。

因而，从目前我国农业经营体系构成情况来看，农户与新型农业经营主体合作状态仍有待增强，仍局限于点、线层面，并未形成面、体特征。从目前农户和新型农业经营主体合作情形来看，目前的产业化利益联结形式仍以政府引导型居多，农户被动选择的情况还比较常见。在涉及领域上也大多局限于经济作物等一些特色化、商品化农业产业业态和商品。因此，在实践中，农户和新型农业经营主体之间的合作关系也可能与理论预期背离。在市场不稳定、利益分配不均衡、委托—代理存在问题等因素联合作用下，农户和新型农业经营主体之间有时存在契约关系、利益分享机制不稳定。从这个角度来说，解释框架中所提出的理论假设的适用性、一般性需要进一步增强。在后续研究中，拓展研究假设、放松假设条件，以增强研究假设的应用性和一般性需要，进一步与理论界同仁共同探索。

在农业金融服务需求调研与金融服务创新演进趋势部分，本书认为农业价值链金融是金融服务创新演进的新趋势，并对其需求及影响因素进行实证。在实际操作层面，农业价值链以及农业价值链金融类型多样、模式纷繁复杂。按照理论一般认知，农业价值链金融模式主要包括核心企业担保型、存货质押型、应收账款型、仓单质押型和订单质押型等多种新业态。但在本书中，只聚焦“订单农业”这一价值链农业新业态及核心企业担保型这一典型农业价值链金融模式。并未对农业价值链类型进行比较和关注其他农业价值链金融新业态。这一点是需要在后续研究予以深化，并拓展关键点。在后续研究中，随着调研数据丰富、技术手段成熟，通过多维比较，揭示其他农业价值链金融服务模式同核心企业担保型模式的区别以及影响因素的差异是主攻领域和着力点。

此外，在揭示农业适度规模经营和金融服务共生模式部分，本书主要立足的“金融服务端”、从重庆市农业价值链金融创新个案的角度，对农业适度规模经营和金融服务共生演化结果“农业价值链金融”进行间接论证。研究方法运用仍是个案研究法和定性分析方法，实证分析方法缺失。事实上，在判断两个事物之间共生模式以及利益分享程度最为密切的方法就是 Logistic 函数，但囿于数据以及价值链参与主体类型的复杂性、多元性限制，本书并未选取一个很好的切入点，希望在后续研究中予以突破和形成新结论、新思想。

参考文献

[1] 韩长赋. 科学把握农业农村发展新形势 [J]. 求是，2013 (7)：23－25.

[2] 何秀荣. 公司农场：中国农业微观组织的未来选择？[J]. 中国农村经济，2009 (11)：4－16.

[3] 黄祖辉，俞宁. 新型农业经营主体：现状、约束与发展思路——以浙江省为例的分析 [J]. 中国农村经济，2010 (10)：16－26.

[4] 罗必良，李玉勤. 农业经营制度：制度底线、性质辨识与创新空间——基于“农村家庭经营制度研讨会”的思考 [J]. 农业经济问题，2014 (1)：8－18.

[5] 夏益国，宫春生. 粮食安全视阈下农业适度规模经营与新型职业农民——耦合机制、国际经验与启示 [J]. 农业经济问题，2015 (5)：56－64.

[6] 王钊，刘晗，曹峥林. 农业社会化服务需求分析——基于重庆市 191 户农户的样本调查 [J]. 农业技术经济，2015 (9)：17－26.

[7] 孔祥智，楼栋. 农业技术推广的国际比较、时态举证与中国对策 [J]. 改革，2012 (1)：12－23.

[8] 高圣平. 农地金融化的法律困境及出路 [J]. 中国社会科学，2014 (8)：147－166.

[9] 任常青. 价值链融资及其对农村信用社扩展金融服务的启示 [J]. 中国农村金融，2009 (7)：27－29.

[10] 陆磊，王颖. 农村金融迎来发展新机遇 [J]. 中国农村金融，2013 (23)：18－20.

[11] 何广文，潘婷. 国外农业价值链及其融资模式的启示 [J]. 农村金融研究，2014 (5)：19－23.

[12] 杜志雄，王新志. 中国农业基本经营制度变革的理论思考 [J]. 理论

探讨，2013（4）：72－75.

［13］万宝瑞．当前我国农业发展的趋势与建议［J］．农业经济问题，2014（4）：4－7.

［14］杨华．中国农村的“半工半耕”结构［J］．农业经济问题，2015（9）：19－32.

［15］孔祥智，周振．“三个导向”与新型农业现代化道路［J］．江汉论坛，2014（7）：42－49.

［16］彭群．国内外农业规模经济理论研究述评［J］．国农村观察，1999（1）：41－45.

［17］许庆，尹荣梁，章辉．规模经济、规模报酬与农业适度规模经营——基于我国粮食生产的实证研究［J］．经济研究，2011（3）：59－71.

［18］陆磊．开启伟大的经济社会结构变迁［J］．中国农村金融，2013（3）．

［19］王仁祥，喻平．金融创新理论研究综述［J］．经济学动态，2004（5）：90－94.

［20］Greenbaum S. I.，Haywood C. F. Secular Change in the Financial Services Industry［J］. Journal of Money，Credit and Banking，1971，3（2）：571－589.

［21］Niehans J. Financial Innovation，Multinational Banking，and Monetary Policy［J］. Journal of Banking & Finance，1983，7（4）：537－551.

［22］De la Fuente A，Marín J M. Innovation，Bank Monitoring，and Endogenous Financial Development［J］. Journal of Monetary Economics，1996，38（2）：269－301.

［23］Silber W L. The Process of Financial Innovation［J］. The American Economic Review，1983，73（2）：89－95.

［24］Scylla R. Monetary Innovation in American［J］. Journal of Economic History，1982，42（1）：21－30.

［25］Popescu，G. Cooperative Phenomenon in European Context［J］. Agrarian Economy and Rural Development，2013，21（4）：152－158.

［26］罗必良，李玉勤．农业经营制度：制度底线、性质辨识与创新空间——基于“农村家庭经营制度研讨会”的思考［J］．农业经济问题，2014（1）：8－18.

［27］林毅夫．制度、技术与中国农业发展［M］．上海：上海人民出版

社，2008.

［28］何秀荣．公司农场：中国农业微观组织的未来选择？［J］. 中国农村经济，2009（11）：4－16.

［29］中国社会科学院农村发展研究所课题组．“十二五”时期中国农村发展若干战略问题分析与思考［J］. 中国农村经济，2011（1）：4－14，26.

［30］Offutt，S．．The Future of Farm Policy Analysis：A Household Perspective［J］．American Journal of Agricultural Economics，2002，84（5）：1189－1200.

［31］Chaplin，H．，et al．．Agricultural Adjustment and the Diversification of Farm Households and Corporate Farms in Central Europe［J］．Journal of Rural Studies，2004（20）：61－77.

［32］Pritchard，B．，et al．．Neither “Family” nor “Corporate” Farming：Australian Tomato Growers as Farm Family Entrepreneurs［J］．Journal of Rural Studies，2007，23（1）：75－87.

［33］Chavas，J. P．，Petrie，R．，Roth，M．．Farm Household Production Efficiency：Evidence from the Gambia［J］．American Journal of Agricultural Economics，2005，87（1）：160－179.

［34］Poulton，C．，Dorward，A．，Kydd，J．．The Future of Small Farms：New Directions for Services，Institutions，and Intermediation［J］．World Development，2010，38（10）：1413－1428.

［35］Collier，P．，Dercon，S．．African Agriculture in 50 Years：Smallholders in a Rapidly Changing World？［J］．World Development，2014，63：92－101.

［36］Hayami，Y．，Ruttan，V. W．．Agricultural Development：An International Perspective［M］．Publisher：Johns Hopkins University Press，1985.

［37］Akram－Lodhi H. Landlords are Taking Back the Land：the Agrarian Transition in Vietnam［J］．ISS Working Paper Series/General Series，2001，353：1－70.

［38］Mulwa，R．，Emrouznejad，A．，Muhammad，L．．Economic Efficiency of Smallholder Maize Producers in Western Kenya：a DEA Meta－frontier Analysis［J］．International Journal of Operational Research，2009，4（3）：250－267.

［39］Mochebelele，M. T．，Winter－Nelson，A．．Migrant Labor and Farm Technical Efficiency in Lesotho［J］．World Development，2000，28（1）：143－153.

［40］Tchale，H．．The Efficiency of Smallholder Agriculture in Malawi［J］．African Journal of Agriculture and Resource Economics, 2009, 3 (2): 101 -121.

[41] Khan, H. , Saeed, I. . Measurement of Technical, Allocative and Economic Efficiency of Tomato Farms in Northern Pakistan [J]. Journal of Agricultural Science and Technology , 2012, 2: 1080 -1090.

[42] Barrett, C. B. . Food Marketing Liberalization and Trader Entry: Evidence from Madagascar [J]. World Development, 1997, 25 (5): 763 -777.

[43] Toufique, K. A. . Farm Size and Productivity in Bangladesh Agriculture: Role of Transaction Costs in Rural Labour Markets [J]. Economic and Political Weekly, 2005: 988 -992.

[44] Demir, I. . The Firm Size, Farm Size, and Transaction Costs: The Case of Hazelnut Farms in Turkey [D]. Clemson University, 2007.

[45] Akanni, K. A. , Adeokun, O. A. . Resource -use Efficiency Defferential in Small -scale Food Crop Production in Obafemi -Owode Local Governmenbt Area, Ogun State [J]. Farman Journal, 2004, 7 (1): 1 -15.

[46] Bardhan, P. , Mookherjee, D. . Subsidized Farm Input Programs and Agricultural Performance: A Farm -Level Analysis of West Bengal's Green Revolution, 1982 -1995 [J]. American Economic Journal: Applied Economics, 2011, 3 (4): 186 -214.

[47] Anyaegbunam, H. N. , Nto, P. O. , Okoye, B. C. , et al. Analysis of Determinants of FarmSize Productivity Among Small -holder Cassava Farmers in South East Agro Ecological Zone, Nigeria [J]. American Journal of Experimental Agriculture, 2012, 2 (1): 74 -80.

[48] 国务院发展研究中心农村部课题组．稳定和完善农村基本经营制度研究［M］．北京：中国发展出版社，2013.

[49] Cotterill, R. . The Competitive Yardstick School of Cooperative Thought [J]. American Cooperation, 1984, 3: 41 -54.

[50] Staatz, J. M. . Farmers Incentives to Take Collective Action via Cooperatives: A Transaction Cost Approach, in Royer, J. (ed.): Cooperative Theory: New Approaches, ACS Service Report No. 18, Washington DC: U. S. Department of Agriculture, 1987.

[51] Holloway, G. , Nicholson, C. , Delgado, C. . Agro Industrialization

Through Institutional Innovation: Transaction Costs, Co - operatives and Milk - Market Development in the Ethiopian Highlands. International Food Policy Research, Washington DC, 1999.

[52] Chaddad, F. , Cook, M. . Understanding New Cooperative Models: An Ownership - Control Rights Typology [J]. Review of Agricultural Economics, 2004, 26 (3): 348 -360.

[53] Carlberg, J. G. , Ward, C. E. , Holcomb, R. B. . Success Factors for New Generation Cooperatives [J]. International Food and Agribusiness Management Review, 2006, 9 (1): 33 -52.

[54] Popescu, G. . Cooperative Phenomenon in European Context [J]. Agrarian Economy and Rural Development, 2013, 21 (4): 152 -158.

[55] 陈家骥，杨国玉，武小惠. 论农业经营大户 [J]. 中国农村经济，2007 (4): 12 -17.

[56] 陈洁，罗丹. 我国种粮大户的发展：自身行为、政策扶持与市场边界 [J]. 改革，2010 (12): 5 -29.

[57] 黄祖辉，徐旭初，冯冠胜. 农民专业合作组织发展的影响因素分析——对浙江省农民专业合作组织发展现状的探讨 [J]. 中国农村经济，2002 (3): 13 -21.

[58] 张云华，郭铖. 农业经营体制创新的江苏个案：土地股份合作与生产专业承包 [J]. 改革，2013 (2): 151 -158.

[59] 赵晓飞，李崇光. "农户——龙头企业" 的农产品渠道关系稳定性：理论分析与实证检验 [J]. 农业技术经济，2007 (5): 15 -24.

[60] 陈灿，罗必良. 农业龙头企业对合作农户的关系治理 [J]. 中国农村观察，2011 (6): 46 -57, 95.

[61] 高强，刘同山，孔祥智. 家庭农场的制度解析：特征、发生机制与效应 [J]. 经济学家，2013 (6): 48 -56.

[62] 朱启臻，胡鹏辉，许汉泽论家庭农场 "优势、条件与规模农业经济问题，2014 (7): 11 -17, 110.

[63] 黄祖辉，陈欣欣. 农户良田规模经营效率：实证分析与若干结论 [J]. 农业经济问题，1998 (11): 2 -7.

[64] Manjunatha, A. V. , Anik, A. R. , Speelman, S. , et al. Impact of Land

Fragmentation, Farm Size, Land Ownership and Crop Diversity on Profit and Efficiency of Irrigated Farms in India [J]. Land Use Policy, 2013, 31: 397 -405.

[65] Van Zyl, J. , Parker, A. N. , Miller, B. R. . The Myth of Large Farm Superiority: Lessons from Agricultural Transition in Poland [J]. The Journal of Policy Reform, 2000, 3 (4): 353 -372.

[66] 蔡基宏. 关于农地规模与兼业程度对土地产出率影响争议的一个解答——基于农户模型的讨论 [J]. 数量经济技术经济研究, 2005 (3): 28 -37.

[67] 刘凤芹. 农业土地规模经营的条件与效果研究: 以东北农村为例 [J]. 管理世界, 2006 (9): 71 -81.

[68] 卫新, 毛小报, 王美清. 浙江省农户土地规模经营实证分析 [J]. 中国农村经济, 2003 (10): 31 -36.

[69] Chand, R. , Prasanna, P. A. L. , Singh, A. . Farm Size and Productivity: Understanding the Strengths of Smallholders and Improving their Livelihoods [J]. Economic and Political Weekly, 2011, 46 (26): 5 -11.

[70] 农业部经管司、经管总站研究小组. 构建新型农业社会化服务体系初探 [J]. 农业经济问题, 2012 (4): 4 -10.

[71] 高强, 孔祥智. 我国农业社会化服务体系演进轨迹与政策匹配: 1978 ~ 2013 年 [J]. 改革, 2013 (4): 5 -18.

[72] Viaggi, D. , et al. . Farm - household Investment Behavior and the CAP Decoupling: Methodological Issues in Assessing Policy Impacts [J]. Journal of Policy Modeling, 2011, 33 (1): 127 -145.

[73] Akudugu, M. A. , et al. . Adoption of Modern Agricultural Production Technologies by Farm Households in Ghana: What Factors Influence their Decisions? [J]. Journal of Biology, Agriculture and Healthcare, 2012, 2 (3): 1 -13.

[74] 孔祥智, 楼栋, 何安华. 建立新型农业社会化服务体系: 必要性、模式选择和对策建议 [J]. 教学与研究, 2012 (1): 39 -46.

[75] 王春来. 发展家庭农场的三个关键问题探讨 [J]. 农业经济问题, 2014 (1): 43 -48.

[76] Akram - Lodhi H. Landlords are Taking Back the Land: the Agrarian Transition in Vietnam [R]. International Institute of Social Studies of Erasmus University Rotterdam (ISS), The Hague, 2001.

[77] Akudugu M. A., Guo E., Dadzie S. K. Adoption of Modern Agricultural Production Technologies by Farm Households in Ghana: What Factors Influence Their Decisions? [J]. Journal of Biology, Agriculture and Healthcare, 2012, 2 (3): 1-13.

[78] Bardhan P., Mookherjee D. Subsidized Farm Input Programs and Agricultural Performance: A Farm-Level Analysis of West Bengal's Green Revolution, 1982-1995 [J]. American Economic Journal: Applied Economics, 2011, 4 (3): 186-214.

[79] Barrett C. B. Food Marketing Liberalization and Trader Entry: Evidence from Madagascar [J]. World Development, 1997, 25 (5): 763-777.

[80] Berger A. N., Udell G. F. Relationship Lending and Lines of Credit in Small Firm Finance [J]. Journal of Business, 1995: 351-381.

[81] Bradshaw T. K. The Contribution of Small Business Loan Guarantees to Economic Development [J]. Economic Development Quarterly, 2002, 16 (4): 360-369.

[82] Carter M. R. Equilibrium Credit Rationing of Small Farm Agriculture [J]. Journal of Development Economics, 1988, 28 (1): 83-103.

[83] Chaddad F. R, Cook M. L. Understanding New Cooperative Models: An Ownership-control Rights Typology [J]. Applied Economic Perspectives and Policy, 2004, 26 (3): 348-360.

[84] Chand R., Prasanna P A L, Singh A. Farm Size and Productivity: Understanding the Strengths of Smallholders and Improving Their Livelihoods [J]. Economic and Political Weekly, 2011, 46 (26): 5-11.

[85] Chaplin H., Davidova S., Gorton M. Agricultural Adjustment and the Diversification of Farm Households and Corporate Farms in Central Europe [J]. Journal of Rural Studies, 2004, 20 (1): 61-77.

[86] Demir I. The Firm Size, Farm Size, and Transaction Costs: The Case of Hazelnut Farms in Turkey [D]. Clemson University, 2007.

[87] Enjolras G., Kast R. Combining Participating Insurance and Financial Policies: A New Risk Management Instrument Against Natural Disasters in Agriculture [J]. Agricultural Finance Review, 2012, 72 (1): 156-178.

[88] Kersting S., Wollni M. New Institutional Arrangements and Standard Adoption: Evidence from Small-scale Fruit and Vegetable Farmers in Thailand [J]. Food Policy, 2012, 37 (4): 452-462.

[89] KIT, IIRR. Value Chain Finance: Beyond Microfinance to Rural Entrepreneurs [R]. Royal Tropical Institute, 2010.

[90] Miller C., Da Silva C. Value chain Financing in Agriculture [J]. Enterprise Development and Microfinance, 2007 (2): 95-108.

[91] Miller C., Jones L. Agricultural Value Chain Finance: Tools and lessons [M]. Food and Agriculture Organization of the United Nations (FAO), 2010.

[92] Mulwa R., Emrouznejad A, Muhammad L. Economic Efficiency of Smallholder Maize Producers in Western Kenya: a DEA Meta-frontier Analysis [J]. International Journal of Operational Research, 2009, 4 (3): 250-267.

[93] Offutt S. The Future of Farm Policy Analysis: a Household Perspective [J]. American Journal of Agricultural Economics, 2002, 84 (5): 1189-1200.

[94] Popescu G. Cooperative Phenomenon in European Context [J]. Agrarian Economy and Rural Development, 2013, 21 (4): 152-158.

[95] Pritchard B., Burch D., Lawrence G. Neither 'Family' Nor 'Corporate' Farming: Australian Tomato Growers as Farm Family Entrepreneurs [J]. Journal of Rural Studies, 2007, 23 (1): 75-87.

[96] Tchale H. The Efficiency of Smallholder Agriculture in Malawi [J]. African Journal of Agriculture and Resource Economics, 2009, 3 (2): 101-121.

[97] Toufique K. A. Farm Size and Productivity in Bangladesh Agriculture: Role of Transaction Costs in Rural Labor Markets [J]. Economic and Political Weekly, 2005: 988-992.

[98] Trienekens J., Wognum N. Requirements of Supply Chain Management in Differentiating European Pork Chains [J]. Meat Science, 2013, 95 (3): 719-726.

[99] Viaggi D., Raggi M., Y. Paloma S. G. Farm-household Investment Behavior and the CAP Decoupling: Methodological Issues in Assessing Policy Impacts [J]. Journal of Policy Modeling, 2011, 33 (1): 127-145.

[100] 陈美球，刘桃菊．城乡发展一体化目标下的农村土地制度创新思考[J]. 中国土地科学，2013 (4): 3-7.

[101] 高圣平．农地金融化的法律困境及出路 [J]. 中国社会科学，2014 (8): 147-166.

[102] 何广文，潘婷．国外农业价值链及其融资模式的启示 [J]. 农村金融

研究，2014（5）：19-23.

［103］何秀荣．公司农场：中国农业微观组织的未来选择？［J］．中国农村经济，2009（11）：4-16.

［104］洪正．新型农村金融机构改革可行吗？——基于监督效率视角的分析［J］．经济研究，2011（2）：44-58.

［105］黄祖辉，刘西川，程恩江．贫困地区农户正规信贷市场低参与程度的经验解释［J］．经济研究，2009（4）：116-128.

［106］黄祖辉．论农户家庭承包制与土地适度规模经营［J］．浙江社会科学，1999（7）：6-11.

［107］廖西元，申红芳，王志刚．中国特色农业规模经营“三步走”战略——从“生产环节流转”到“经营权流转”再到“承包权流转”［J］．农业经济问题，2011（12）：15-22.

［108］刘西川，程恩江．中国农业产业链融资模式［J］．财贸经济，2013（8）：47-57.

［109］罗必良，李玉勤．农业经营制度：制度底线、性质辨识与创新空间——基于“农村家庭经营制度研讨会”的思考农业经济问题，2014（1）：8-18.

［110］马晓青等．信贷需求与融资渠道偏好影响因素的实证分析［J］．中国农村经济，2012（5）：65-76.

［111］马延安，苗淼．发展现代农业进程中的金融问题研究［J］．当代经济研究，2013（12）：68-71.

［112］梅建明．再论农地适度规模经营——兼评当前流行的“土地规模经营危害论”［J］．中国农村经济，2002（9）：31-35.

［113］隋艳颖，马晓河．西部农牧户受金融排斥的影响因素分析——基于内蒙古自治区7个旗（县）338户农牧户的调查数据［J］．中国农村观察，2011（3）：50-60.

［114］王修华，谭开通．农户信贷排斥形成的内在机理及其经验检验——基于中国微观调查数据［J］．中国软科学，2012（6）：139-150.

［115］吴敬琏．农村剩余劳动力转移与“三农”问题［J］．宏观经济研究，2002（6）：6-9.

［116］许宏，周应恒．农地产权私有化与土地规模经营——东亚地区实践对中国的启示［J］．云南财经大学学报，2009（1）：47-53.

［117］许经勇．论稳定土地承包制与启动土地承包经营权流转［J］．财经研究，2002（2）：47－50.

［118］许圣道，田霖．我国农村地区金融排斥研究［J］．金融研究，2008（7）：195－206.

［119］杨学成，史建民等．农村土地制度改革与建设的理论探索和政策设想［J］．农业经济问题，1997（2）：46－50.

［120］游和远，吴次芳．农地流转、禀赋依赖与农村劳动力转移［J］．管理世界，2010（3）：65－75.

［121］张红宇．中国农地制度变迁的制度绩效：从实证到理论的分析［J］．中国农村观察，2002（2）：21－33.

［122］张庆亮．农业价值链融资：解决小微农业企业融资难得有效途径——从交易成本视角［J］．云南社会科学，2014（5）：76－80.

［123］张晓山．农民专业合作社的发展趋势探析［J］．管理世界，2009（5）：89－96.

［124］张忠明，钱文荣．农户土地规模经营与粮食生产效率关系实证研究［J］．中国土地科学，2010（8）：52－58.

［125］赵毓，段贤斌，郭兴祥．中国区域性农业生态经济发展模式研究——京山县实践论析［J］．管理世界，1994（2）：183－187.

［126］周立．农村金融市场四大问题及其演化逻辑［J］．财贸经济，2007（2）：56－63.

［127］朱喜，史清华等．要素配置扭曲预约农业全要素生产率［J］．经济研究，2011（5）：86－98.

［128］张红宇．粮食增长与农业规模经营［J］．改革，1996（3）：40－46.

［129］陈俊梁．谈我国农业适度规模经营的实施条件［J］．经济问题，2005（4）：47－49.

［130］许经勇．我国农业改革和发展的“第二个飞跃”的深刻含义［J］．江西社会科学，1996（3）：49－53.

［131］曾福生．土地制度改革与农业适度规模经营的形成［J］．农业现代化研究，1995（4）．

［132］王军旗．平均利润规律与农业适度规模经营［J］．当代经济科学，1990（3）：52－55.

［133］蒋和平，蒋辉．农业适度规模经营的实现路径研究［J］．农业经济与管理，2014（1）：5－11．

［134］戴思锐．制度创新与农业适度规模经营［J］．农业技术经济，1995（6）：47－51．

［135］谢学东．服务规模经营：农业规模经济的有效实现形式［J］．江苏农村经济，2008（1）：20－22．

［136］黄祖辉．在一二三产业融合发展中增加农民收益［J］．中国合作经济，2016（1）．

［137］罗美娟．中小企业金融服务创新探索［J］．财会通讯，2011（3）．

［138］黄志伟．实践“三个代表”创新金融服务［J］．理论前沿，2002（7）．

［139］中央金融工委党校．金融发展纵横谈［M］．北京：中共中央党校出版社，2002．

［140］何德旭，张军洲．中国金融服务理论前沿［M］．北京：社会科学文献出版社，2008．

［141］孙晓华，秦川．基于共生理论的产业链纵向关系治理模式——美国、欧洲和日本汽车产业的比较及借鉴［J］．经济学家，2012（3）：95－102．

［142］彭本红，冯良清．现代物流业与先进制造业的共生机理研究［J］．商业经济与管理，2010（1）：18－25．

［143］曾福生．农业发展与农业适度规模经营［J］．农业技术经济，1995（6）：42－46．

［144］罗登跃．三阶段DEA模型管理无效率估计注记［J］．统计研究，2012（4）：104－107．

［145］胡豹．农业结构调整中农户决策行为研究——基于浙江、江苏两省的实证［D］．浙江大学博士学位论文，2004．

［146］崔宝玉，陈强．资本控制必然导致农民专业合作社功能弱化吗？［J］．农业经济问题，2011（2）：8－15．

［147］万宣辰．中国农村金融发展研究［D］．吉林大学博士学位论文，2017．

［148］董晓林，徐虹，易俊．中国农村资金互助社的社员利益倾向：判断、影响与解释［J］．中国农村经济，2012（10）：69－77．

［149］孙晓华，秦川．基于共生理论的产业链纵向关系治理模式——美国、欧洲和日本汽车产业的比较及借鉴［J］. 经济学家，2012（3）：95－102.

［150］彭本红，冯良清．现代物流业与先进制造业的共生机理研究［J］. 商业经济与管理，2010，1（1）：18－25.

［151］姜松，王钊，周宁．西部地区农业现代化演进、个案解析与现实选择［J］. 农业经济问题，2015（1）：30－37.

［152］曾福生．土地制度改革与农业适度规模经营的形成［J］. 农业现代化研究，1995（4）：361－364.

［153］黄季焜．新时期的中国农业发展：机遇、挑战和战略选择［J］. 中国科学院院刊，2013（3）：295－300.

［154］国务院发展研究中心课题组，韩俊．“十二五”时期我国农村改革发展韵政策框架与基本思路［J］. 改革，2010（5）：5－20.

［155］李春海．新型农业社会化服务体系框架及其运行机理［J］. 改革，2011（10）：79－84.

［156］Charnes A.，Cooper W. W.，Niehaus R. J. Management Science Approaches to Man－power Planning and Organization Design /Edited by A. Charnes，W. W. Cooper，R. J. Niehaus［J］. Journal of the Operational Research Society，1978，30（3）：293－293.

［157］Malmquist S. Index Numbers and Indifference Surfaces［J］. Trabajos De Estadistica，1953，4（2）：209－242.

［158］罗登跃．三阶段 DEA 模型管理无效率估计注记［J］. 统计研究，2012，29（4）：104－107.

［159］翟虎渠．科技进步：粮食增产的重要支撑［J］. 求是，2010（5）：51－53.

［160］姜松，王钊，黄庆华等．粮食生产中科技进步速度及贡献研究——基于 1985～2010 年省级面板数据［J］. 农业技术经济，2012（10）：40－51.

［161］胡豹．农业结构调整中农户决策行为研究——基于浙江、江苏两省的实证［D］. 浙江大学管理学院博士学位论文，2004：30－31.

［162］柯炳生．用土地补贴取代现有的农业补贴［J］. 农村经营管理，2015（4）：35－35.

［163］冯海发．对十八届三中全会《决定》有关农村改革几个重大问题的理解［J］. 农业经济问题，2013（11）：4－12.

[164] 楼栋，孔祥智．新型农业经营主体的多维发展形式和现实观照［J］. 改革，2013（2）：65－67.

[165] 程国强．中国农业对外开放：影响、启示与战略选择［J］. 中国农村经济，2012（2）：41－54.

[166] 杜志雄，王新志．中国农业基本经营制度变革的理论思考［J］. 理论探讨，2013（4）：72－75.

[167] 万宝瑞．当前我国农业发展的趋势与建议［J］. 农业经济问题，2014（4）：4－7.

[168] 杨华．中国农村的“半工半耕”结构［J］. 农业经济问题，2015（9）：19－32.

[169] 孔祥智，周振．“三个导向”与新型农业现代化道路［J］. 江汉论坛，2014（7）：42－49.

[170] 谢琳，钟文晶，罗必良．“农业共营制”：理论逻辑、实践价值与拓展空间——基于崇州实践的思考［J］. 农村经济，2014（11）：31－36.

[171] 何军，张兵．对我国农业社会化服务体系建设的几点认识［J］. 农村经济，2005（1）：113－115.

[172] 申红芳，陈超，廖西元等．稻农生产环节外包行为分析——基于7省21县的调查［J］. 中国农村经济，2015（5）：44－57.

[173] 韩俊．准确把握土地流转需要坚持的基本原则［J］. 农村经营管理，2014（3）：16－18.

[174] 李宾，马九杰．劳动力转移是否影响农户选择新型农业经营模式——基于鄂渝两地数据的研究［J］. 经济社会体制比较，2015（1）：182－191.

[175] Koenker R. W., Bassett G. Regression Quantile［J］. Econometrica, 1978（1）：33－50.

[176] 胡自同．农机购置补贴政策实施效果研究——以福建为例［D］. 福建农林大学博士学位论文，2012.

[177] 盖庆恩，朱喜，史清华．劳动力转移对中国农业生产的影响［J］. 经济学（季刊），2014（4）：1147－1170.

[178] Powell J. L., Stock J. H., Stoker T. M. Semiparametric Estimation of Index Coefficients［J］. Econometrica, 1989（6）：1403－1430.

[179] 刘凤芹．农地规模的效率界定［J］. 财经问题研究，2011（7）：109－116.

[180] 张士云，江激宇. 美国和日本农业规模化经营进程分析及启示 [J]. 农业经济问题，2014 (1)：101 -109.

[181] 林毅夫，沈明高. 关于我国农业科技投入的选择 [J]. 科学学研究，1991 (3)：90 -95.

[182] 赵佳荣. 农民专业合作社"三重绩效"评价模式研究 [J]. 农业技术经济，2010 (2)：119 -127.

[183] 张晓山. 农民专业合作社的发展趋势探析 [J]. 管理世界，2009 (5)：89 -96.

[184] 陆铭，陈钊. 城市化、城市倾向的经济政策与城乡收入差距 [J]. 经济研究，2004 (6)：50 -58.

[185] 罗良文，阚大学. 国际贸易、FDI 与技术效率和技术进步 [J]. 科研管理，2012，33 (5)：64 -69.

[186] 孙敬水，董亚娟. 人力资本与农业经济增长：基于中国农村的 Panel data 模型分析 [J]. 农业经济问题，2006 (12)：12 -16.

[187] 崔宝玉，陈强. 资本控制必然导致农民专业合作社功能弱化吗？[J]. 农业经济问题，2011 (2)：8 -15.

[188] 万宣辰. 中国农村金融发展研究 [D]. 吉林大学博士学位论文，2017.

[189] 王擎，田娇. 非正规金融与中国经济增长效率——基于中国省级面板数据的实证研究 [J]. 财经科学，2014 (3)：11 -20.

[190] Karnani A. Microfinance Misses Its Mark [J]. Retrieved February, 2007, 18: 2009.

[191] Putzeys R. Micro Finance in Vietnam: Three Case Studies [J]. Rural Project Development, Hanoi, 2002.

[192] Swain R. B., Sanh N. V., Tuan V. V. Microfinance and Poverty Reduction in the Mekong Delta in Vietnam [J]. African & Asian Studies, 2008, 7 (2 -3): 191 -215.

[193] 董晓林，徐虹，易俊. 中国农村资金互助社的社员利益倾向：判断、影响与解释 [J]. 中国农村经济，2012 (10)：69 -77.

[194] Hoff K. R., Braverman A., Stiglitz J. E. The Economics of Rural Organization: Theory, Practice, and Policy [M]. Published for the World Bank [by] Oxford

University Press, 1996.

[195] Berger A. N., Udell G. F. Lines of Credit and Relationship Lending in Small Firm Finance [J]. Social Science Electronic Publishing, 1994, 63 (2): 47-48.

[196] Enjolras G., Kast R. Combining Participating Insurance and Financial Policies: A New Risk Management Instrument Against Natural Disasters in Agriculture [J]. Agricultural Finance Review, 2012, 72 (1): 156-178.

[197] 郭忠兴，汪险生，曲福田. 产权管制下的农地抵押贷款机制设计研究冰——基于制度环境与治理结构的二层次分析 [J]. 管理世界，2014 (9): 48-57.

[198] 曹瓅，罗剑朝. 农户对农地经营权抵押贷款响应及其影响因素——基于零膨胀负二项模型的微观实证分析 [J]. 中国农村经济，2015 (12): 31-48.

[199] 王利民. 论民法的精神：首届“全国民法基础理论与民法哲学论坛”文集 [M]. 北京：法律出版社，2015.

[200] 林乐芬，王步天. 农地经营权抵押贷款制度供给效果评价——基于农村金融改革试验区基于农村金融改革试验区 418 名县乡村三级管理者的调查 [J]. 经济学家，2015 (10): 84-91.

[201] 杨继瑞. 中国农村集体土地制度的创新 [J]. 学术月刊，2010 (2): 27-32.

[202] 王德福. 农村产权交易市场的运行困境与完善路径 [J]. 中州学刊，2015 (11): 49-53.

[203] 李宏伟. 农村产权融资面临的问题与出路——基于承包地“三权分离”条件下的抵押担保 [J]. 西南金融，2015 (4): 37-41.

[204] 张龙耀，王梦珺，刘俊杰. 农民土地承包经营权抵押融资改革分析 [J]. 农业经济问题，2015 (2): 70-78.

[205] 刘西川，陈立辉，杨奇明. 农户正规信贷需求与利率：基于 Tobit Ⅲ 模型的经验考察 [J]. 管理世界，2014 (3): 75-91.

[206] 张瑞怀，张强. 农村金融生态研究：一个新制度经济学的分析框架 [J]. 金融理论与实践，2007 (2): 13-15.

[207] 王曙光. 产权和治理结构约束、隐性担保与村镇银行信贷行为 [J]. 经济体制改革，2009 (3): 76-79.

[208] 王曙光，王东宾. 双重二元金融结构、农户信贷需求与农村金融改

革——基于11省14县市的田野调查［J］. 财贸经济，2011（5）：38－44.

［209］韩喜平，金运．中国农村金融信用担保体系构建［J］. 农业经济问题，2014，35（3）：37－43.

［210］汪险生，郭忠兴．信息不对称、团体信用与农地抵押贷款——基于同心模式的分析［J］. 农业经济问题，2016（3）：61－71.

后　记

本书是教育部人文社会科学研究西部和边疆地区青年基金项目的最终研究成果。从当前的时事前沿和环境特征来看，这本书的出版恰逢其时。当前我国宏观经济正处于大变革、大调整、大赶超的新阶段，面临结构转型、质量提升、全面发展的新常态。虽然各类矛盾、问题集中涌现，但也蕴含着发展的新契机、赶超的新起点。国内历次重大事件、体制变革和制度创新经验均表明农村是改革发起的主战场和攻坚战役打响的"第一枪"，并渐进成为关乎战略全局、影响时局走势的"木桶短板"。因而，在实践层面，实现乡村振兴、全面推进小康社会建设和扶贫攻坚是当前国家大政方针和政策操作的主轴。

本书正是以此为立足点，遵循市场化、产业化、商品化的基本原则，从"农业价值链"这一全新视角，研究乡村振兴过程中农业适度规模经营发展、金融服务以及二者共生发展的逻辑关联、内生机理及其共生模式问题，试图明确价值链视角下，农业适度规模经营模式演化方向和金融服务创新方向的逻辑一致性及其深层次原因，为构建农业适度规模经营新模式、引领价值链金融创新提供了理论性、基础性探索和支撑。在这一点上，本书有一定的创新性和特色，对于学者开展同类研究、决策层制定政策、金融机构进行价值链金融创新都有一定的参考价值。

在学者研究层面，当前关于农业适度规模经营的研究成果大多集中于认知农业适度规模经营对于我国"三农"发展的贡献性、战略突破性以及制度创新性研究等方面。鲜有从农业适度规模经营"本尊"出发，来研究揭示农业适度规模经营发展的内在规律性。尤其是中央决策高层提出推进农村一二三产业融合发展，壮大新产业新业态，不断提升农业价值链的政策主基调、大逻辑后，从农业价值链视角出发，一方面，将农业价值链与农业适度规模经营联系起来，探究其在沿着农业价值链演化的基本过程、内在驱动力以及变异结果，研究问题提出的科学性、研究切入视角的独特性，研究内容的新颖性也就不言而喻。研究结论为学界同仁认识农业价值链和农业适度规模经营之间的逻辑关系提供了理论基础。另一方面，也探究了农业价值链和金融服务之间的关系，揭示了金融服务沿着农业价值链演化的结果——农业价值链金融出现与创新的必然性、农业价值链金融对农业适度规模经营的影响效应，以及农业价值链金融和农业适度规模经营共生发展的主要模式、存在问题以及新时期二者共生模式的选择等。这其中发现的新矛盾、新问题、新结论，也有利于为学者开展农业价值链金融的研究提供前期的基础性支撑、量化指标以及实证操作的经验借鉴。

在决策层制定层面，本书中的相关结论也利于深化认知，有一定参考价值。在实践操作中，农业适度规模经营已经成为当前我国推进农业产业化、助力产业兴旺、推进农村一二三产业融合和实现乡村振兴中农业经营体系变革的重要内容，制度创新的锚定方向和政策侧重的重要方面。在自下而上实践探索、自上而下政策改革双重驱动下，农业适度规模经营成为各地争相推出和宣传的“热点”。各地涌现出了多种类型、不同业态的农业适度规模经营新模式，尤以土地流转型适度规模经营模式最突出。放眼当下中国，该模式真可谓“遍地开花”“百花齐放”。一般来说，如果土地流转模式与当地的区位条件、禀赋特征和资源条件适应，其必会迸发出不一样的“花火”，成为带动产业发展、农民增收和美丽乡村建设的“原动力”。

但我们也要清晰地看到，随着实践的不断推进，这种模式所涌现出来的“非农化”“非粮化”问题也直接威胁着我国农业可持续发展、结构优化、转型升级、粮食安全和整体竞争力的提高。工商资本穿着“新型农业经营主体”的外衣，以流转土地、发展适度规模经营为幌子，行侵害农民切身合法利益、合法权益之实。加之，构建新型农业经营体系政策导向驱动，以农业企业为首的新型农业经营主体为获取“政策红利”，不断涌入农业领域、流转土地，并且这一问题已经愈演愈烈。土地流转型适度规模经营模式已经出现了“变异”。在这样的条件下，国家农业补贴政策也逐步向新型农业经营主体偏离，并不断增加规模经营因素在补贴体系中的“权重”。

当然，这种做法在很大程度上体现了我国锐利农业改革的坚决决心，以及构建新型农业经营体系的坚强意志。但在政策执行过程中出现的这种不兼容性却与当前我国农业发展阶段规律相违背。若无视这些前提条件、区域禀赋以及政策偏差，在大范围内炒作、大面积内推进农业适度规模经营模式、重构农业补贴政策体系，可能会触发系统性风险，引起农村社会发展的不稳定性。媒体的推波助澜，更使这种盲目性做法、错误举措在地方实践操作中“大行其道”。本书的出版希望能澄清争议，进而帮助决策层消除农业适度规模经营及其模式创新的误解。

构建新型农业经营体系、发展多种类型适度规模经营势在必行、时不我待。本书认为构建新型农业经营体系必须认清当前我国“三农”发展中，小农家庭经营仍占据主导地位，并长期存在、渐进演变的客观事实。因此，我国发展农业适度规模经营应始终坚持多样化、多类型的模式创新原则，走横向价值链下的合作化经营模式创新之路与纵向价值链的社会化服务规模经营模式创新之路。唯有此，才能更好地发挥农业适度规模经营在产业发展、绿色引领和农民增收等方面的引领作用，助力乡村振兴。从决策层面来看，本书中关于农业适度规模经营方面的主要结论有助于为理性决策、制定更为适宜的政策操作体系提供理论基础和认知参考。

在金融服务创新层面，农业价值链金融作为农业适度规模经营和金融服务创新在农业价值链上的共生演化的直接结果和必然选择，代表着新时期、新阶段农业金融服务创新、监管模式转变的新方向，在有效化解“金融排斥”、实现金融普惠的同时，也找到了农业产业与金融产业融合发展、相互支撑的“切合点”，是农业产业金融发展典范，也是新时期支撑我国农业适度规模经营发展的金融新业态。正因如此，其可能成为未来金融机构进行农业金融产品创新、盈利模式创新的重要选择。当然，从现行实践来看，涉农金融机构也推出了农业价值链金融产品，并取得了一定的发展，逐步形成了经营主体联保模式、政府主导型模式、核心企业担保模式、保理和账户质押模式、存货质押和订单融资模式、其他模式等典型体系架构。

但本书研究发现，当前农业价值链金融创新存在诸多问题：①目标对象锚定存在一定偏差；②聚焦价值链环节“哑铃化”塌陷；③纵向增信机制缺失，未发挥新型农业经营主体对农户的增信效应；④政府角色缺位，并未对创新风险进行分散与补偿；⑤金融机构类型单一、存在资金不足的现实困境。因此，本书提出在新时期农业价值链金融创新中的主要化解之策：①应明确属性，关注农户生产性融资需求；②回归初衷，明确新型金融机构定位；③明确分工，建立农业金融创新合作机制；④完善财政支持体系，助力农业价值链金融创新。研究结论对于金融机构认知农业价值链金融、明确农业价值链金融属性、纠正当前农业价值链金融创新偏差、重塑农业价值链金融创新模式具有重要指导作用和决策价值。

总体来说，本书对于价值链视角下农业适度规模经营和金融服务共生演化机理及模式进行了较为完整、系统和全面的论述，但受制于多重因素，研究未全面铺开，可以看成是对此类问题“浅尝辄止”，是典型意义上的“管中窥豹”，研究视角需进一步凝练、研究内容需进一步完善、研究深度需进一步拓展。研究也并不会止步于项目结题与专著出版，需要“百尺竿头、更进一步”，需要锲而不舍、追求卓越，需要团队协作、取长补短、共生共赢。当然，作为该研究的阶段性成果，有些贡献性工作也需要被着重提及：

从项目立项到专著出版，历时三年之久，在项目开展的过程中，问卷调研样本涵盖重庆、四川、云南、贵州、安徽、江西、山东、内蒙古、河南、湖北、湖南共计 11 省（区、市）。这是一个庞大的组织与实施工作，离不开课题研究团队的辛勤付出，以及调研样本所在地相关单位与主体的努力接洽、配合；离不开项目咨询专家、评审专家以及科研管理机构的信任和支持；离不开教育部人文社会科学研究西部和边疆地区青年基金项目对于研究经费的资助、重庆理工大学优秀著作出版基金以及经济金融学院对于专著出版经费的支持；离不开国内外学术同仁在农业适度规模经营、价值链、金融服务创新以及农业价值链等领域的丰富的前期贡献与协助；离不开经济管理出版社胡茜副主任和编辑、校对老师的鼎力相助；更离不开家人多年的陪伴支持，他们永远是我的坚强后盾、动力源泉和“忠实粉丝”。

还需要说明的是，本书是教育部人文社会科学研究西部和边疆地区青年基金项目的研究成果与最终结题形式，反映的是课题组在相关问题研究中的学术观点、科学论断以及主要建议，并不代表课题组成员所在单位的立场。

姜松

2018 年 9 月 16 日于山城重庆